留守幼儿关爱保护丛书

刘占兰 /丛书主编
胡彩云 黄任之 /著

年留守生活的潜在危机

YOUNIAN
LIUSHOU
SHENGHUO DE
QIANZAI WEIJI

图书在版编目（CIP）数据

幼年留守生活的潜在危机/胡彩云，黄任之著．—北京：北京师范大学出版社，2019.9

（留守幼儿关爱保护丛书/刘占兰主编）

ISBN 978-7-303-24924-4

Ⅰ．①幼… Ⅱ．①胡… ②黄… Ⅲ．①农村－学前儿童－心理健康－研究－中国 Ⅳ．①B844.12

中国版本图书馆 CIP 数据核字（2019）第 162535 号

营销中心电话 010-57654738 57654736
北师大出版社职业教育与教师教育分社网 http://zjfs.bnup.com
电子信箱 zhijiao@bnupg.com

出版发行：北京师范大学出版社 www.bnup.com
北京市西城区新街口外大街 12—3 号
邮政编码：100088
印　　刷：北京玺诚印务有限公司
经　　销：全国新华书店
开　　本：730 mm×980 mm 1/16
印　　张：15
字　　数：269 千字
版　　次：2019 年 9 月第 1 版
印　　次：2019 年 9 月第 1 次印刷
定　　价：38.00 元

策划编辑：罗佩珍　　责任编辑：朱前前
美术编辑：焦　丽　　装帧设计：焦　丽
责任校对：陈　民　　责任印制：陈　涛

序言

近年来，随着留守儿童数量的增加，越来越多的研究开始关注留守儿童的身心健康及其他方面的发展。尤其值得注意的是，研究发现，小学阶段的许多问题，特别是心理健康问题，主要源于幼儿期的亲情缺失。

以往的相关研究揭示，过早的长期亲子分离，会造成亲情断裂，幼儿缺乏情感滋养，社会化进程发展缓慢。尽管短暂的亲子分离有助于提高幼儿心理的耐受性，但留守生活对幼儿是一种超出其自身承受力的重大生活转折事件，其负面影响是多方面的。近期微信广泛传播哈佛大学开展的史上最长的一项对成人发展的研究，这项始于 1938 年、长达近 80 年的追踪研究发现，一个儿童时代受到良好母爱关怀的人与那些没有母亲关怀的人相比，成年后有更好的工作和更幸福的生活；儿童时代和母亲的关系与他们的工作效率正相关；儿童时代受到父爱关怀的人，成年后的焦虑较少。我们从研究可见幼年期父母的陪伴和关爱对人的健康成长至关重要。

研究发现：幼儿留守生活的潜在危机

“农村 3—6 岁留守儿童心理健康促进项目(2015—2018)”①课题组(以下

① “农村 3—6 岁留守儿童心理健康促进项目(2015—2018)”是中国教育科学研究院基础教育研究所刘占兰研究员主持的六省(市)协作研究。

简称“留守儿童项目”课题组）的调查发现，留守幼儿家长外出打工，母（父）子分离，亲子关系疏离。有少部分幼儿和父母一两年都没有通过一次电话，亲子见面次数就更少了，彼此成了陌生人。留守幼儿实际养护人主要是祖父母，其教育背景和家庭收入总体上低于非留守幼儿。以往研究的相关分析表明，幼儿的发展与主要照料者教育背景存在正相关，家庭经济状况不好，可以预知，留守幼儿的发展状况难免会受到影响。

对留守幼儿情绪健康和社会性发展的调查显示，农村留守幼儿已经出现了一些问题倾向，主要表现为以下几点。

1. 留守幼儿的社会性发展和情绪能力低于非留守幼儿。

“留守儿童项目”课题组从幼儿认识自己、认识父母两个方面考察了幼儿社会认知的发展水平，从幼儿在情境事件中达成目标、相互协商、共同合作等方面考察了幼儿的交往水平。结果发现，留守幼儿无论是各分项目还是总项目，得分都低于非留守幼儿。课题组从识别常见的情绪特别是负面情绪、知道并能说出产生情绪的原因、能够想办法应对情绪的困扰等方面考察幼儿的情绪识别与应对能力，结果发现，留守幼儿的得分也都低于非留守幼儿。留守幼儿亲情缺失的生活状况本身就容易使其产生负面情绪的困扰，如果不能识别，不愿意也不会说出原因，缺乏应对的方法和能力，负面情绪的困扰长期无法消减和解除，他们的心理健康就会出现问题。

2. 留守幼儿的亲子关系疏离。

亲子关系是影响幼儿情感和社会性健康发展的重要人际关系。课题组通过“我和爸爸妈妈的故事”主题用绘画投射法来了解留守幼儿的亲子关系状况。结果发现，由于没有稳定的依恋对象，留守幼儿画的多是别人而非父母，甚至有相当一部分幼儿画面中没有人物。即便画有父母，从画面布局和幼儿的讲述也可以了解到，留守幼儿与父母的关联性明显少于非留守幼儿，很多留守幼儿已经不记得跟父母在一起做的事情了。从幼儿绘画和讲述时的表情、行为中，我们还发现，留守幼儿对爸爸妈妈冷漠无视的比较多、伤心的更多，恨爸爸妈妈、不喜欢爸爸妈妈的比例高于非留守幼儿。

3. 留守幼儿的语言发展也需要给予关注。

课题组通过幼儿讲述"我和爸爸妈妈的故事"考察了幼儿的语言表达能力和水平。结果表明，在故事绘画与讲述的综合性评价中，除了在人物的丰富性方面留守幼儿比非留守幼儿略高一些外，在事物的丰富性、情节的复杂性和逻辑性方面，留守幼儿都低于非留守幼儿，表明留守幼儿的语言发展水平和表达能力都需要给予关注和加强。

4. 留守幼儿已经出现孤独感、焦虑感、退缩性、攻击性的问题倾向。

课题组通过三个故事情境谈话和 46 个题目的教师评定分析发现，在上述四个方面问题倾向的得分上，留守幼儿都明显高于非留守幼儿，说明尽管幼儿年龄小，但已经出现了明显的问题倾向的警示。针对留守幼儿可能出现的问题，我们在幼儿园教育活动中进行适当的预防性的干预和积极正向的引导与鼓励十分必要。

应对策略：给予留守幼儿更多的亲情陪伴和深度关爱

2016 年 2 月，国务院发布了《关于加强农村留守儿童关爱保护工作的意见》(国发〔2016〕13 号)，提出以促进未成年人健康成长为出发点和落脚点，坚持问题导向，强化家庭监护的主体责任，加大关爱力度，逐步减少儿童留守现象，确保农村留守儿童安全、健康发展。因此，"留守儿童项目"鉴于学前期留守幼儿学段的特殊性和心理健康的至关重要性，探索和实施了一系列活动，动员和引导家庭监护人与幼儿园教师给留守幼儿更多亲情陪伴和深度关爱，保证幼儿快乐健康成长。

1. 支持家庭养护人和父母给留守幼儿更多陪伴，更多交流互动。

"留守儿童项目"给留守幼儿及其养护人和远在外地的父母提供了一些支持性的活动，使养护人更深入地了解幼儿的情感需要，关注幼儿的情感体验，给予幼儿更多的关心、关爱与陪伴。例如，在每月一次的集体生日会活动中，老师和同伴会给留守幼儿送祝福，而且还会邀请留守幼儿的爷爷奶奶来参加活动，请远在外地的父母给孩子写信或通过视频聊天，让孩子感受到亲人的关爱和祝福。本项目还支持留守幼儿每月一次用绘画配以简单文字的方式给父母写信，表达自己的感情；支持父母回信并且让老师们读给幼儿听，使幼儿感受到父母的关爱。通过这些活动，许多家长与留守幼儿交流互动的次数增加，甚至一部分父母回家看望孩子的次数也增加了，还有少数母亲选择留在家中陪伴孩子成长。

2. 设计与实施专题教育活动，增进留守幼儿的亲情与积极情绪。

根据留守幼儿的情绪与社会性发展的状况和突出问题，课题组为不同年龄段的幼儿设计了具有渐进性的五个单元的教育活动，活动设计巧妙生动、温馨感人，充满对留守幼儿情感的关爱与心灵的呵护，让幼儿在参与生动有趣的教育活动中体验到浓浓的亲情和满满的关爱。第一单元“爸爸和妈妈”旨在让孩子们懂得：妈妈和爸爸是最爱我们的人，无论他们在不在我们身边，他们永远爱我们。第二单元“亲情与表达”重点是鼓励孩子们：用多种方式表达对亲人的爱，学习用各种词汇表达想法、心情和感受。第三单元“爷爷和奶奶”重点让孩子们懂得：爷爷和奶奶非常爱我们，为我们、为家庭付出很多，我们要尊重、关心和爱爷爷奶奶。第四单元“安全与自我保护”旨在培养孩子们：具有安全意识和自我保护的能力，获得快乐、丰富、安全的童年生活。第五单元“发现与惊喜”重点是让孩子们懂得：生活中有很多新奇与惊喜等待我们发现，乐于想象、富有创造力会让我们更加快乐。这些活动，可以有效提升留守幼儿的情感表达与交流能力、情绪识别与调节能力，进而提升幼儿的社会性发展水平和语言表达能力。①

3. 营造良好的社会关怀氛围，让更多的人投入关爱留守幼儿的行动中。

在“留守儿童项目”实施的过程中，承担项目实施工作的甘肃、陕西、河北、河南、重庆和江苏六个省市的课题组成员以其无私的爱和奉献精神，创造性地开展了各项工作。不仅建立了区县优质园对辖区内留守幼儿集中的项目园的对口结对帮扶关系，保证了各项关爱活动的落实且富有成效，还创造

① 具体内容参见刘占兰主编：《3－6岁留守儿童教育活动手册》，北京，北京师范大学出版社，2017。

性地进行了家庭关爱、大学生与留守园教师对应互助支持等其他活动。这些活动对留守幼儿家庭和非留守幼儿家庭、对现任的幼儿教师和未来的幼儿教师，也是一次生动的理解儿童、倾听儿童心声的教育培训活动，他们将带着对儿童更深刻的理解和关爱为人父母、为人教师。

在一些省市，由于项目活动的带动，地方政府和相关社会团体也投入关爱留守幼儿的活动之中，《国家贫困地区儿童发展规划(2014—2020年)》和国务院《关于加强农村留守儿童关爱保护工作的意见》中关于留守儿童心理健康教育和亲情关爱的要求在学前教育阶段得以贯彻实施，以家庭和幼儿园为主的多主体关爱模式正在探索和形成之中。

深度思考：幼儿留守生活影响的多重分析

《幼年留守生活的潜在危机》这部论著是课题组对幼儿留守生活影响的多重分析，从国际视角描述了不同国家和地区的留守儿童状况，深度分析了幼年亲子分离对幼儿心理健康的现实影响和长效影响；还从几种重要的外部环境理论和社会解组理论分析了留守生活对幼儿社会性发展的隐患。本书从幼儿自我认知、亲子关系、社会性行为等方面揭示了我国留守幼儿心理健康的现状，并从国外经验借鉴、国家政策制定、社会参与内力提升等方面提出了促进留守幼儿心理健康的对策建议。

本书由我的博士后胡彩云、黄任之合著。二人在中国教育科学研究院博士后进站期间，跟随我参与“留守儿童项目”，基于该项目的研究工具以及研究数据，完成了博士后报告的主体部分。本书是二人在博士后论文的基础上，补充修改撰写而成。其中第一章第一节、第二节，第二章第一节、第二节、第三节，第三章第一节、第二节、第三节，第四章第二节、第三节、第五节，第五章第一节、第四节主要由黄任之撰写。第二章第四节，第三章第四节，第四章第一节、第四节，第五章第二节主要由胡彩云撰写。第一章第三节、第五章第三节由胡彩云、黄任之共同完成。胡彩云负责了全书的统稿。

我们期望更多的人给予留守幼儿更多的关心和关注，父母设法增加与留守幼儿的交流、相聚和陪伴，幼儿园和家庭努力改善留守幼儿的教育、亲情和环境，全社会都给予留守幼儿更多的关爱、支持和引导，让留守幼儿的童年生活能够快乐，学习能够顺利，人生能够幸福。

刘占兰

2019 年 6 月

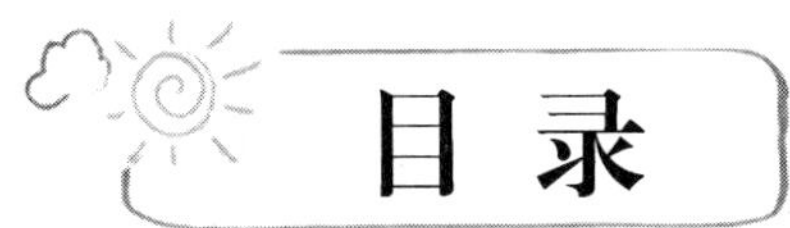

目录

第一章 幼儿期的留守儿童

第一节 留守儿童的概念与范畴

我国是一个农业大国，农业人口众多，1978年我国有82%的人口居住在农村。在国家改革开放政策的推动下，农业经济快速发展，随着先进生产设备的广泛应用，传统的农业劳动方式发生变化，农村释放出大量的富余劳动力。与此同时，由于工、农业的价格剪刀差，以及社会福利制度的不完善等，导致城乡收入差距急剧拉大，从1985年到2006年，城乡居民人均年收入比从1.73∶1扩大到3.27∶1。这种收入的差距促使农村的闲散劳动力开始向城市流动。很快，全国各地蓬勃兴起的打工潮，加快了我国城市化和现代化的进程，使得国家和打工者个人小家的财富增多，很多农民工因此逐渐摆脱了贫困。与此同时，农村老弱病残人口和年幼的儿童被迫留守在老家。留守儿童群体也就是在这样的背景下产生的。

一、“留守儿童”一词的由来

关于留守儿童的问题最初只零星地见于少量新闻报道中，并没有引起政府和广大群众的特别关注。上官子木率先从学术的角度注意到了留守儿童的现象，在1993年发表了《隔代抚养与留守儿童》①一文。随后，一张最早提出“留守儿童”一词的定义，即父母在国外工作、学习而被留守中国大陆的孩子(一张，1994)②。同年，上官子木又撰文《“留守儿童”问题应引起重视》③，呼吁大众要注意这一群体的生存状况。

2001年6月到7月，史静寰等人开展了“农村外出劳动力在家子女状况研究”，成为我国最早的以留守儿童为专题的学术研究，但还没有清晰地指明“留守儿童”这一学术概念。

20世纪90年代末，留守儿童的现象逐渐进入大众视野，如今已经受到了社会的广泛关注，成为一个受大众持续关注的热点问题。转折主要来自两

---

① 上官子木：《隔代抚养与留守儿童》，载《父母必读》，1993(11)。

② 一张：《留守儿童》，载《瞭望》，1994(45)。

③ 上官子木：《“留守儿童”问题应引起重视》，载《神州学人》，1994(6)。

个政府会议，第一个是2004年5月教育部召开的"中国农村留守儿童问题研究"的座谈会，这一会议表明政府已经注意到这一社会现象，并着手探究这一问题。第二个是2005年5月，全国妇联在郑州召开的"全国农村留守儿童支援行动研讨会"。与会代表分别是各省市妇联、共青团、关工委的工作人员和部分学者，共两三百人。会议的规模很大。这表明政府快速反应，想要认真地解决这一问题。在两次会议中，代表们都意识到留守儿童问题是一个严峻的社会问题，不可小视。但由于缺乏足够清晰的调查数据，对全国留守儿童的整体状况还缺乏一个总体上的认识。

2005年，叶敬忠的专著《关注留守儿童》①出版，立刻引发了学界和舆论界对留守儿童处境的热议。该书成为第一部研究留守儿童的书籍。随后2006年，敬一丹等24名政协委员在全国政协十届四次会议上递交了《关于为农村留守儿童建立成长保障制度的提案》。会后，国务院农民工工作联席会议办公室、全国妇联等12个部门，共同组成了专题工作组，从国家层面来正视农村留守儿童这一社会问题。2008年，"留守儿童"这一字眼开始写入中央一号文件。从2012年起，每年的政府工作报告，如何对农村留守群体给予关爱和制度保障都成为重要的工作内容之一，这意味着对留守儿童的关注已经上升到国家最高领导层面。

最近5年，政府频频出台各类政府文件，提出"要从源头上逐步减少留守儿童留守现象"，"到2020年，儿童留守现象明显减少"，甚至还设置了专属部门，由民政部牵头建立农村留守儿童关爱保护工作部际联席会议制度，落实相应的部门职责，将留守儿童问题一抓到底，彻底解决好。留守儿童问题已经到了某种临界点，已经成为关乎我国经济发展和社会稳定的重大问题，已经成了能否保障民生的现实考题。不解决好留守儿童的问题，就没有办法实现"中国梦"。

学界也铆足劲调研这个社会问题。截至2018年1月初，以留守儿童作为关键词进行检索，在万方数据库中的相关研究文献多达22949篇，在维普数据库中的相关研究文献多达17113篇，在中国知网上的相关研究文献多达5863篇(含硕士、博士论文661篇)，而在2015年年底，中国知网上可检索的文献数量仅有2600多篇。这还不包括其他语种数据库的来源，同类主题

① 叶敬忠：《关注留守儿童》，北京，社会科学文献出版社，2005。

的研究资料的数量是激增的，说明留守儿童问题一直是社会研究领域内的核心问题之一。

二、“留守儿童”的范畴

那农村父母亲以何种形式外出务工，外出多长时间，其子女才可以被认定是留守儿童？也就是说，“留守儿童”的范畴如何限定呢？

部分研究者认为只有父母双方都外出，这样的儿童才是真正意义上的留守儿童；但大多数研究者认为，只要父母中有一方外出务工，他们的孩子就可以被视为留守儿童。吴霓(2004)①将其定义为由于父母双方或一方外出打工而被留在农村的家乡，并且需要其他亲人或委托人照顾的处于义务教育阶段的6～16岁的儿童。全国妇联课题组(2013)②则认为留守儿童是父母双方或一方从农村流动到其他地区，孩子留在户籍地的农村，不能与父母双方共同生活的未成年人，也就是说他们不满18岁。而姚计海和毛亚庆(2008)③则认为，留守是因父母双方或单方外出(比如打工)，而与单个的父母、祖辈或其他代养人共同生活的儿童。从这个定义来看，标准比较宽泛。而今，留守儿童被笼统地指为因父母外出打工而被留在农村家乡的儿童。

而国外学者尤约(Yeoh)④则认为留守儿童是“那些在移民过程中没有足够的迁徙机会、没有被家长带离，甚至被滞留在家乡，只能由亲属或熟人代为照管的儿童”。从众多不一的定义中，我们可以看出存在较大的界定分歧。段成荣和周福林(2005)⑤提出，要从父母外出的数量(单个还是双方)、外出时长和儿童的年龄加以界定。父母外出的数量涉及单个父母还是双方都外

---

① 吴霓：《农村留守儿童问题调研报告》，载《教育研究》，2004(10)。

② 全国妇联课题组：《全国农村留守儿童、城乡流动儿童状况研究报告》，载《中国妇运》，2013(6)。

③ 姚计海、毛亚庆：《西部农村留守儿童学业心理特点及其学校管理对策研究》，载《教育研究》，2008(2)。

④ Yeoh, B. & Lam, T., “The Costs of (Im) Mobility: Children Left Behind and Children Who Migrate with a Parent”, *Perspectives on Gender and Migration*, 2007, pp. 120-149.

⑤ 段成荣、周福林：《我国留守儿童状况研究》，载《人口研究》，2005(1)。

出。有的学者(万增奎，2015)①将只有一名父母在外的儿童，称为半留守儿童(包括父外留守儿童和母外留守儿童)；而将父母都外出的儿童，叫作完全留守儿童。段成荣和周福林(2005)②调查发现，农村完全留守儿童的比例高达56.17%。因为母亲在抚育方面的天然优势，父亲外出的比例远高于母亲，仅有10.5%的留守儿童能够与父亲同住生活，他们构成了庞大的“单亲家庭陪伴家庭”。更多的孩子靠祖父辈来照料，成为现实中的“隔代家庭”，还有少数儿童因为无人照顾变成“孤儿”。家长外出时间也是一个重要的考量因素。农村家长短期打零工，如同城市家长外出公差，一般不对留守儿童构成较大的负面影响。比如，有些农民为了照顾好家庭和孩子，选择在离家不远处打工，早出晚归，或者隔三岔五就能回家，亲子见面的机会很多，就不能将这种情况视为留守现象。

由于留守经历给儿童带来情绪问题，并造成不良的适应反应，因此研究者将留守时间的长短与儿童情绪状况相关联，以此来探查对留守时长的界定。刘霞等人(2007)③通过对留守儿童访谈，发现留守经历拉长，负面影响会更为严重。同时，留守经历带给留守儿童的情绪适应能力的影响会随着时间增长而变化，存在三种不同的变化模式：有影响—影响逐渐减弱甚至消失、不愉快的情绪一直伴随、没有影响—有影响。郝振和崔丽娟(2007)④证实，留守3个月，留守儿童和普通儿童仅仅在自尊和情绪控制上有所差别；而留守半年的儿童，在多个方面与普通儿童差异显著，并且这种差异会随着留守时间的增加而拉大。申继亮(2008)⑤也注意到，留守时间与公正感、自尊和消极情绪体验密切相关。与留守时间不足5年的儿童相比，留守超过5年的儿童，其上述三个方面的表现有着显著差异。这些研究验证了，留守时间是影响留守儿童心理健康的重要因素，并且父母外出时间以6个月为一个转折点，留守儿童的心理健康水平会呈现出显著的下滑趋势。据此，可以将父母离家的时间定在6个月比较适宜。

---

① 万增奎：《农村留守儿童的精神诉求和社会心理支持研究》，2页，北京，人民出版社，2015。

② 段成荣、周福林：《我国留守儿童状况研究》，载《人口研究》，2005(1)。

③ 刘霞、赵景欣、申继亮：《农村留守儿童的情绪与行为适应特点》，载《中国教育学刊》，2007(6)。

④ 郝振、崔丽娟：《留守儿童界定标准探讨》，载《中国青年研究》，2007(10)。

⑤ 申继亮：《流动和留守儿童的发展与环境作用》，载《当代青年研究》，2008(10)。

三、“留守儿童”的年龄划分

对于留守儿童的年龄界定和划分，学界也莫衷一是，没有统一的标准。全国妇联课题组(2013)①认为“只要孩子的户籍留在农村，并因此不能与打工父/母共同生活的17周岁及以下的未成年人”，即属于留守儿童。段成荣和周福林(2005)②认为留守儿童的年龄应在14周岁以下。还有学者认为是处在义务教育阶段，只能原籍入学的儿童(吴霓，2004③；蒋平，2005④)，大致年龄段在6～16岁。很多学者也据此选取了就读的中、小学的留守儿童作为研究对象。一般不将高职高专或本科生看作留守儿童，而将其划分为有留守经历的大学生。

对于学前留守儿童的年龄界限，有研究者(张静，2009⑤；宋丽博，2010)⑥主张以入园的年龄3～6岁为宜；全国妇联课题组(2013)⑦认为0～5周岁为幼儿阶段；也有人(赵艳杰，2009)⑧认为应该是出生到入小学的阶段0～6岁的阶段；还有人(刘晓茜，2014)⑨认为应该是入学前的5.5～6岁。根据《教育大辞典》对儿童的定义：儿童是身心处于未成熟阶段的个体。狭义指的是少年期前的阶段。官方口径也不一致，如全国妇联界定在17周岁以

---

① 全国妇联课题组：《全国农村留守儿童、城乡流动儿童状况研究报告》，载《中国妇运》，2013(6)。

② 段成荣、周福林：《我国留守儿童状况研究》，载《人口研究》，2005(1)。

③ 吴霓：《农村留守儿童问题调研报告》，载《教育研究》，2004(10)。

④ 蒋平：《农村留守儿童家庭教育基本缺失的问题及对策》，载《理论与观察》，2005(4)。

⑤ 张静：《农村留守幼儿社会性发展现状研究——以阜阳市L县农村留守幼儿为例》，华东师范大学硕士学位论文，2009。

⑥ 宋丽博：《农村留守幼儿社会化现状与策略研究》，哈尔滨师范大学硕士学位论文，2010。

⑦ 全国妇联课题组：《全国农村留守儿童、城乡流动儿童状况研究报告》，载《中国妇运》，2013(6)。

⑧ 赵艳杰：《农村留守幼儿家庭教育问题及对策研究——以四川省富顺县彭庙镇为例》，西南大学硕士学位论文，2009。

⑨ 刘晓茜：《从绘画中解读农村留守幼儿的自我概念》，四川师范大学硕士学位论文，2014。

下(0～16 岁)，统计局主要统计 15 岁以下的儿童。在本研究中，考虑到农村儿童入小学的年龄多为 7 岁，同时为了更好地了解学前留守儿童的心理健康的转折期，我们将年龄范围划定为 3～7 岁。

结合联合国《儿童权利公约》对“儿童”的定义，“儿童是指 18 周岁及以下的任何人”。从更广的视角来看，“凡是因为有家长在外务工，必须由单亲、其他长辈或他人来抚养、教育和管理的儿童”(叶敬忠等，2005)①，都可以称之为留守儿童。这个年龄边界宽泛的概念，可以兼顾到学龄前(低于 6 岁)和 15～18 岁的儿童，能让学者和大众不至于忽视群体的两端，使他们也能得到足够的社会关注和照顾。在本研究中，农村学前留守儿童是指年满 3 岁不足 6 岁的农村留守儿童。

第二节　国外的留守儿童

在国际上，国外学者认为留守儿童问题在中国比较突出，这是因为国际学者注意到，中国地域广阔，留守儿童的人数最多，引发的社会问题最为典型。但留守儿童的现象并非中国独有，多国的研究结果表明，留守儿童的问题在其他发展中国家和地区也普遍存在。留守儿童现象在亚非拉地区，甚至东欧国家广泛存在，这是大量的贫穷家庭为了追求更好的经济条件和社会地位，受制于现实窘迫的环境，不得不产生的无奈之举。

一、儿童留守现象遍及全球

据联合国开发计划署②的资料显示，世界有 2.15 亿人口离开家乡去其他国家工作，这个数量还在不断地增加。世界范围内有 7 亿左右的人虽然留在自己国家，但是离开家乡在其他城市工作。由于统计方法和计算规则不同，国际上并没有一个世界留守儿童规模的精确统计数值。只能看出一个大致分布：东欧、拉丁美洲(主要是加勒比海地区，比如墨西哥)、非洲和亚

① 叶敬忠、王伊欢、张克云等：《对留守儿童问题的研究综述》，载《农业经济问题》，2005(10)。

② 刘迪：《建立多层次的儿童保护网络》，载《南方周末》，2016-04-06。

洲，客观上反映出全球经济不均衡的状态在全球的人文地理上的分布。基本的趋势是，经济欠发达地区的移民潮，导致留守儿童数量剧增。虽然各个阶层都可能出现亲子分离的现象，但长久的亲子分离在农村贫困家庭里更为常见。

据统计，2002年，13%的墨西哥人和22%的萨尔瓦多人移民到美国，而他们的孩子留在了出生地，成为留守儿童。每年有二至四成的孟加拉国农村居民外出务工，他们的孩子没有被带在身边。在菲律宾，900万的儿童与父母分离，占据青少年总数的27%。此外，斯里兰卡、蒙古的留守儿童的比例也非常高。

留守儿童的确是具体国情下衍生出的一种社会现象，是发展中国家经济崛起和快速发展进程中的特定历史产物。世界某些国家或地区，经济基础更为薄弱，留守儿童的数量虽然不及中国庞大，但出现了更为严重的社会问题。这些留守儿童的生存环境更为恶劣，成为孤苦无依的街头流浪儿童(Street Children)。对街头流浪儿童，联合国儿童基金会(UNICEF)将其定义为：这是一群年龄不足18岁，缺乏成人照料，在街头(尤其是垃圾场和荒郊野外)上游荡和讨生活的儿童。

这类儿童，主要集中在南亚、非洲、东欧等经济最为贫困的地区。留守儿童的父母是因为急于挣钱而向外寻找发展的机会，又不得不省钱而减少回家次数；而街头流浪儿童的父母，则是对贫困落后的生活环境感到绝望，对要负担的养育责任感到力不从心，为了个人摆脱困境而狠心舍下一切，让自己无牵无挂地追求新的人生。

发展中国家农民的跨国务工(包括偷渡入境打黑工)，流入国只愿意购买外籍民工的劳动力，提供一个临时工的过渡身份，目的是控制生产成本。这与我国的农民工进城后，同样因缺乏城市户籍而面临着住房、生活开支、子女入学等现实壁垒情况类似，这些都是流入地为了控制人口和管理成本而设置的制度拦截网。从大量的调查资料来看，人口流动导致留守儿童或移民儿童的产生，在社会各个阶层中都可能存在，但分布最广的人群则是农村中的低收入家庭。这充分说明，经济贫困及资源匮乏是留守儿童产生的根本性原因之一。

从生存效果来看，留守儿童享受着残缺的、不完整的父母之爱。尽管这种亲子关系有诸多问题，但最终给了儿童一个形式完整，有一定经济支撑的家庭生活。而街头流浪儿童则被父母不负责任地抛弃，变成了一个孤苦无依，不得不靠乞讨、欺骗、偷窃、加入帮派等手段来混社会，处境极为糟糕的弱势群体。

二、东南亚的留守儿童

据2010年统计，在亚洲，中国留守儿童的数量最多，约为6100万人。同期，在菲律宾有300万～600万名儿童因父母在海外而留守，印度尼西亚有100万名，泰国有50万名，斯里兰卡和塔吉克斯坦各有10万名留守儿童。据联合国儿童基金会的关于留守儿童的报告，其中提到2010年中国留守儿童占未成年人的比重为23.6%（UNICEF EAPRO），2006年泰国留守儿童占未成年人比重为17.5%（UNICEF Thailand）；在欧洲，罗马尼亚有35万名留守儿童，摩尔多瓦有18万名；在拉丁美洲，墨西哥有50万名留守儿童，厄瓜多尔有21.8万名；在墨西哥，约有三分之一的墨西哥孩子在儿童时期经历过不同类型的家庭分离，其中就包括父母移民与外出打工等。

据《婚姻家庭杂志》（*Journal of Marriage and Family*）的一项调查结果显示，东南亚地区的留守儿童，主要是因为父母出国务工而形成的，这与中国留守儿童是因为父母跨省流动务工而形成的略有不同。前者是跨国迁徙，而后者是城乡流动，前者带来的心理距离感更强烈，更容易导致亲子分离时间更长，相聚更不容易。

东南亚的人口流动主要是全球化贸易发展的衍生物——资本与劳动力的全球流动配置。发达国家和地区经济活跃，但缺乏大量的普通甚至廉价的劳动力，这为欠发达的国家和地区创造了大量的工作岗位和机会。东南亚发展中国家（如菲律宾、印度尼西亚、泰国和越南等），在过去半个世纪里，因为受外侵、内战、军事独裁的影响，经济发展一直停滞不前。目睹发达国家和地区劳动力紧缺的局面，各国都认为这是发展的良机，可以找到薪酬更高的工作，尤其是东南亚的妇女，可以通过家政和照看孩子的就业渠道提升就业的可能性。在相对高薪的刺激下，东南亚的妇女会与自家的孩子分离。“菲佣”“东南亚劳动力”这些群体后面，有许多常年见不到父母的留守儿童。而全球化的趋势不断扩张，导致东南亚妇女更大范围地流动到世界各地。

许多机构关注了东南亚留守儿童这一群体，发现他们也出现了身心双重发展的困境。尽管有些家长是临时性地短暂兼职，但由于出入境手续烦琐和路费昂贵，他们并不会经常探望自己的孩子，不得不交给亲属代养。中国留守儿童出现的一些成长问题，在东南亚地区同样严重。并且由于地域更为遥远，亲子关系的隔膜则更深。这些在海外务工的东南亚人的子女，被国际学者称为新的“失落”的一代人。

那么，东南亚的原有的“失落的几代人”是指什么?

缅甸的“失落”一代包括民族战争导致背井离乡的儿童。在过去的60年，当地各派武装冲突不断，使得乡村被侵扰得无法生存，大量的儿童跑到泰国边境，寻求庇护和生存，成了没有移民身份、打黑工的地下童工。国际组织考察后，发现在泰国的无国籍儿童没有基本的生存保障。

东帝汶遭受了印度尼西亚长达二十多年的入侵，孩子们也感受到被奴役的压迫。东帝汶屠杀事件，不仅减少了将近10万人口(将近三分之一的全国总人口)，甚至印度尼西亚军方和民间组织还从东帝汶掠走约4000名儿童，送入印度尼西亚收养。

1997年亚洲经济危机又重创了印度尼西亚，使得国家政治形势更加混乱和复杂，严重影响了社会底层及其孩子，印尼的流浪儿童和童工的数量节节攀升。

到了21世纪，发展经济成了东南亚国家的头等大事。2004年的一项关于菲律宾留守儿童的调查，发现菲律宾的移民劳动力至少有360万。而截至2015年，1亿总人口中有1200万的海外劳动力。他们独自跨国流动，与家人保持着联络但相隔甚远。菲律宾政府为了增加GDP，出台了一系列鼓励外出务工的措施，将海外劳务输出的经济计划变成了永久政策。受国家政策和经济收入的驱使，出境打工人数不断累加，代代相传，父母一方在海外工作已经成了社会常态，俨然形成了一股风气，使得“跨国留守儿童”的现象愈加显著。

2003年菲律宾开展了一项“儿童和家庭调查”项目①，主要考察了吕宋岛、维萨亚斯岛、棉兰老岛等7个省和地区，91790个移民家庭中的留守儿

---

① Yeoh, B. & Lam, T., “The Costs of (Im) Mobility: Children Left Behind and Children Who Migrate with a Parent”, *Perspectives on Gender and Migration*, 2007, pp. 120-149.

童大多为10～12岁。另一项研究由布瑞扬(Bryant，2005)①发起，发现菲律宾有300万～600万儿童(占菲律宾儿童总数的10%～20%)，因父母跨国就业而被遗留在老家。而科隆和昂特瑞恩(Coronel and Unterreiner，2005)②以人口普查的数据为基础，推算出菲律宾有150万母亲和102万父亲在他国工作，占全国家庭总数的16%，如果按照每家平均有3个孩子的标准来估算，他认为将会有800万的菲律宾留守儿童。帕瑞娜斯(Parrenas)③认为这个数字更大，应该是900万留守儿童，发生率为27%。布瑞恩特(Bryclnt，2005)④还注意到印度尼西亚和泰国各有100万和50万的留守儿童，这就意味着2%～3%的印度尼西亚家庭和泰国家庭中，至少有一名家长已经出国淘金。

在孟加拉国，农村家庭中至少有一名成员外出务工的比例非常高，达到了18%～40%，造成了大批的留守儿童。⑤ 对蒙古国964个移民家庭的调查发现，4.7%的儿童被留在农村。⑥ 2005年，联合国儿童基金会、联合国开发计划署和南南合作促进发展局共同发布研究报告，称100万斯里兰卡的儿童成了留守儿童。⑦ 仅在2006年，国际拯救儿童基金会在实施名为"拯救儿童行动"的调查时，发现仅仅是母亲不在身边的留守儿童就有100万人，实际上，斯里兰卡的留守儿童的真实数字应该更大。

---

① Bryant, J.,"Children of International Migrants in Indonesia, Thailand and the Philippines: A Review of Evidence and Policies", *Innocenti Working Paper*, 2005.

② Coronel, E. & Unterreiner, F.,"Social Impact of Remittances on Children's Rights", *UNICEF－Philippines*, 2005.

③ Parrenas, R.,"Long Distance Intimacy: Class, Gender and Intergenerational Relations Between Mothers and Children in Filipino Transnational Families", *Global Networks*, 2005, 5(4), pp. 317-336.

④ Bryant, J.,"Children of International Migrants in Indonesia, Thailand and the Philippines: A Review of Evidence and Policies", *Innocenti Working Paper*, 2005.

⑤ Yeoh, B. & Lam, T.,"The Costs of (Im) Mobility: Children Left Behind and Children Who Migrate with A Parent", *Perspectives on Gender and Migration*, 2007, pp. 120-149.

⑥ Batbaatar, et al,"Children on the Move: Rural-urban Migration and Access to Education in Mongolia", *Save the Children*, 2005.

⑦ Save the Children."Left Behind, Left Out: The Impact on Children and Families of Mothers Migrating for Work Abroad", *Save the Children*, 2006.

三、拉丁美洲的留守儿童

拉丁美洲的加勒比海地区是移民性亲子分离的高发地带。从学校社区的相关数据来看，有10.5%的特立尼达和多巴哥①及35%的牙买加②儿童，其父母办理了务工移民。巴巴多斯、多米尼加共和国、圣卢西亚等地方，移民儿童的情况也非常相似。

在2002年，22%的萨尔瓦多人通过移民方式进入美国，而把孩子留在了出生地。1999—2000年，仅仅一年时间，厄瓜多尔的留守儿童就从1.7万人暴增到15万人。2005年，联合国教科文组织的调查数据表明，厄瓜多尔境内有36%的母亲和40%的父亲移民，他们没有带上孩子。有移民家长在外的留守儿童的数量，经过精确统计为218704名。

墨西哥低端的劳动力结构与中国类似，从20世纪80年代起，墨西哥也出现了城乡儿童受教育程度两极分化的现象。农村的移民儿童，如果读不完高中课程，就只能成为食物链上最末端的社会成员，摆在面前的三条出路：一是做没有任何福利和保障的打杂工，没有上升的空间，随时可能被开除；二是偷渡，挖洞潜入美国做黑工，不过这条路很可能被特朗普总统的修墙计划阻断；三是加入犯罪组织，与司法制度对抗来做偏门生意，这条路最为险要，随时可能毙命。

在美的墨西哥裔的外来打工移民，有的是合法入境(大概占13%)，大多数是非法偷渡进来，他们都没有带上孩子，而是放在墨西哥老家抚养。基于这个社会现象，美国学者也做了多项关于墨西哥留守儿童的研究。2002年，13%的墨西哥人移民美国，而他们的子女没能同行，留在了家乡。根据多级递阶方法，预计双亲家庭中的儿童，在童年期内至少有一次父亲外出经历的

---

① Jones, A., Sharpe, J. & Sogren, M., "Children's Experiences of Separation from Parents as A Consequence of Migration", *Caribbean Journal Social Work*, 2004(3), pp. 89-109.

② Pottinger, A. M., "Report on Pilot Project on Loss and Violence in Students from Inner City Communities and a School-based Intervention Programme", *Paper Presented at a Meeting of the Ministry of Education*, 2003.

儿童比例，约为17%。纽伯斯(Nobles)①用“墨西哥家庭生活调查”问卷，发现超过三分之一的墨西哥家庭内，儿童会遭遇不同类型的亲子分离，其中父亲移民导致儿童与单边母亲生活的时间，与父母离异导致儿童与单边母亲生活的时间大致相当，这表明单个家长移民对家庭结构和家庭功能的损害作用，类似于夫妻离异造成的影响。

大量研究结果显示，墨西哥留守儿童存在的情绪和行为方面的问题，与中国留守儿童高度相似。目睹这一严峻的社会现象，一位美国记者在他的著作里感叹：“我希望我的书，能够让从拉美来的妇女了解到把孩子撇下的后果，从而将来能做出更明智的决定，因为，最终，这样的分离总是以悲剧结束。”

四、非洲的留守儿童

非洲农村的人口流动性也非常高。在东非，首先最多的是难民流动，其次是劳动力移民。在西非，有三分之一的居民为了谋生而离开原住地。② 南非25%的家庭都有家庭成员迁徙移民，农村地区甚至超过了4成。③ 坦桑尼亚有一半的农村家庭，至少有1名家庭成员迁徙移民，而马里的农村，这一比例高达80%，造成了更多的留守儿童，数目惊人。④

五、欧洲少数欠发达国家的留守儿童

东欧移民的现象也是不断发酵的。受经济移民的影响，罗马尼亚的10～15岁的儿童中，有五分之一(约17万)的孩子生活在一方或双方家长在国外工作的现实里。父母双方均在国外、母亲在国外、父亲在国外的儿童人数分

---

① Nobles, J., “The Contribution of Migration to Children’s Family Contexts”, California Center for Population Reserch UCLA, 2006.

② R. Chen, M., Madamba Geneva, *Migrant Labour: An Annotated Bibliography*, ILO, 2000.

③ De Haan, A., “Migrants, Livelihoods and Rights: The Relevance of Migration in Development Policies”, *Social Development Working Paper*, 2000(4).

④ Whitehead, A. & I. M. Hashim, “Children and Migration: Background Paper for DFID Migration Team”, *UK: Department for International Development*, 2005(7).

别为 3.5 万、5.5 万和 8 万。① 另据一份非政府组织的报告透露，欧盟成员里的穷国如罗马尼亚、保加利亚和波兰等，合计有 50 万～100 万的留守儿童。明爱组织(Caritas)声称，乌克兰的留守儿童的数量接近 900 万，他们都居住在失业率高、经济水平低的农村，即便家长辛苦劳作也难以赚到足够养家糊口的收入，他们无法像英、法国家的父母那样，给自己的孩子一个光明的未来，不得不穷则思变，离开农村，千里跋涉地进入他国，从事农民、建筑工人、护工或保姆等脏、累、差的工种。很多人没钱，也没有渠道合法出境，都是非法偷渡去了欧盟其他国家；孩子则被留置在家里，跟着老人、亲友或熟人等一起生活，孩子用聊天软件与父母互动。

自苏联解体、摩尔多瓦独立以来，那里一直是全欧洲较贫穷的国家。当地农村似乎在过去 100 年内没发生任何明显的变化。许多农村家长为了赚取更多的收入，纷纷离开老家，前往其他富裕的欧盟成员国“淘金”，他们把孩子留给其他亲属。据该国教育部公布的数据显示，截至 2003 年年底，学龄儿童的双亲都在海外的有 22976 人，而两年后，这个数字上涨到 27915 人，但无法给出 0～6 岁移民留守儿童的确切数字。从 2005 年的摩尔多瓦人口健康调查的数据中，我们可以了解到，五分之一的留守儿童年龄不足 5 岁，由此可以间接推算出 5 岁以下留守儿童约有 1400 人。到了 2006 年中期，父母都在海外任职的 18 岁及以下留守儿童有 177195 名，其中 80%是农村儿童，约 30%的儿童的父母双方都不在国内，并且这一数字还在持续上升。②

摩尔多瓦教育部的工作报告③指出，65%的社会保障相关机构成为 7～12 岁弃儿的栖身所，其中大部分是留守儿童。许多常年见不到父母的孩子也因此成了“事实孤儿”，变得性格孤僻、自暴自弃，有些孩子更是因为得不到父母的关爱而选择自杀或走向犯罪。这种家庭模型被当地的学术界视为一种“社会灾难”。父母健在，却人为相隔，对孩子来说，这种失去就是一种精神创伤。心理学家兰·费德曼(Lan Feldman)参与了一个对摩尔多瓦共和国的

① Toth, G., Toth, A., Voicu, O. & Stefanescu, M., “Efectele Migratiei: Copii Ramasi Acasa”, *Soros Foundation Romania*, 2007.

② Sarbu, A., *Republic of Moldovan Children Struggle to Cope with Their Parents' Economic Migration*, UNICEF Moldova, 2007.

③ UNICEF-Moldova, *Migration and Remittances and Their Impact on Children Left Behind in Moldova*, UNICEF Moldova, 2007.

大量移民现象的研究，发现留守儿童对父母的爱，已经弱化甚至意象化为一个个来自海外的包裹，里面虽然装有名牌的衣物、零食和玩具，但缺少与父母的亲近感；虽然有电脑上的声音和模糊的、不能触摸到真实的画面，但孩子们更渴望能在父母跟前撒娇、亲昵。他们不理解父母的选择，对父母的离去有很多疑惑、委屈、悲伤、痛苦、愤怒和怨恨，多年以后，提起缺少家人陪伴的童年经历，还能感受到既往的酸楚："那时我太小，不能理解母亲(或父亲)并不是因为想要离开才离开的。"他们的父母在外打工，从事照顾别人的孩子或家人的工作。

世界各地的留守儿童，分布范围包括亚非拉和东欧地区的发展中国家，说明留守儿童(移民儿童)并不是某地某时独有的现象，而是跨地域的共时性的全球性问题。中国的留守儿童也是世界移民儿童的一个构成部分，都是劳动力转移下的家庭结构分裂的后遗症。在全球化的背景下，审视中国的留守儿童的生存和发展危机，既要兼顾国际积累的保护儿童的先进经验，同时也要寻求解决留守儿童问题的本土化的特色路径。

第三节　中国的留守儿童

自20世纪70年代末80年代初以来，随着我国市场经济的快速发展和城镇化进程的不断加强，农村劳动力开始以前所未有的规模和速度向城市转移。与此同时，由于长期以来客观存在的城乡二元结构体制，以及经济条件所限，大多数农村务工人员不能以家庭为单位完整地流动，他们出于各种原因无法将其子女一同带在身边，因此大量未满14周岁的儿童被留在了农村，从而衍生出了一个特殊的社会群体——留守儿童。

一、留守儿童的分布和规模

段成荣和周福林(2005)①考察了我国留守儿童的空间分布，发现留守儿童的分布较为集中，主要在四川、广东、江西、安徽、湖南、海南等省，在重庆、江西、四川等地，五分之一的当地儿童都是留守儿童。

① 段成荣、周福林：《我国留守儿童状况研究》，载《人口研究》，2005(1)。

8 年之后，虽然留守儿童的数量在上升(大致增加了 242 万人)，但分布格局并没有发生明显的变化，根据中华全国妇女联合会(2013)①调查结果，全国有农村留守儿童 6102.55 万人，占农村儿童的 37.7%，占全国儿童的 21.88%。其中，学龄前农村留守儿童(0～5 岁)达 2342 万人，在农村留守儿童中占 38.37%，比 2005 年的学龄前农村留守儿童增加了 757 万人，增幅达 47.73%。到 2015 年，0～11 岁的留守儿童为 1819 万人，0～17 岁的留守儿童为 5861 万人。

四川、河南的农村留守儿童规模最大，占全国农村留守儿童比重最大，分别达到 11.34%和 10.73%。其次，安徽、广东、湖南的农村留守儿童规模占全国百分比也很高，分别为 7.26%、7.18%和 7.13%。以上 5 个省份留守儿童在全国留守儿童总量中占到 43.64%。从农村儿童中留守儿童所占比重来看，重庆、四川、安徽、江苏、江西和湖南的比重已超过 50%，湖北、广西、广东、贵州的比例超过 40%。可见，农村留守儿童广泛分布于中西部省份，同时也分布于江苏、广东等东部发达省份。

截至 2016 年，留守儿童的人口分布比重又发生了一些变化：人民网以 11 个省(市、区)的大样本数据，发现留守率最高的 7 个地区分别是湖南(51.3%)、重庆(40%)、河南(39.2%)、安徽(31.3%)、贵州(29.9%)、云南(26.6%)和广西(23.8%)，而留守率最低的 2 个地区则是海南(1.3%)和甘肃(5.3%)。数据也表明，留守原因不仅限于经济水平，而且也与当地安土重迁、是否愿意闯荡等群体性观念有着不可分割的关系。

据 2014 年中国青少年研究中心②“全国农村留守儿童状况调查”显示：51.7%的留守儿童父母都外出务工，40.2%的父亲外出，8.1%的母亲外出。近半数父(49.6%)母(42.2%)在孩子 6 岁之前就离家外出务工，46.5%的留守儿童留守时长超过 2 年，32%超过 5 年。

多项调查证实，由于父母外出，常年无法回家和履行家庭成员的职责，使得留守儿童的家庭结构的稳定性出现了裂变，许多留守儿童被迫生活在不

---

① 中华全国妇女联合会：《全国农村留守儿童、城乡流动儿童状况研究报告》，2013。

② 孙云晓：《全国六类重点青少年群体研究报告》，中国青少年研究中心，2014。

完整的家庭之中，身心发展遭遇了巨大挑战。中国教育科学研究院吴霓(2004)①的调查发现，留守儿童的教养模式比例如下，56.4%与留守的单亲生活，32.2%被隔代(爷爷奶奶、外公外婆)寄养，4.1%被他人亲戚代养，0.9%被寄养在他人家里。

眉山市妇联、市妇儿工委(2005)②调查了3118名双亲外出的留守儿童，发现留守儿童被隔代寄养、他人代养和独自生活的比例分别为81%、18.3%和0.7%。直至2013年，依然有近三分之一的农村留守儿童与祖父母一起居住，有3.37%(205.7万)的农村留守儿童单独居住。关于留守儿童的数量，既往并无明确数字。各个课题研究提供的数据很不统一，结果差别很大。中国青少年研究中心(2016)③组织实施了全国农村留守儿童状况调查，调查对象来自河南省、安徽省、湖南省、江西省、重庆市、贵州省的12个县(市、区)，发现留守儿童所占的比重超过55%，即在调查当地，留守儿童的数量超过非留守儿童。

2016年2月国务院发布《关于加强农村留守儿童关爱保护工作的意见》，将留守儿童定义为“父母双方外出务工或一方外出务工另一方无监护能力、不满十六周岁”的未成年人。2016年11月9日，在农村留守儿童关爱保护工作部际联席会议第二次全体会议上，据民政部有关负责人通报的民政部、教育部、公安部对农村留守儿童摸底排查工作结果显示，我国留守儿童数量为902万人，这一数据与2013年所报告的6000多万人相比锐减了约5000万人。在新排查的农村留守儿童的群体中，由(外)祖父母监护的805万人，占89.3%，无人监护的为36万人，占总数的4%。一方外出务工另一方无监护能力的为31万人，占总数的3.4%。

这组数字说明，即使孩子非常年幼，农村妈妈也选择放开孩子，外出务工。这种普遍性选择折射出城市就业环境对农村青壮年的巨大吸引力：一方面是小家庭需要收入增长来改善家庭经济水平；另一方面年轻人比其他群体有年龄、知识结构、社会见识、适应能力等方面的就业优势。家里的老人帮

① 吴霓：《农村留守儿童问题调研报告》，载《教育研究》，2004(10)。

② 宋丽博：《农村留守幼儿社会化现状与策略研究》，哈尔滨师范大学硕士学位论文，2010。

③ 中国青少年研究中心：《2016年中国农村留守儿童现状调查报告》，2016。

忙带孩子，一方面是父辈正值壮年或刚进入老年期，精力尚可；另一方面，父辈留在老家养育孩子，养育成本显得更为低廉。

经过细致的摸排，已经清楚地了解到当前留守儿童实际监护人和教养模式的构成：由(外)祖父母监护的有805万人，占89.3%；由亲戚朋友监护的有30万人，占3.3%；无人监护的有36万人，占4%；一方外出务工另一方无监护能力的有31万人，占3.4%。近32万名由(外)祖父母或亲朋监护的农村留守儿童监护情况较差，少数农村留守儿童辍学或尚未登记户口。

留守儿童是否存在明显的性别差异，研究结果并不一致。2005年，全国妇联通过抽取1%的全国人口为样本，发现除了北京、上海、内蒙古、宁夏和新疆外，大多数省份都存在留守男童数量多于女童的现象。在留守儿童中，男童和女童的比重分别为53.71%(3148万)和46.29%(2713万)。人民网的调查结果则显示，留守男童的比重为50.2%，性别比约等于1，说明性别比例比较均衡。

二、社会解组现象与儿童发展

外出务工的农民大多为青壮年劳动力，而他们的子女此时正处于学龄前、小学或初中阶段。这一阶段正是儿童身心发展的关键期，尤其在幼儿期，是个体各种素质结构的奠基阶段，也是多项社会性指标发展的关键期。有研究表明，2～4岁是儿童秩序性发展的关键期，3～5岁是儿童自我控制发展的关键期，4岁是儿童同伴交往发展的关键期，5岁是幼儿由生理需要向社会新需要发展的关键期。儿童社会性的健康发展需要有良好的家庭环境、学校教育、同伴群体、大众传媒，以及社区环境等，然而由于父母外出务工，影响留守儿童社会性发展的各项因素都发生了巨大的变化。社会解组理论强调，当社会系统的平衡机制在社会变迁的过程中受到干扰时，冲突与解组现象最容易发生，社会控制力量消失，偏差问题即随之而来。大量青壮年劳动力的外流带来的后果是农村地区基本的生活和公共功能受到严重损伤，农村生活仅成了村民生活的一部分和一部分村民的生活。这种人员结构的破坏与失衡，使得传统村落原有的联系紧密、社会支持力度强的特点被打破，村落原有的共同意识减弱和村舆论影响力下降，整个村落原有的生活状态呈现衰败的倾向，也就是说农村出现了社会解组现象。① 留守儿童的家庭结构与成长环境被解组，完满家庭与正常社会化的价值观念被解组，留守儿童既不能从村落的公共职能中得到有效的成长支持和帮扶，也不能受到村落社会职能对不良行为的有效监控。这样一来，在留守儿童的社会性发展关键期，周遭环境发生社会解组，如果幼儿园、学校、社会的相关功能未能补全其社会性发展的需要，就极有可能造成社会性发展的隐患，导致社会化失败，在青少年期甚至成年后出现恶劣后果，甚至触犯法律的行为。

① 王广聪：《对留守儿童犯罪原因的一个比较解读——以社会解组理论为视角》，载《河北公安警察职业学院学报》，2008(4)。

第二章 留守生活对幼儿心理健康的影响

第一节 幼儿心理健康的含义及意义

个体从出生到死亡的生命历程中，保持身心健康是获得良好生活品质和幸福感的重要基石，这已经是大众的共识。大量研究成果让人们注意到，学前期的抚养方式和教养水平给个体一生的心理面貌涂下了底色，影响着个体日后的全面发展，即所谓“三岁看大，七岁看老”。

一、心理健康的含义

(一)古代心理健康的内涵

我国古代并无“心理健康”“心理卫生”“健康心理”等专门的术语，只有“养心”一词蕴含着“维护内心平衡”的思想。“养心”一词(还有养神、摄心、摄神等类似的词语)犹如今日所讲的心理健康，维护心理卫生。比如《孟子·尽心下》中曾说：“养心莫善于寡欲。”《遗教经》曰“常当摄心在心”，此处的“摄心”就是“摄散乱之心于一也”，亦即收摄自己的心念，不使它遗忘或散乱，把心从过去境及未来境中收回来，只缘现前境之后，进一步将现前境的范围缩小，对于发生的种种状况，虽可见可闻，却不被它们所影响而生起情绪反应。

在中医典籍里，“情志学说”(又称“七情学说”)特别提到，要想健康就要避免情志过激，因为“怒伤肝、喜伤心、思伤脾、忧伤肺、恐伤肾”(《素问·阴阳应象大论》)，《灵枢·本神》也说：“肺喜乐无极则伤魄，魄伤则狂，狂者意不存人”；“盛怒而不止则伤志，志伤则喜忘其前言”。魏之琇的《柳州医话》中王孟英按“肺主一身之表，肝主一身之里。五气之感皆从肺入，七情之病必由肝起”。因此，《黄帝内经》强调要阴阳平衡，认为这是有机体正常生理活动的基础与保证，也是情志正常活动的前提，故《素问·生气通天论》提出一个心理健康的重要观点：“阴平阳秘，精神乃治。”

中国儒家思想倡导“君子式的修身养性”才能实现心理健康。君子必须具备仁、义、礼、智四德，儿童则需要从小教化，学习圣贤言行，个体从个人、人际关系和道德三个层面达到中庸调和的境界，修成一名君子，实现拥有良好的人际关系、适当约束自己的言行，保持情绪的平衡和稳定，正确认识周围环境，保有积极的生活态度，完善自我的发展目标，这才达到了“修身养性”的目标。

总结起来，中国古代心理健康思想主要循着三条路径发展：哲学思想家的健康心理思想、医学思想家的健康心理思想、养生家的健康心理思想。心理健康教育的主要原则和方法，就是倡导清净养神、调理情志、修身养性、适应年龄、顺应自然等。古代的心理防治思想体现在防止心理疾病的发生，提倡“不治已病治未病”，对心理疾病，主要采用了心疗、意疗和情疗三大门类的方法。

（二）现代心理健康的内涵

到了近代，对于心理健康这一概念的内涵，大众已逐步接受这样一种观点，即，心理健康应是一种个体适应良好生活的状态。这说明心理健康包括两层含义：一是无心理疾病，这是心理健康的最基本条件，心理疾病包括各种心理与行为异常的情形；二是具有一种积极发展的心理状态，即能够维持自己的心理健康，主动减少问题行为和解决心理困扰。如同 1946 年的第三届国际心理卫生大会上所定义的那样，心理健康是在身体、智能及情感上与他人的心理健康不相矛盾的范围内，将个人心境发展为最佳状态。

从不同学科、学派和学者对心理健康的定义、标准和相关理论的争议中，可以辨析出不同健康模式，比如医疗卫生领域从生物医学的角度出发，认为无心理疾病和障碍即是心理健康；心理学则认为心理健康的外延比较宽泛，这说明心理健康的定义与不同理论流派的关注点有着莫大的关联。

比如经典精神分析学派认为，人的心理变态是本我、自我和超我的三者的冲突所造成的，健康人格需要克服病人的心理障碍，将自我释放出来，不再受本我的冲击和超我的压抑。新精神分析学派则摒弃了对人格结构的重视，转向研究“开创倾向性的人”的心理特征，认为心理健康的人具备了开创性思维、开创性的爱、幸福和良心。埃里克森倡导毕生发展观，他认为毕生心理发展都有不同的阶段性危机，如果解决不好，就会导致人格异常，健康人格需要通过对各阶段的心理危机进行积极的解决而得以塑造。

行为主义者认为人的心理疾病和躯体症状是通过刺激和反应的关联形成的，是一种异常行为反应的固化。需要通过改变原有的、不适应环境的强化

模式，塑造新的行为模式，消退异常行为来提高心理健康水平。

人格特质论的代表人物奥尔波特则认为心理健康的个体，有着理性和高度的意识水平，他们既能够把握现实生活，又能指向未来。认知人格理论的代表人物埃利斯认为，人的心理不健康源于人的非理性思维和信念，导致人产生了许多不必要的、影响个人身心发展的负性情绪。班杜拉的认知行为理论认为，人有充分的自我调节能力，这有助于人们采取措施来控制行为。

人本主义心理学对人性充满了信心，认为真正的心理健康者(不足总人口的10%)，应该是内心世界极其丰富、精神生活无比充实、潜能得以充分发挥、人生价值能够完全体现的人。马斯洛认为以自我实现为奋斗目标的人可以称之为心理健康者，他们具备区别于常人的15个特点：对现实更有效的知觉；对自我、他人和自然的接受；行为的自然流露；责任感和献身精神；独处和独立的需要；自主的活动；不断更新的鉴赏力；神秘的或高峰体验；对所有人的爱的情谊；人际关系融洽；民主的性格结构；手段和目的、善恶之间的辨别力；富有哲理性的、善意的幽默感；创造性；对文化适应的抵抗。罗杰斯则认为，完全心理健康的个体是“机能完善的人”，他们比普通人更加复杂化、更具有自主性和社会责任感，他们具备五个特征：能够做到经验开放；时刻保持生活充实；对自身机体高度信任；有较强的自由感；高度的创造性。作为“未来新人类”，还要具备如下的素质：开朗、开放的人生态度；渴求真实；对科技抱有存疑的态度；渴望成为整合的人；渴望亲密关系；重视过程；关爱；与自然和谐共处；反对墨守成规的建制；个体内在的权力；不重视物质享受；自我超越。

个体成长观(Personal Growth)也将具有心理健康视为个体的积极心理品质和潜能的最为完整的发展，认为心理潜能的最佳发展取决于人能否成就某种事业，这与人本主义的心理健康观有很大的相似性。

社会心理学则以社会准则为衡量标准，认为心理健康要符合一定的社会行为，要为社会所接纳，这种接纳本身会给个体带来内心的快乐。而历经了第二次世界大战苦难的富兰克(Frank，1926)非常看重个人行为的自觉选择，他认为如果人对能够对人生的意义、理想或目的自觉地探索，那么他就能维持心理健康，实现“超越自我的人”模式。能够有意识地选择和管理自己的生活，对自己的一切负责，不将失败和不幸归于他人和环境，能够给予爱和接受爱。

有学者基于主观幸福感的研究(Subject Well-being)，将积极情感和生活满意度两种概念进行综合，认为正性情绪和负性情绪是心理健康的不同维度，两者的平衡就是幸福指标，而生活满意度被看作是一种认知成分，是幸福感的一种补充，是衡量个体心理健康的关键性指标。①②

纵观不同流派的理论观点，争议颇多，研究的关注点也不尽相同。比如精神分析学派从强调病理心理的冲突，转向对社会心理文化的关注和心理的阶段性发展，以此来论述个人的心理问题的根源。认知心理理论关注个人的理性、意识对心理健康的影响。人本主义重视个人的自我实现，充分挖掘人性中最闪光的成分，以此作为促进心理健康的动力和最高标准。人格理论则在意个体是否具备一些可以控制的能力，自我调节是保持心理健康的重要标志。

尽管内容不一，但不同的理论也存在一些较为一致的看法，比如学者们都认同心理活动具有动态性，不存在绝对的界限，心理卫生的水平可分为健康、常态、轻度失调和严重病态四种，心理异常和心理健康是可以相互转化的；心理健康的个体能够保持个体、他人和环境系统的平衡，而不是绝对稳定；心理健康的个体面对应激和压力，并非没有心理波动和变化，但他们能够调节个体内部的心理结构，如情绪、自我、意识、思维等。个体的心理健康维持可以通过学习和他人的帮助加以获得，但也可能因为不良的人格特征和心理结构而导致心理健康水平的下降。

二、幼儿期心理健康的意义

在陈鹤琴先生③看来，儿童不是缩小版的“大人”，儿童的心理与成人的心理明显不同。幼儿期不仅作为成人之预备，亦具有自身的独特价值，成人尤其是教育者应该尊敬儿童的人格，爱护他们的烂漫天真。他和张宗麟联合

① Andrews, F. M., McKennell, A. C., *Measures of Self-reported Well-being: Their Affective, Cognitive, and Other Components*, Social Indicators Research, 1980 (8), pp. 127-156.

② Diener, E., "Subjective Well-being", *Psychological Bulletin*, 1984 (95), pp. 542-575.

③ 陈鹤琴：《陈鹤琴全集》(第一卷)，7页，南京，江苏教育出版社，2008。

执笔，写下了《我们的主张》，提出要在适合中国国情的前提下，发展幼儿心理教育及教育原理等内容，成为中国现代幼儿教育的最早纲领和宣言。

朱智贤先生①也重视儿童的心理健康发展，认为解决好“儿童渴望独立参加社会实践活动这种新需要跟从事独立活动的经验及能力水平之间的矛盾”，学前儿童就能满足内在心理发展的动力需求，提高心理发展水平，这是保证他们心理健康的重要条件，同时有助于儿童更好地完成社会规范、人际交往和社会适应等方面的学习。

精神分析学派对此观点的论述颇多，比如弗洛伊德②就认为“儿童经验对于人格发展极其重要，在这些经验的作用下会形成一个人长期的人格基本框架与基本特征”。荣格③重视在幼儿期内，“通过教养和社会文化活动，幼儿开始认识各种原型，逐渐发展集体潜意识”。埃里克森④的社会心理发展阶段理论提出，幼儿期要完成人生一个重要任务，即“主动对内疚的冲突”，如果幼儿表现出的主动探究行为受到鼓励，主动感超过内疚感时，他们就有了“目的”的品质。埃里克森把目的定义为：“一种正视和追求有价值目标的勇气，这种勇气不为幼儿想象的失利、罪疚感和惩罚的恐惧所限制。”这样，幼儿才可能成长为一个有责任感、有创造力的人。

精神分析学家安娜·弗洛伊德(Anna Freud)⑤坚定地认为生命初期的环境对儿童心理发展具有至关重要的作用，甚至“个性的一切特征在五岁以前就确定了”。据此，她提出儿童的自我发展路线，认为“儿童通过本我和自我的交互作用，逐渐增加对外界的信赖，最终形成了自我对内外现实的控制能力。儿童发展线索的重点应该放在自我适应生活要求的能力上”。

幼儿期之所以是心理健康发展的重要阶段，还在于它为个体提供了发展

---

① 朱智贤：《儿童心理学》，225页，北京，人民教育出版社，1962。

② [奥地利]西格蒙德·弗洛伊德：《自我与本我》，林尘等译，68页，上海，上海译文出版社，2011。

③ [瑞士]荣格：《荣格性格哲学》，李德荣译，201页，北京，九州出版社，2003。

④ Erikson, E. H., *Childhood and Society*, New York: Norton, 1950, pp. 67-92.

⑤ Anna Freud, *The Writings of Anna Freud: Normality and Pathology in Childhood: Assessments of Development*, New York, International Universities Press, 1965, pp. 43-59.

的物质基础。根据大脑生理学研究，新生儿的脑重仅为成年人的 25%，重量随着年龄以先快后慢的原则增长，到了 6～7 岁接近成人水平，约为成人脑重的 90%。神经细胞结构的复杂化和神经纤维的生长，神经纤维的髓鞘化逐渐完成，标志着脑内部的成熟。脑成熟为儿童高级心理机能提供了物质基础，其主要表现在掌管情绪和社会性的社会大脑(social brain)的分化和逐步形成。

20 世纪 90 年代，布劳什(Brothers，L.)①根据灵长类社会活动的多样性提出了"社会脑假说"(Social Brain Hypothesis)。该理论认为以人类为代表的灵长类大脑内发展出了一个旨在体察和识别情绪的神经机制。人类的社会行为都与大脑的某些特定区域的调节和控制有关。有关特定脑区的执行功能完成特定的社会行为，主要集中在大脑的边缘系统，包括边缘叶和相关的皮质及皮质下结构。边缘叶主要为胼胝体、海马、海马旁回、钩及距状回；而皮质下结构包括杏仁体、隔核、下丘脑、背侧丘脑的前核及中脑被盖的一些结构。还有一个不与大脑任何区域相关的"镜像系统"，此系统内、外之间存在广泛而复杂的纤维联系，形成神经冲动环路，用于下丘脑及植物神经系统的联系，参与调节本能和情感行为，使得个体具备社会化的生物学基础。

在人际交往中，个体通过该神经中枢能够迅速地处理与他人交互活动的各种信息，比如对自我和他人的情绪感受和情绪表达状态进行归因，并且，为了适应复杂多变的社会环境，特定脑区必须解决掉面临的各种任务或与生存相关的问题。从这种意义说，社会脑是一个高度特异的信息处理中枢，承担着了解和理解他人的目的、想法、信念、预测等信息的处理，从而做到与他人进行有效沟通和交往。简言之，就是社会认知能力。此外，负责社交活动的各个重要的脑区在婴幼儿期就开始发育。

在神经系统发育的基础上，幼儿期成了各种高级心理机能的关键期。蒙台梭利(Montessori)②的九大敏感期理论认为，除了发展智力的六大类敏感期外，幼儿期是出现情感和社会性的秩序期(2～4 岁)、社会规范敏感期(2.5～6 岁)和文化敏感期(6～9 岁)的重要阶段。从多元智力理论(Howard Gardner，1943)来看，人际—内省敏感期(3～8 岁)也处在幼儿期，这有助于

---

① Brothers，L.，*The Social Brain：A Project for Integrating Primate Behavior and Neurophysiology in a New Domain*，Concepts Newrosci，1990(1)，pp. 27-51.

② Maria Montessori，*The Montessori Method*，Schocken Press，1964，pp. 11-26.

培养个体的交往智力(Interpersonal Intelligence)。“6岁时，儿童的大脑大部分几乎成熟了，以后人的脑力、性格和心灵将永远不会再如此迅速地发展，人们将永远不会再有这样的机会去奠定智力健康的基础了”，这一观点也得到了实证的支持。英国学者①对1000名3～6岁儿童进行了长达20年的跟踪调查，调查结果表明，3～6岁通常被称为“潮湿的水泥期”(Wet Cement Stage)，这是孩子性格塑造最重要的阶段，儿童85%～90%的性格、理想和生活方式都是在这个阶段形成的。所以，经济合作与发展组织(OECD)强调：儿童早期教育与保育，是从投资中获益最多的教育阶段。联合国儿童问题特别会议也指出：当今在世界范围内，没有任何一个问题比全球儿童的未来更紧迫、更具代表性。联合国教科文组织明确提出：发展早期教育就是在构筑国家未来的财富，因为储蓄了最为优秀的人力资本。

第二节　亲子分离对留守幼儿心理健康的影响

幼儿期是各种心理机能发展的关键期，如果在这一时期没有得到相应的良性支持，就有可能导致心理健康的问题。由于亲子分离而造成抚育者变化，不仅仅是家庭成员的改变，幼儿的心理发展也会因此而面临风险；不同程度的亲子分离往往可能导致留守幼儿心理发展的异常，如神经生物学的表现、情绪表现，以及行为表现都有可能出现异常。

一、抚育者的变化引发留守幼儿心理健康风险

幼儿在成长过程中会经历多次发展转折期(Developmental Transitions)，其中一些转折会在短期内顺利度过，如从家庭进入幼儿园，从幼儿园进入小学，搬家或转学等，这是幼儿成长中的一部分必然经历，这种由转变带来的挫折有助于提高幼儿的神经系统的耐受性，增强他们的心理弹性。而有些生活转折超越幼儿自身的承受力，会导致幼儿的身心发展产生巨大变化，这些转折期通常是由重大生活事件引起的，如农村家长外出打工，常年不能亲自

① Deborha J. Watherston, *The Infant Mental Health Specialist*, Zero to Three, 2000.

抚育和陪伴幼儿，直接导致了幼儿的主要抚育者(Primary Caregivers)从父母转变为包括父母、亲属、邻居、保姆、托幼机构和寄宿幼儿园的专业抚育者等在内的抚育共同体。对年幼的留守儿童来说，这属于一个重大的生活事件。这种因亲情不足、依恋关系不安全所形成的创伤性的成长经历，会给他们的生活质量、心理健康和社会适应力带来深刻而长远的影响。

实际上，为了生计，家长需要在外奔波，幼儿的照料任务通常都会由父母以外的抚育者承担，这在全世界范围都是广泛存在的，因此各国幼儿在低龄期都可能面临抚育者的转变。然而，由于社会文化及工作制度的不同，各国儿童的抚育者转变的时间点和抚育者的构成存在很大的差异，导致抚育质量有着明显的差异。欧美国家较多地使用了机构抚育(Center-based Care)或非亲属的家庭抚养，亲子分离是短暂的，这对幼儿的负向作用成长影响相对较弱；而我国缺乏针对留守幼儿的专门抚养机构，农村家长外出务工，除了数量较少的流动儿童随同打工外，大部分幼儿被放在家乡成为留守儿童，亲子分离的时间很长，对儿童尤其是幼儿来说，亲情隔离构成了难以忍受的“亲情饥渴”或“亲情缺失”，这成为我国社会转型时期的一种特殊的社会现象。

国外研究发现，早期抚育者转变会给幼儿的心理发展带来不利的影响(Ahnert et al.，2004)①，对此研究者进行了大量的研究。抚养者的转变对儿童来说，不仅要忍受每日数小时的分离，还需要适应除父母以外、更多的替代抚养者，形成了双重压力，一定程度会给儿童带来心理损害，幼童会表现出焦虑、抑郁、愤怒、攻击等情绪行为特征，而且 HPA 轴(下丘脑—垂体—肾上腺素系统)会增加分泌皮质醇的激素(Gunnar & Brodersen，1992)②，这种激素对环境压力源和情绪压力源都异常敏感，无论是幼猴或幼儿，皮质醇和消极情绪都会随着亲幼分离而上升，这一发现使得众多的幼儿神经心理学家认为，发生在幼儿期的抚育者转变特别是长时间的不能恢

① Ahnert，L.，Gunnar，M. R.，Lamb，M. E. & Barthel，M.，Transitions to Child Care：Associations with Infant-mother Attachment，Infant Negative Emotion，and Cortisol Elevations，*Child Development*，2004，pp. 639-650.

② Gunnar，M. R. & Brodersen，L.，*Infant Stress Reactions to Brief Maternal Separations in Human Nonhuman Primates*. In T. M. Field，P. McCabe，& N. Schneiderman (Eds.)，Stress and Coping in Infancy and Childhood，Hillsdale，NJ：Erlbaum，1992.

复，很可能会给儿童的身心带来损害（NICHD，Early Child Care Research Network，2003）①，阻碍安全依恋关系的建立，并造成一定程度的幼儿适应不良（Belsky，J.，1998②；Belsky & Rovine，1998③）。近期研究也发现，这种损害还包括幼儿的语言和认知发展滞后（Brooks-Gunn et al.，2002）④，幼儿会出现较多的攻击行为（NICHD，Early Child Care Research Network，2003）⑤。

这种心理损害基于一定的生理基础，尤其是在幼儿阶段。3～7岁是个体心理发展的重要阶段，是社会情感能力发展和心理分化的重要时期，是多种心理能力发展的关键期，对幼儿大脑的开发和可塑性有着重要意义，可以呈现出一种发展与转折趋势。研究证实，家长的教养，尤其是母亲对幼儿大脑的关键区域——海马体和杏仁核的发育发挥着重要作用。海马体位于颞叶内部，属于边缘系统的一部分，是大脑负责应激反应的“中枢装置”，体积越大，个体的抗压能力和记忆能力就越强，海马体的生长与家长之爱成正比。海马体还负责学习和记忆，可以控制人的信息整合能力及记忆，也负责空间知觉和空间想象力。母亲在幼儿两岁前的投入关爱越多，幼儿的海马体生长越健康；反之，幼儿时期遭受母亲的忽视或打骂，则海马体生长缓慢，体形偏小。杏仁核则是位于大脑颞叶内侧左右对称分布的两个形似杏仁的神经元聚集组织，有调节内脏活动和产生情绪的功能。杏仁核的大小与人的早期社

---

① NICHD Early Child Care Research Network，Does of Time Spent in Child Care Predict Socioemotional Adjustment During the Transition to Kindergarten?，*Child Development*，2003，pp. 976-1005.

② Belsky，J.，The Infant Day Care and Social Emotional Development：the United States，*Journal of Child Psychology and Psychiatry and Allied Disciplines*，1998，pp. 397-406.

③ Belsky，J. & Rovine，M. J.，Non-maternal Care in the First Year of Life and the Security of Infant-parent Attachment，*Child Development*，1998，pp. 157-167.

④ Brooks-Gunn，J.，Han，W-J. & Waldfogel，J.，Maternal Employment and Child Cognitive Outcomes in the First Three Years of Life：The NICHD Study of Early Child Care，*Child Development*，2002，pp. 1052-1072.

⑤ NICHD Early Child Care Research Network，Does of Time Spent in Child Care Predict Socioemotional Adjustment During the Transition to Kindergarten?，*Child Development*，2003，pp. 976-1005.

会经历有关，研究发现，与没有得到关爱的同龄人相比，那些在父母关爱中成长的幼儿在成就表现上更佳，情商和心理健康水平更高。① 有研究表明，父母在外面长期打工，对儿童的焦虑水平影响很大(刘正奎等，2007)②。父母在儿童2岁或2岁以下时离开，儿童的抑郁水平最高，随着年龄的增长，抑郁水平表现为逐步上升的趋势。

二、亲子分离引发留守幼儿心理异常

(一)神经生物学表现

亲子依恋(也叫亲附依恋)不良(多为不安全—紊乱型亲子依恋)所带来的情感创伤，主要是影响到负责情绪和情感中枢的右脑的新陈代谢的异常变化，这种持续性的脑生化异常，损害了右脑正常发育和功能表达，使得个体无法根据情境来做出恰当的情绪表达和情感表达，无法应对调控失败后所引发的强烈的情感反应的压力事件。这些压力事件是一种情感解离后，成为多样化精神病理表现的诱发因素。这种创伤感受会以图像程序记忆储存在右脑半球(Schiffer et al.，1995)③的视空间区域、隐形基因(Hugdahl，1995)④和自传体记忆(Markowitsch et al.，2000)⑤里。

---

① Joan L. Luby，Deanna M. Barch，Andy Belden，et al，Maternal Support in Early Childhood Predicts Larger Hippocampal Volumes at School Age. *Proceedings of the National Academy of Sciences of the United States of America*，2011，pp. 2854-2859.

② 刘正奎、高文斌、王婷等：《农村留守儿童焦虑的特点及影响因素》，载《中国临床心理学杂志》，2007.

③ Schiffer，F.，Teicher，M.，Papanicolaou，A.，Evoked Potentials Evidence for Right Brain Activity During the Recall of Traumatic Memories，*Jounal of Neuropsychiatry and Clinical Neurosciences*，1995(7)，pp. 169-175.

④ Hugdahl，K.，Classical Conditioning and Implicit Learning：The Right Hemisphere Hypothesis，In R. J. Davidson & K. Hugdahl (Eds.)，*Brain Asymmetry*. Cambrige，MA：The MIT Press. 1995，pp. 235-267.

⑤ Markowitsch，H. J.，Thiel，A.，Reinkemeier，M.，Kessler，J.，Koyuncu，A. & Heiss，Wolf-Dieter，Right Amygdaler and Temperofrontal Activation During Autobiographic，But Not During Fictitious Memory Retrieval，*Behavioural Neurology*，2000(12)，pp. 181-190.

亲子关系不正常，会导致婴幼儿的脑电波处于一种紊乱的节奏。原本右脑的情感中枢皮质与边缘系统，会与母亲的脑电同步放电。但在母婴隔离的养育状况下，原本对孩子右脑发育极为有利的心理营养丧失。在亲情严重匮乏的状态下，外部不良应激刺激会导致留守幼儿大脑的紊乱活动模式。由于心理自我防御机制的否定机制起作用，使得留守幼儿明显减少了右脑情感加工和边缘自主亲附系统的信号输出。在遭遇留守创伤这种巨大的应激后，情感中枢的脑区原本应该进行社会情感高度分化、发展亲社会行为的生长模式，转换为长程的、简单化的自我调节模式。这种自我调节模式是让个体在最恶劣和最不利的情境下，维持基本的生存状况的原始策略，因为在持久的痛苦后的麻木和迟钝的心理状态下，个体的内源性的阿片肽升高。脑干背侧的迷走神经系统因此被激活，虽然血液中分泌出更多的肾上腺素，也还是会导致个体的血压下降、心率下降、新陈代谢率变慢。

波巨斯(Porges，1997)①观察到，遭遇了情感创伤的婴幼儿，会突然地将高能量的交感神经兴奋状态，转移到低水平能量耗损的副交感神经解离状态。克里斯特(Krystal，1988)②也发现，交感神经过度激活导致的担心和恐惧，随后转变为副交感神经系统被激活和兴奋后，导致了绝望和无助情绪的转移过程中，迷走神经背核会呈现出一种不自主的迷走神经延长的表现。这种副交感兴奋状态，并不是大脑发展的最优模式，而是为了维持个体生存下去的一种最小能量消耗模式。从大脑的发育来看，这种模式保持一种低水平代谢，并不能充分供给大脑发育所需要的营养物质，因为幼儿期是个体许多心理能力发展的关键期，生物合成才能供给大脑。而低水平的新陈代谢，并不能由足够的生物合成过程来为大脑提供营养和能量，这就使得幼儿的智能发展不足，与之相关的其他的情绪智力、社会智力和成功智力发展也落后于其他儿童。

此外，基因的相关研究(Caspi et al.，2002)③发现，留守经历是一种应

---

① Porges，S.W.，*Human Development and Omeostasis*：*A Developmental Persective*，New York：Guilford Press，1997，pp. 6-21.

② Krystal，H.，*Integration and Self-healing*：*Affect-Trauma-Alexithymia*，Hillsdale，NJ：Analytic Press，1988，pp. 27-49.

③ Caspi，A.，McClay，J.，Moffitt，T. E. et al，*Role of Genotype in the Cycle of Violence in Maltreated Children*. Science，2002，297(5582)，pp. 851-854.

激，留守家庭是一种不良处境。负性社会环境与人特定的等位基因相互作用会激发异常行为的外在表现，基因与环境的共同作用对反社会行为的出现有着较高的预测作用。早年期受虐程度高的男童，如果特定的等位基因上的单胺氧化酶 A(MAOA)的活性低，他的反社会行为就会偏多；而未遭遇过创伤的男童，如果他的特定等位基因上的单胺氧化酶 A(MAOA)的活性高，则不会出现较多的反社会行为。从中可以看出，单方面的受虐经历或低活性的 MAOA，并不足以导致个体的反社会行为的出现。MAOA 基因功能的多态性，对幼年期受虐而导致成年后的反社会行为，具有很强的调节作用。如果幼年期受到情感虐待，我们可以通过等位基因上的 MAOA 的活性水平来推测个体发生反社会行为的可能性。

(二)情绪与行为表现

留守儿童的心理健康状况的研究，主要形成乐观、中性和危险三种立场。乐观立场认为，虽然留守儿童会面临一定的发展困难，但他们并不是一群问题儿童，通过积极引导可以战胜成长中的不利因素，培养出吃苦耐劳、坚韧不拔的个性。中性立场认为留守儿童总体上是正常的，与非留守儿童的心理健康水平相当，差别不具有显著性。危险立场认为留守儿童的处境非常糟糕，55.15%的留守儿童表现出任性、冷淡、自卑、孤僻、叛逆和不守规则，人际交往显得被动退缩，偏差行为很多，是一群心理健康程度弱的特殊群体，发展将遇到极大风险，是一群心理高风险的儿童。有的学者甚至称呼他们为“情感饥渴的孩子”，他们表示父母离家后，家里没有母爱和父爱的温暖，精神上特别孤独无靠。

大量的研究证据显示，幼年家庭功能可以预测儿童成年后的心理健康水平：童年期的情感欠缺属于一种情感虐待和忽视，对成年后的个体是否患各类精神病、糖尿病、肥胖症、心脏疾病有着极高的预测效度。长时间的家庭功能残缺甚至低功能，使得留守幼儿在发展智力和社会性方面，出现了延缓，也增加了社会适应不良的风险。这种社会功能低下带来的消极影响，使得留守幼儿成年后，无法胜任家长的职责，留守创伤的后遗症甚至会迁延到下一代。

亲子关系隔离、忽视或照顾不周所导致的关系创伤，对留守幼儿的成长是一个阻碍因素，让他们形成强烈而持续的消极情感，社会情感能力发展受

制，并伴随着高唤醒的敏感和低唤醒的自尊的极端压力状态。为了自我保护，留守幼儿会限制对亲子依恋关系的需求，明显地可以看出，留守幼儿对父母的照顾和亲密相处的渴求已经降到了较低的水平。即使在春节期间，父母突然返乡回家也无法让留守幼儿产生一种久别重逢的欣快和兴奋。相反，他们更多地沉浸在消极情绪里，对父母的归来显得比较陌生和拘谨，内心比较抗拒亲密关系，行为表现较为退缩和被动。

留守女童的负性情绪更多：34.1％的男童和40.7％的女童觉得自己不如别人，有强烈的自卑感；43.9％的男童和47.6％的女童常感到烦躁，36.5％的男童和42.7％的女童常常陷入孤独的情绪里。这说明女童更需要情感支持，由于女童需要更多地自我照料或承担一些劳动，加重了她们的心理负担。留守儿童的情绪情感表现出异于其他同龄儿童的特点，这从学者们的多项研究得以验证。

留守儿童还可能面临社会化困境，替代养育者的教养能力参差不齐，又缺乏持久性的有效管束，留守儿童大多数处于“放养”的教育状态，容易出现性格孤僻、道德认知混乱、厌学、讲究吃穿、混日子、沉迷游戏等各种不良现象。父母的角色缺失或弱化使得留守儿童欠缺一个正常发展的抚育环境，出现社会性认同障碍，他们更乐意与同伴群聚，同伴的参照团体对其心理健康、行为、价值观、社会规范的内化等有着重要的影响。他们对同伴态度和意见的重视程度，超过了父母和师长。

第三节　留守幼儿心理健康的测评

关于幼儿心理健康状况的测评，学者做了大量的研究。主要包括幼儿心理健康评价的维度划分、心理健康评价指标体系的构架、幼儿心理健康测评工具介绍等。

一、幼儿心理健康评价的维度与指标体系研究

1989 年召开的第 44 届联合国大会，全球的与会代表表决通过了《儿童权利公约》(*Convention on the Rights of Child*)，这是首部保障儿童权利的(含心理安全维护的权益)、具有法律约束力的国际公约，1990 年 9 月 2 日起生效。

截至2015年10月，包含中国在内的196个缔约国，同意关注和维护儿童的权益。

《儿童权利公约》提出“儿童应该在家庭环境里，在幸福、爱抚和理解的气氛中成长，应确保不违背儿童父母的意愿使儿童与父母分离，要保障儿童的身心健康”。《儿童基本心理权益宣言》也指出“儿童具备各种基本的心理权益，比如心理安全权益：从父母或其他成人获取生理和心理上照顾与维护的权益，特别是在幼弱的婴儿期及儿童期。还有免除身体受伤害的恐惧心理权益：有权利被保护，不致被疏忽、虐待、伤害、剥削，以及遭受暴力或战争所造成的危险。再如培育愉快人际关系的权益：有机会发展及培育与同龄玩伴及成人建立积极及愉快的人际关系的权益”。

随后，联合国世界儿童首脑会议又通过了《儿童生存、保护和发展世界宣言》和《执行九十年代儿童生存、保护和发展世界宣言行动计划》等纲领性文件，将全世界的目光都聚焦在儿童保护的议题上。早在1977年联合国教科文组织就出台了一系列的关于《幼儿心理健康发展》的权威报告，可见，国外对于幼儿心理健康教育的理论研究起步较早。

近年来，不少教育工作者同心理卫生专家经过共同研究，对幼儿心理健康的指标提出了初步的看法。朱梅①比较看重幼儿在不同环境下的适应状况，“幼儿的心理健康是指幼儿心理发展达到相应年龄组幼儿的正常水平，情绪积极、性格开朗、无心理障碍、对环境有较快的适应能力。幼儿心理健康影响因素来自社会、家庭、幼儿园三个教育环境，其中家庭尤为重要”。杨贤君②强调幼儿的发展性，“幼儿心理健康教育无疑是属于发展性幼儿心理教育。它不在于幼儿有没有不良的心理倾向，而是着眼于幼儿各方面的心理能得到健康地发展，能向更高层次发展。幼儿心理健康教育的着重点在于智力的早期开发和培养良好的人格心理”。吴燕③则认为评价幼儿健康的标准要注意幼儿心理各方面的发育指标，“幼儿的健康标志包括智力发展正常，情绪稳定、情绪反应适度，乐于与人交往、人际关系融洽、行为统一和协调、性格特征良好”。冯廷勇④提出了六条“幼儿心理健康标准”：智力正常、

---

① 朱梅：《浅析影响幼儿心理健康的家庭因素及对策》，载《考试周刊》，2010(19)。

② 杨贤君：《论幼儿心理健康教育及其操作》，载《教育导刊》，2000(5)。

③ 吴燕：《浅谈幼儿心理健康教育》，载《杏坛沙龙》，2010(10)。

④ 林祺、郭俊潇：《幼儿心理健康标准有6条，快来对比一下你的孩子》，载《重庆晨报》，2017-05-16。

情绪健康(每天以积极情绪为主)、意志健康(做事有一定的目的性、坚持性、果断性和自制力)、思想和行为协调一致、人际关系适应良好、对人和事物的反应适度。王振宇①提出了婴幼儿心理健康的两大客观评价标准:"第一,动作发展符合常模,因为动作是一种内化的、可逆的动作;第二,语言运用与语境相一致。"

1999年召开的第四届"21世纪儿童心理健康展望研讨会"②上,100多名中日专家就儿童的身心发展规律及成长需要,给出了8条心理健康的参考标准:经常保持愉快心情,有幸福感;符合年龄特点的自我认知和社会认知;具有健全的人格,富有和谐的思想和习惯;恰当的自我控制,行为符合常规和年龄;能适应环境,热爱生活,乐于学习和工作;乐于交往,易相处,能得到社会的公认;身体健康,智力正常;能根据自身年龄特点,循序渐进。

综上所述,不同学者和学前教育者对幼儿心理健康标准的界定虽有细微的差别,但主要的判断标准基本一致,说明这种区分幼儿心理健康或异常的划分方法得到了公认。

二、幼儿心理健康测评工具的研究

从测评工具来看,使用最多的国外工具是Achenbach儿童行为量表(Child Behavior Checklis,CBCL③)和Conners儿童行为量表父母问卷(Conners Parent and Teacher Rating Scales④);其次为陈琴⑤根据IEA第二阶段调查(1992)"社会性访谈"问卷修订的幼儿社会性发展评定问卷,分为三个维度:生活习惯和能力、社会交往行为和社会性品质。

---

① 王振宇:《幼儿心理健康标准》,载《课程教材教学研究(幼教研究)》,2012(2)。

② 肖尧:《21世纪的儿童心理健康展望研讨会召开》,载《早教教育(教育教学)》,1999(12)。

③ Achenbach, T. M. & Edelbrock, C. S., *Manual for the Teacher's Report Form and Teacher Version of the Child Behavior Profile*, Burlington, VT: University of Vermont, Department of Psychiatry, 1986, p. 195.

④ Goyette, C. H., Conners, C. K. & Ulrich, R. F., Normative Data on Revised Conners Parent and Teaching Rating Scales, *Journal of Abnormal Child Psychology*, 1978, 46, pp. 211-236.

⑤ 陈琴:《关注中班幼儿社会性发展》,载《中国德育》,2010(6)。

大多数研究者根据自身需要，多采用自编的幼儿心理健康问卷，主要有广州市教育科学研究所①(2000)编制的“广州市幼儿心理健康调查问卷”，从情绪、自我意识、适应性、语言障碍、行为习惯和多动症六个方面进行评价；王芳芳等人②(2000)编制的“幼儿心理健康状况问卷”，包括对幼儿园和老师的感受、对家庭和父母的感受、对自己的感受3个方面；王星③(2012)编制的“学前儿童心理健康测评量表”，包括情绪障碍、性格缺陷、社会适应不良、品行障碍、交往缺陷、不良习惯、其他障碍7个方面的评估；刘国华、张桂英④(2003)编制的“幼儿心理问卷”，包括饮食问题、睡眠问题和行为问题3个维度；严仲连和陈时见⑤(2003)编制的“幼儿健康，亚健康问卷”，分为身体、情绪情感、社会化、自我意识和行为习惯5个维度；方丰娟等人⑥(2006)编制的“幼儿心理健康问卷”，分为认知、情感、行为和社会性4个维度；程灶火等人(2005，2006)⑦⑧先后编制了“儿少心理问题筛查表”和“儿少心理健康量表”。这些量表各具特色，能够根据不同的操作性定义，较好测量出幼儿的心理健康的水平和筛查出不同的心理问题。随着时间的推移，这些测量工具的适应性逐渐降低，根据心理测量学的要求，心理评估工具每隔5～10年必须修订，否则就会失去广泛使用的价值。但从相关的研究进展来看，未见跟进的测量数据的采集和补充。

---

① 徐冬梅：《广州市3－6岁幼儿心理健康状况调查报告》，载《教育导刊(幼儿教育)》，2000(2)。

② 王芳芳、叶广俊、王燕：《幼儿园儿童心理健康状况及其影响因素分析》，载《中国公共卫生》，2000(1)。

③ 王星：《内蒙古学前儿童心理健康的现状调查与分析》，载《内蒙古师范大学学报(教育科学版)》，2012(4)。

④ 刘国华、张桂英：《在园幼儿问题行为调查》，载《邵阳学院学报(社会科学版)》，2003(1)。

⑤ 严仲连、陈时见：《中大班幼儿亚健康状况的调查报告》，载《中国健康心理学杂志》，2003(6)。

⑥ 方丰娟、陈国鹏、戚炜颖：《幼儿心理健康评估现状和思考》，载《心理科学》2006(2)。

⑦ 程灶火、袁国桢、杨碧秀等：《儿童青少年心理健康量表的编制和信效度检验》，载《中国心理卫生杂志》，2006(1)。

⑧ 程灶火、文华、杨碧秀等：《〈儿少心理问题筛查表〉的编制和信效度分析》，载《中国临床心理学杂志》，2005(4)。

此外，陈帼眉①(1994)主编的《学前儿童发展与教育评价手册》里面有对幼儿自信心、成就感与好胜心、独立性、自制力与坚持性、自尊、同情心、责任感、集体感、交往态度、交往能力、同伴关系、自主性、好奇心与兴趣等进行评价的题目。郑雪等人②(2000)主编的《幼儿心理教育手册》中收录了“儿童语言学习准备能力诊断表”“学龄前幼儿注意力测试表”。杨丽珠等人③(2000)主编的《幼儿社会性发展与教育》一书中收录了一些评价儿童社会性的题目，这些问卷都基于心理健康的某一个维度进行深度测评，难以对幼儿心理健康的全貌做有效的评估。

三、留守幼儿心理健康测评工具

当前对留守幼儿心理健康的测评，绝大多数沿袭了普通儿童的心理健康评估工具，并无特殊针对农村留守儿童的测评工具。刘占兰、黄任之等组成的研究组根据现实需要，在既往评估工具的基础上，于 2015 年为留守幼儿心理健康测评编制了针对性的工具。该研究组通过查阅相关资料、现场多时段观察、幼儿园教师与家庭成员访谈等研究手法，在收集既往的评估工具的基础上，研究其结构和维度，为编制新的问卷进行理论探索，形成合理的理论框架和指标体系。最初进行开放式的问卷调查，包含如下的问题：“您觉得幼儿的心理健康应该包括哪些方面？并给这些不同方面的重要程度进行排序。”然后将问卷发放给幼儿园教师、心理学家和相关研究人员，汇总分析后，确定其内容效度。

研究组的成员包括学前教育、心理学的研究人员和一线幼儿园的园长和教师，结合教育实践的初测，召开学术会议，反复斟酌，多次讨论，共同研制出了这套幼儿心理健康研究工具，包括三个测量工具，分别是幼儿情绪倾向调查问卷(教师用)、幼儿听故事回答问题和心理绘画“我和爸爸妈妈的故事”。

---

① 陈帼眉：《学前儿童发展与教育评价手册》，205 页，北京，北京师范大学出版社，1994。

② 郑雪等：《幼儿心理教育手册》，45 页，广州，暨南大学出版社，2000。

③ 杨丽珠、吴文菊：《幼儿社会性发展与教育》，26 页，大连，辽宁师范大学出版社，2000。

(一)幼儿情绪倾向调查问卷

1. 幼儿情绪倾向调查问卷(教师用)的编制方法

该问卷用来测量幼儿最为常见的焦虑、抑郁和孤独三种心理倾向。其指标体系如表 2-1。

表 2-1 幼儿情绪倾向调查问卷的指标体系

一级	二级	情绪倾向调查问卷的条目(样例)
焦虑情绪	特质性焦虑	条目 C22. 一天大部分时间里，他在担心各种各样的事
	情境性焦虑	条目 C30. 被送到幼儿园或托管时，变得很烦恼
抑郁倾向	情绪低落	条目 B13. 很难让他高兴起来
	快感缺失	条目 B14. 觉得什么都不好玩
	低自尊	条目 B17. 感觉自己不如其他小朋友好
	其他辅助症状	条目 B15. 做事犹豫不决，拿不定主意
孤独倾向	人际回避	条目 A7. 在集体中经常被小朋友忽视
	行为退缩	条目 A8. 不爱多说话

该问卷经过五次修改，最终正式投入使用的调查问卷共有 31 个条目，三种心理倾向的条目覆盖范围分别是焦虑(条目 21～31，共 11 个条目)、抑郁(条目 13～20，共 8 个条目)和孤独(条目 1～12，共 12 个条目)。具体的条目分布如下：孤独倾向含有两个指标：社交回避和行为退缩。社交回避分量表包括条目 1、2、5、6、10 和 11(共 6 条)，行为退缩分量表则包括了条目 3、4、7、8 和 9(共 5 条)。抑郁倾向包含核心表现和非核心表现两个指标，核心表现指标分量表包括条目 12、13、14 和 19(共 4 条)，非核心表现分量表包括条目 15、16、17、18 和 20(共 5 条)。焦虑倾向包含特质性焦虑和情境性焦虑两项指标：特质性焦虑包括条目 21、22、23、28 和 29(共 5 条)，情境性焦虑包含了条目 24、25、26、27、30 和 31(共 6 条)。

条目采用了教师他评的 Likert 5 级评分法，分为 1～5 个等级(1=没有，2=很少，3=有时，4=经常，5=总是)。教师根据对某个幼儿的整体印象或询问家长进行打分，负性情绪的总体满分为 150 分，得分越高，说明负性情绪越高。

2. 幼儿情绪倾向调查问卷(教师用)的信度、效度检验

为了掌握课题组所设想的幼儿情绪倾向问卷的理论构想与实际的吻合程度，保障未来研究的适用性，课题组首先请一名有心理学学科背景的博士，查阅国内外的相关资料，努力收集各种幼儿心理测评工具，挑选出与本研究相关性大的问卷的维度和条目，作为借鉴参考。首先，课题组归纳出了幼儿情绪倾向中表现得比较突出的有孤独、焦虑、抑郁、愤怒和害羞等，进一步整理和分析资料后发现，孤独、焦虑、抑郁是留守儿童三种最为明显的负性情绪类型。课题组成员做了一个深度讨论，随后构建一级指标、二级指标和三级指标，形成一个初步的理论结构框架。课题组甚至还编制幼儿情绪倾向的访谈提纲，分为幼儿用、幼师用和幼儿照料人用三个不同版本，由于时间限制，最终只对幼师做这一步的工作。其次，课题组内的 4 位资深的学前教育专家和 3 位长期工作在学前教育一线的幼儿园园长，他们非常熟悉幼儿的发展状况和特点，结合丰富的保育工作经验和良好的学术素养，对理论结构框架进行了充分的意见收集，对表述不规范的用语进行了校正。

问卷的编写主要有两个途径：一是在收集到 12 个现成的测评工具里，挑选可以借鉴的条目。二是结合专家意见和文献信息，编制了半开放式的调查问卷，目的是进一步确认幼儿的常见的情绪倾向和可能的情绪特征。在此基础上，结合湖南省的幼儿园骨干教师的国培计划，通过带教和业务交流，对来自幼教一线的湖南省长沙市和慈利县的乡镇幼儿园 7 名幼师进行了访谈，请她们谈一谈这个理论框架是否符合她们对幼儿情绪的认识。给她们发放了编制的半开放式调查问卷，让她们对赞同的条目打钩，并对否定的条目说明理由，作为进一步修改的依据。最后一道为开放式问题，“你觉得留守儿童最常见的情绪有哪些？有什么情绪表现?”欢迎她们用口头或书面的方式报告自己的观察现象和个人的教育心得。最后，课题组将反馈回来的各种意见做了梳理，并对问卷的条目进行逐条的探讨：一是删除不典型的情绪表现的条目。二是对句子的内容表述进行斟酌，去掉学术性太强和表述不清的字句，尽量使条目清晰、简洁和易懂。最终，确定了幼儿孤独、幼儿焦虑倾向和幼儿抑郁倾向三个因子，并据此编制了 35 个条目的初始问卷——幼儿情绪倾向问卷(教师用)Emotion Tends Questionnaire of Kindergarten Children，采用了 Likert 5 级评分法计分(1～5 分)，分为“没有”“很少”“有时”“经常”“总是”5 种不同的程度。总分越高，说明幼儿的问题情绪倾向越高，心理健康的水平就越低。

3. 幼儿情绪倾向问卷的初测和结果

预测样本对象主要来自甘肃省两所幼儿园内所挑选的 120 名大班幼儿，选取的原因是大班幼儿的情绪比中小班幼儿更稳定，也更容易用语言来表达出他们的情绪感受和归因。样本中有男孩 60 人，女孩 60 人，平均年龄在(5.44±0.61)岁。此数据用于做探索性因素分析和一致性信度分析。

幼儿园协助取样的人员与课题组保持了良好的业务交流往来，长期以来已经成为课题组的固定的科研取样基地。测试前由课题组成员作为主试，讲解问卷的目的、意义和具体的操纵方法，让取样的园长和幼师充分了解这个测试和知情同意等内容，然后请她们在当地集中时间取样。为了避免使用过程中的理解错误，主试会不定期地询问取样的进展，确保取样质量。

项目分析——以各分问卷总分前 27%和后 27%作为高低组的划界分，计算两组被试在每个条目上的均分差异，如果没有达到显著性水平则说明该条目的质量不合格，予以删除，比如条目“很难从别人的话语里听出情绪的好坏”。然后计算各条目与总分之间的相关，如果 $r<0.3$，则说明相关性太低，该条目与总体的一致性不够。经过项目分析，剔除掉 5 个条目，保留了 30 个条目做后续分析。统计发现，各因子之间的相关性为 0.21～0.58，而各因子与总问卷的相关性为 0.43～0.78，$p<0.05$，说明问卷条目的项目分析结果较好。

表 2-2　问卷各条目的因子(负荷)

因子 1	幼儿孤独	因子 2	幼儿焦虑	因子 3	幼儿抑郁
A1	0.55	B1	0.64	C1	0.51
A2	0.62	B2	0.54	C2	0.57
A3	0.75	B3	0.62	C3	0.49
A4	0.64	B4	0.41 (0.25)	C4	0.51
A5	0.46	B5	0.63	C5	0.48
A6	0.57	B6	0.66	C6	0.57
A7	0.64	B7	0.59	C7	0.64
A8	0.61	B8	0.54	C8	0.43 (0.31)
A9	0.59			C9	0.47
A10	0.57			C10	0.50
A11	0.48				
A12	0.60				

4. 幼儿情绪倾向问卷的再测和结果

再测样本对象：在甘肃省的两所幼儿园内挑选了280名大班幼儿，样本中有男孩140人，女孩140人，平均年龄在(5.82±0.49)岁。此被试的数据用于做验证性因素分析。

验证性因素分析——将相关数据调入AMOS5.0统计软件，采用极大似然估计，对三因素模型进行验证性因素分析，从模型的估计结果中发现，条目中原来会负载在2个因子上的条目，经过修改后，可以进入最终模型。其中设置了3个潜变量，30个观测变量。结果模型的各个拟合指标数值都很高，说明模型拟合较好。其中，$\chi^2/df=2.76$，GFI＝0.90，AGFI＝0.93，NNFI＝ 0.91，TLI＝0.89，CFI＝0.92，RMSEA＝ 0.056。

专家效度——课题组一直寻求学前教育和心理学家意见，多次召开学术研讨会和座谈会，与学前教育和心理学领域的学术带头人和骨干多次研讨，反复论证。通过探索性和验证性因素分析，发现理论构想和问卷条目的编制比较科学，与幼儿实际的情绪表现较为一致，反映出幼儿情绪倾向问卷的专家效度比较理想。

问卷的信度——3个分问卷的Cronbach *a* 为0.83、0.87和0.82，总问卷Cronbach *a* 为0.88，说明信度较好①。由于让幼师再次对幼儿的观察取样比较困难，因此研究没有做一个月后的重测信度。

5. 讨论

在问卷的编制过程中，研究力图做到理论驱动与数据检验兼顾。在经过文献回顾和梳理、听取专家意见、结构化的访谈等多轮的质量控制工作后，构建了幼儿情绪倾向问卷，形成了幼儿孤独倾向、幼儿焦虑倾向和幼儿抑郁倾向3个相对独立的因子，这种立足实际，紧扣前沿的学术理念的方式，使得问卷具有良好的内容效度。

首先进行了项目分析，通过对高分组和低分组的得分差异性做检验，找出相关性低于0.3的条目，因为这反映出少数条目的编制质量不高，课题组删掉了5条不合适的条目，使得整个问卷的条目的区分性提高了。

---

① 吴明隆：《SPSS统计应用实务：问卷分析与应用统计》，67页，北京，科学出版社，2003。

研究的探索性因素分析对各个分问卷进行了主成分分析，进一步确认了问卷的结构。结果证明，理论构建中的因素结构与数据显示出来的因子基本一致，剔除了一个特征根比较小的一个因子。

随后，采用交叉验证(Cross Validity)程序，实施了验证性因素分析，再次证实了幼儿情绪倾向问卷的结构，并对少数可能会出现双重负荷的条目进行修订，最终构成了30个条目的正式问卷。验证性因素分析结果表明，各个题目在各自潜变量上的负荷值都达到了显著水平，模型的拟合优度的卡方检验、近似误差方根(RMSEA)、拟合优度指数(GFI)、调整的拟合优度指数(AGFI)、比较拟合指数(CFI)，Tucker-Lewis 指数(TLI)和标准拟合指数(NNFI)等都达到了可以接受的统计学标准，这说明数据拟合较好，各个分问卷均有较好的结构效度。另外，研究注重寻求具有良好的专家效度，通过与各类专家多次研讨，对问卷的结构和内容都做了优化设计。

从 Cronbach *a* 系数计算结果来看，各因子分与总分之间、各因子内部条目之间都是中等级以上的正性相关，相关显著性均达到 0.01 水平，表明每个条目对各个因子的相关依存度很高，3 个因子与总问卷也具有较好的一致性，说明问卷具备良好的信度，能够保证测试结果的稳定性。综上所述，问卷的信度、效度都符合测量学的要求，表明幼儿情绪倾向问卷是一个可靠的研究工具，可以用于后续的研究。

(二)情境故事测验的研制

1. 编制的理论基础

课题组主要将以下三点作为理论基础的出发点。

一是听故事对前运算阶段儿童的内在吸引力。从皮亚杰的发生认识论来看，儿童尤其是 3～7 岁的学龄前儿童，他们正处在前运算阶段，主要表现为泛灵论和自我中心，拥有丰富而奇特的想象力，相信万事万物都有灵性，都是有生命的。他们的思维活动具有相对具体性，不能进行抽象运算思维，喜欢具体、生动的事物。因此，他们特别喜欢听故事和读故事，原因在于故事跌宕起伏的情节发展，可以帮助儿童用独特的、受保护的方式来整合离散的生活经验，让儿童能更好地理解自己所感知到的生活经验。

此外，故事还具有一个重要的功能，就是让儿童有一种代入感，满足自

己的内在情感需要。这几种重要的情感需求包括被爱、被理解、被尊重、被信任和被接纳。优秀的儿童作品(包括儿童绘本、童话故事、神话传说等)之所以流传甚广，被奉为经典，核心的优势就是能凸显这些情感诉求，让儿童在聆听或阅读这些故事时，能够反复地获得情感需要的满足。

二是故事的配套图片可以参照主题统觉测验(TAT)的设计。主题统觉测验是最为常见的投射测验之一，已经开发出用于儿童和成人的两个版本。TAT 全套测验包括 30 张场景模糊，富含歧义元素，能够激发被试产生情感体验的图片。图片为黑白色，图片的动作、人像的面部表情和整体的画面氛围，可以引起不同的观看者产生各种不同的情感和想法。如果让观看者描述或评价场景和人物，会使他们将自己的思想感情投射在图画中的主人公身上。心理学工作者可以通过被试的回答，考察被试的内在掩藏、压抑或难以表达的情绪。

课题组借鉴 TAT 的做法，编制了三个情绪情境故事，故事情节简单，配图内容均为一个或多个动物(没有选用儿童图案，而是选用了拟人化的卡通动物形象，以符合儿童的认知水平)，处在模糊背景中，意义较晦涩，可以绕过留守儿童的心理防御，避免掩饰或作假。

三是口头回答问题主要参照了完成句子测验的做法。完成句子测验(Sentence Completion Test)就是主试给儿童一些句子的主干(句子的开始部分)，要求他们以任何他们想用的或是刚好进入他们头脑的字词来完成整个句子。句子主干可能只是一个词，例如“小乌龟……”也可由多个词语组成，例如：“我很高兴，因为……”“这只鸭子觉得……”根据被试的年龄和主试的习惯，可以将测验题目大声读给儿童，也可以让有读写能力的儿童自己完成纸笔版本的测验。一般来讲，年龄较小的儿童适合用成人朗读的测验方式，有时也会记录下被试应答过程中的一些反应，如被试在补全句子前，停下来思考了多长时间等。

在测验中，考虑到开放性的问题可能会让幼儿任意联想而产生跑题的偏差，为了更好地收集被试的反应，课题组采用直接询问“是什么?”“为什么?”“怎么办”，目的是让儿童能直接聚焦问题，能够更有效地探查学前留守幼儿面对真实的情绪情境时，他们的情绪认知、情绪体验和情绪监控的能力。

2. 测评方法研制

此部分测评工具提供了三个具体情绪情境，分别是小熊的爸爸妈妈外出打工离家，小熊想念爸爸妈妈(场景一：孤独情绪)；小兔子灰灰的爸爸妈妈不能带它参加儿童运动会，爷爷奶奶年纪大了也不能前来陪它，小兔子躲起来哭泣(场景二：抑郁情绪)；下雨了，妈妈没能来接小花猫喵喵，奶奶走得慢，只剩下小花猫在幼儿园内了(场景三：焦虑情绪)。分别探查幼儿对孤独、焦虑和抑郁三种情绪倾向的内在感受和处理负性情绪的能力，从而判断幼儿的心理健康水平和心理成熟度。这些情绪情境都是提供一个情节简单的小故事，并配以一幅空白多、缺少细节的图片，让幼儿面临一个模棱两可的情境，通过激活既往相似事件的记忆，将内心的情绪感受投射出来，可以测量一个儿童的情商水平。

负性情绪与应对方式的最高得分为 44 分，得分越高，说明儿童的情商水平越高，能够更好地识别自己的负性情绪和掌握更多的调节情绪的有效方法，较之于同龄儿童，拥有更强的情绪管理能力，社会适应性会更好。

测评主要采用一对一的故事情境法，请测查员(或带班幼师)和幼儿在幼儿熟悉而又安静的地方进行。测查员和幼儿一起边看图片边讲解小故事。每讲完一个故事，向幼儿提关于某种情绪、原因和应对方法等方面的几个问题，让幼儿结合看图，逐一进行回答。幼儿每回答完一个问题，需要追问一下“还有吗”，然后将幼儿的回答逐一记录在《幼儿心理倾向情境测评记录表》上。

测评的步骤是先与幼儿做一些个人介绍和手指操等小游戏，目的在于消除幼儿的陌生感和害怕心理，促进幼儿与测查员的熟悉和合作。然后开始正式测评，测查员逐一讲述三个故事，请幼儿回答问题，如实记下幼儿的各种反应。

图 2-1　熊宝宝的故事

样例故事：熊宝宝的故事(如图 2-1)。春节过后，爸爸妈妈去很远很远的地方工作了，只留下了爷爷、奶奶和小熊在家。熊宝宝一个人呆呆地坐在沙发上。

问题 1. 熊宝宝一个人呆呆地坐在沙发上，它在想什么呢？为什么？

问题 2. 你觉得怎么做才能让熊宝宝快乐起来？

(三)心理绘画测试:“我和爸爸妈妈的故事”

1. 心理绘画的动力学基础

画人测验(Draw-a-Person Test, DAP)要求儿童画出三个人物:一个男人,一个女人,还有一个是他/她自己。可根据55个变量对人物绘图进行评分,其中8个变量评估绘画结构特点,如大小等,另外47个变量则评估绘画的内容特性,如人物面部表情等。凯文森(Trevisan, 1996)①的综述报告指出,DAP测验是很好的初评工具,可用以判断儿童是否受到情绪困扰,若发现问题,则可进一步使用更为综合性的测评工具。玛特(Matto, 2002)②同样发现,该测试能很好地预测儿童内化行为障碍的变化。

“我的一家”图画测验(Draw-a-Family, DAF)由胡尔斯(Hulse, 1951)③创设,主试会向儿童提问:“你可以把你的家庭画出来吗?”等儿童画完后,主试要求儿童指出所画的人物分别是谁,并要求儿童对图画做自我评价。胡尔斯会对图画的空隙、画中人物的大小和纸面的分布做分析,他也特别关注儿童画画的力度、颜色阴影、人物出场的先后顺序等绘画细节。DAF能够提供对家庭的稳固性的表征,但DAF因为缺乏家庭的情感因素而逐渐被弃用。

随后,伯斯和卡夫曼(Burns and Kaufman, 1970)④又开发出了动力家庭画图测验(Kinetic Family Drawing, KFD)。主试会让儿童画出包括他自己在内的每一名家庭成员,每个人都要画出具体的动作(意味着在做什么事情,比如母亲在熨烫衣服)。主试还要提醒儿童不要画成卡通人物或简单线条构

---

① Trevisan, M. S., “Review of the Draw-a-Person Test: Screening Procedure for Emotional Disturbance”, *Measurement & Evaluation in Counseling & Development*, 1996, pp. 225-228.

② Matto, H. C., “Investigating the Validity of the Draw-a-Person Test: Screening Procedure for Emotional Disturbance: A Measurement Validity Study with High Risk Youth”, *Psychological Assessment*, 2002, pp. 221-225.

③ Hulse, W., The Emotionally Disturbed Child Draws His Family. *Quarterly Journal of Child Behavior*, 1951, pp. 152-174.

④ Burns, R. & Kaufman, S., “Kinetic Family Drawings(K-F-D): Research and Application”, *New York: Brunner/ Mazel*, 1970.

成的“火柴人”。等儿童画完后，主试要求儿童指明每个人的身份、年龄等。主试观察画图中人物之间的距离、朝向及家庭成员的活动等细节，判断儿童与父母的关系是渴望亲密(需要)还是真实亲密(实际)。

无论采用哪种画图测验，主试都要为儿童被试准备一张白纸、一支铅笔和一块橡皮。主试要求儿童画一个或几个现实生活中的人，然后根据他们所画的图画编写一个故事，并且要求自己也是其中的一个人，参与到故事中(Machover，1949)①。

对画图的分析以心理动力学为理论基础，绘画的儿童会无意识地将自己的内在情感投射在作画的纸面上。通过关注图画中的人物的尺寸、线条、位置、笔压等信息，可以获得儿童隐含的情绪感受，这比身体细节、服饰、衣着等更为稳定可靠(Machover，1949)②。分析的过程依靠的是“临床—直觉模式”(Gregory，2000)③。

2. 测评方法研制

以“我和爸爸妈妈的故事”为主题，让幼儿进行绘画并讲述画面的内容，观察幼儿在绘画的过程中的表现及描述所讲的故事，测试幼儿的心理健康水平，主要从亲子关系、情绪状态、社会适应状况进行评估。

测试步骤如下：主试准备好白纸、铅笔和橡皮，向幼儿交代今天画画的主题是：“我和爸爸妈妈的故事”，画出爸爸妈妈和我在一起的情境，然后将所画的内容讲成一个故事。如果幼儿没有听明白，可以重复一次指导语。幼儿绘画指导语是统一的：“我们每个人都有自己的爸爸妈妈，跟爸爸妈妈在一起的时候是什么样子的呢？今天我们要来画个故事，题目就是‘我和爸爸妈妈的故事’，想想里面要有谁呢？对了，有爸爸、妈妈，还有我，要画出在什么地方，在干什么？大家想想哦，准备开始画画吧！记住，不要画成卡通人物或火柴人。”

此心理动力画图测验没有时间限制，在幼儿作画时，主试注意观察和记录被试的各种表现，记录所画人物的顺序和消耗的时间，并填写在记录纸上。幼儿画完后，则可以邀请幼儿讲出自己的故事，主试则在记录纸上完整

① Machover，K.，“Personality Projection in the Drawing of the Human Figure (A Method of Personality Investigation)”，*Springfield*，IL：Charles C. Thomas，1949.

② Ibid.

③ Gregory，R.，*Psychological Testing* (*3rd ed.*)，Boston：Allyn & Bacon，2000.

地记录下幼儿的原话。如果幼儿讲故事过程中出现停顿或卡壳，主试不得提示或帮忙接故事。

第四节 幼年留守经历对心理健康的长效影响

幼年留守的经历是否会对人的心理健康产生长效的影响，小时候父母外出打工而自己留守农村的经历对人的发展造成的影响是否会延续到青少年时期甚至到成年期？虽然目前还没有对留守儿童做过长时期的纵向追踪研究，但有一些研究者通过横断取样与回溯历史的方法，在一定程度上探讨了留守经历对心理健康的长效影响。

一、留守经历的长效影响

大多数研究者认为“留守经历”给大学生的心理健康造成消极影响，这些消极影响主要体现在大学生的人际交往、人格特征、依恋方式、自我效能，以及心理发展等多个方面。最早研究具有留守经历大学生群体的是张莉华。她在 2006 年分析了这一群体的心理特点，认为已处于青年期的有着留守经历的大学生表现出自我评价低、情绪不稳定、人际交往退缩、心理发展水平不平衡等多方面的消极的心理特点。① 王玉花(2008)对比 319 名有留守经历的大学生和 400 名无留守经历的大学生，发现有童年期留守经历大学生其依恋质量、社会支持水平和主观幸福感水平均明显低于无留守经历大学生。② 杨曙民等人(2008)的研究发现，有留守经历的大学生抑郁症患病率高达 44%，比普通大学生高出接近 14%。③ 谭杰华(2008)则提出，有留守经历的大学生乐群性低，个性内倾明显，比较冷淡、缄默、孤独，情绪更易波动，

---

① 张莉华：《具有“留守经历”大学生的心理分析》，载《当代青年研究》，2006(12)。

② 王玉花：《儿童期留守经历、社会支持、应对方式与大学生主观幸福感的关系》，载《中国健康心理学杂志》，2008(4)。

③ 杨曙民、李素敏等：《某高校留守大学生抑郁症患病率调查》，载《中国卫生统计》，2008(4)。

容易生烦恼、爱幻想，喜欢冲动且任性。① 胡江辉等人(2008)发现，与全国大学生常模比较，有留守经历大学生在人际关系敏感、抑郁、焦虑、恐怖等方面得分较高，与无留守经历的大学生比较，他们在焦虑、恐怖因子上得分较高。② 李晓敏等人(2009)发现，有留守经历的大学生以惧怕型，即焦虑、不信任和害怕拒绝、消极对待自我和他人的不安全依恋类型为主。③ 温义媛、曾建国(2010)发现有留守经历的大学生更加孤独、内向，情感更冷漠。④ 徐礼平、王平认为有"留守经历"的大学生自我和谐状况不容乐观，安全感低。⑤

也有部分学者研究发现，早期的"留守经历"对大学生意志力的培养、认识能力的提高、问题解决能力的增强以及人际交往的发展都有积极的作用，"留守经历"既是一种缺失又是一笔财富。徐保锋(2009)对技校农村学生的调查发现，留守儿童组与非留守儿童组之间的人格特征并无明显的差异。⑥ 谭杰华(2008)认为有留守经历的大学生比其他大学生群体更为独立自强，遇事更能当机立断。⑦ 徐建财、邓远平(2008)发现有留守经历的大学生更自立自强，而且他们从事专业或训练获取成功的可能性更大。⑧ 徐礼平、王平(2009)认为在初中阶段的留守经历对大学生自我灵活性的提高起着非常重要的作用。⑨

---

① 谭杰华：《曾为留守儿童的在校大学生与普通在校大学生人格特征比较》，载《菏泽医学专科学校学报》，2008(4)。

② 胡江辉、李潜等：《有"留守"经历大学生的心理健康状况分析及对策思考》，载《医学教育探索》，2008(4)。

③ 李晓敏、罗静等：《有留守经历大学生的负性情绪、应对方式、自尊水平及人际关系研究》，载《中国临床心理学杂志》，2009(5)。

④ 温义媛、曾建国：《留守经历对大学生人格及心理健康影响》，载《中国公共卫生》，2010(2)。

⑤ 徐礼平、王平：《有"留守经历"的大学生自我和谐状况分析》，载《新余高专学报》，2009(1)。

⑥ 徐保锋：《技校留守儿童人格特征与留守经历的关系》，兰州大学硕士学位论文，2009。

⑦ 谭杰华：《曾为留守儿童的在校大学生与普通在校大学生人格特征比较》，载《菏泽医学专科学校学报》，2008(4)。

⑧ 徐建财、邓远平：《农村留守儿童生活经历对大学生人格发展的影响》，载《长春理工大学学报(社会科学版)》，2008(6)。

⑨ 徐礼平、王平：《有"留守经历"的大学生自我和谐状况分析》，载《新余高专学报》，2009(1)。

二、留守经历对社会性发展极端负面影响的表现

犯罪可以看作是社会化失败的极端表现，是人社会性发展极端负面的表现。有研究者关注留守群体的犯罪情况，揭示了留守经历对儿童、青少年社会性发展极端的负面的影响。

聂吉波 2009 年对重庆市 496 名未成年人犯的调查发现，“留守儿童”犯罪具有暴力性、突发性、贪利性等特点，同时还具有纠合性、盲目性、随机性等特点。① 黄新基于 2009 年对湖南省某县 115 名农村留守儿童犯的调查指出，农村留守儿童犯罪呈现出以主体低龄化、法律知识欠缺、暴力性犯罪和侵财型犯罪，团伙作案为主的特点，多表现为激情犯罪，犯罪行为具有反复性。② 李婷婷(2007)指出农村“留守儿童”犯罪存在双低现象，即低年龄和低文化程度，16 周岁以下的未成年人犯罪明显增多，甚至出现 14～15 周岁的未成年人犯罪。③ 吴崇雷在 2011 年对贵州省紫云苗族布依族自治县留守儿童的犯罪调查中发现，留守儿童同类犯罪多以结伙作案为主，犯罪类型集中于财产性犯罪，并具有即兴暴力的特点。④

研究者进一步探讨了留守儿童犯罪的原因，影响留守儿童犯罪的因素，以及如何预防犯罪行为的产生。聂吉波(2009)把“留守儿童”犯罪的根源归结为社会化的失败。“留守儿童”在社会化过程中出现偏差和失败，是由于家庭、学校、同辈群体、大众传媒，以及社会环境种种社会化主体的缺失或者是不良影响而导致的。⑤他从留守儿童的个人原因(生理因素、心理因素、社会角色)和社会原因(家庭、学校、大众传媒和社会环境)等几个影响因素方面分析了导致留守儿童犯罪的原因。聂吉波认为应实行综合治理，建设和谐家庭，国家、社会以及家庭齐抓共管，他从家庭预防、学校预防、社会预防、司法预防四个方面提出了应对措施。黄新(2010)从社会控制理论和不同

---

① 聂吉波：《“留守儿童”犯罪的实证分析》，西南政法大学硕士学位论文，2009。

② 黄新：《农村留守儿童犯罪的调查与思考》，湘潭大学硕士学位论文，2010。

③ 李婷婷：《农村“留守儿童”违法犯罪成因及对策研究》，载《吉林公安高等专科学校学报》，2007(6)。

④ 吴崇雷：《贵州省安顺市留守儿童犯罪调查研究》，贵州民族学院硕士学位论文，2011。

⑤ 聂吉波：《“留守儿童”犯罪的实证分析》，西南政法大学硕士学位论文，2009。

交往理论的视角对农村留守儿童犯罪原因进行了探讨，认为农村留守儿童犯罪受到家庭、学校、社会三方面因素的影响。他提出家庭、学校与社会应当共同努力，把农村留守儿童纳入有效的监管下，通过强化家庭教育、发挥学校基础作用、改革教育管理制度、完善立法、发展农村经济、净化校园周边环境等措施来预防农村留守儿童犯罪。① 吴崇雷(2011)从地方学校办学能力不足、法制教育不得力、地方警力不足，打击不力、网吧影响等多方面分析了导致留守儿童犯罪的原因。他认为应当加大高中教育的投入、加强法制教育、做好网吧监控工作、开展行政社区矫正工作、扩充警力，一次性全面防控留守儿童的犯罪行为。② 孙彦臻(2013)提出家庭方面要完善家庭教育，建立良好的亲子关系；学校方面要加强学校教育，提高教师素质；社会方面要鼓励加强农业生产发展、周边城市工业化发展，加强完善社会制度充分发挥社会教育职能。③ 韩艳萍(2012)认为改革现行的户籍制度和教育制度是最根本的解决之道，发挥家庭职能，提高监护力度是核心要素。④ 朱伟、陈国营(2014)从法制教育的角度提出要积极开展法制教育，转变教育观念，加强老师和家长的沟通，注重对学生心理的辅导。⑤ 王道春(2006)提出了更为具体的措施，如建立健全留守儿童档案和联系卡制度、加强农村寄宿制学校的建设，切实有效地对留守儿童进行教育与管理；在学校教育中增设相关课程，加强对留守儿童心理、生理、行为、法制等方面的指导教育。⑥ 朱爱华(2008)提出从产业的角度，政府要制定政策促进农业或农村非农产业的发展，完善社会福利制度，在经济上支持家庭。⑦ 张菲菲(2012)主张，社会要为留守儿童的健康成长、全面发展提供良好的社会环境和氛围，并加大宣传力度，转变社会的错误认识观念，比如财政部门要积极为农村留守儿童筹集

---

① 黄新：《农村留守儿童犯罪的调查与思考》，湘潭大学硕士学位论文，2010。

② 吴崇雷：《贵州省安顺市留守儿童犯罪调查研究》，贵州民族学院硕士学位论文，2011。

③ 孙彦臻：《我国留守儿童犯罪原因及对策》，载《南昌教育学院学报》，2013(1)。

④ 韩艳萍：《农村留守儿童犯罪的原因与预防》，载《法制与社会》，2012(36)。

⑤ 朱伟、陈国营：《留守儿童犯罪的原因及其对策探析》，载《中国集体经济》，2014(10)。

⑥ 王道春：《农村“留守儿童”犯罪原因及预防对策刍议》，载《北京青年政治学院学报》，2006(3)。

⑦ 朱爱华：《解决留守儿童问题的社会政策视角》，载《中国社会导刊》，2008(16)。

救助资金、公安部门要加强社会安全综合治理、整治社会环境及相关娱乐场所(如网吧)、净化农村留守儿童的成长生活环境、号召社会各界为贫困的农村留守儿童家庭提供必要的物质帮助。①

已有研究对留守经历的长效影响局限在大学生群体，而幼年期留守罪犯能够进入高等教育阶段的毕竟是少数，因此已有研究尚不能全面揭示早期的留守经历对儿童的社会性发展是否会造成显著的影响。而关于留守经历与犯罪的已有研究多是针对正在留守中的青少年而展开的，这种影响是即时性的、现下产生的，而非隐患的或长效的影响。因此，已有研究尚不能全面揭示幼年留守经历是否会对儿童的社会性发展产生长效的作用，是否会对儿童社会化的失败造成隐患，甚至导致成年后出现违法犯罪的行为。

三、幼年留守经历社会化失败的隐患

留守儿童家庭中由于父母的长期缺位，以及学校教育的无力，使得这些孩子没有机会通过主流的途径去学习社会的规则，与同龄孩子相比，他们不懂法律，理性思维能力较差，缺乏对行为后果的预见力，对自己的未来缺乏思考，对自己的人生不负责任。② 韩瀛在《流动儿童与留守儿童安全感的比较研究》中提出大部分留守幼儿的安全感状况堪忧，他们在同伴交往过程中普遍产生过安全感低下、片面而狭隘、相互排斥和攻击等现象。③ 成年后犯罪是社会化失败的极端表现，为了解留守经历所造成的这种社会性发展问题是否会成为社会化失败的隐患，导致成年期的犯罪行为，胡彩云、韩丽娜等人④采用逆向回溯的方法，在中部某省三所监狱对 2746 名服刑人员进行了问卷调查。研究结果一定程度上揭示了幼年留守经历对成年社会性发展的极端负面影响，说明了幼年期经历留守与成年社会化失败走上犯罪道路的隐

---

① 张菲菲：《发展型社会政策视角下的农村留守儿童问题——以安徽省阜阳市×村为例》，苏州大学硕士学位论文，2012。

② 吴宁：《对农村留守儿童犯罪原因的探析——以社会控制理论为视角》，载《盐城工学院学报(社会科学版)》，2014(4)。

③ 韩瀛：《流动儿童与留守儿童安全感的比较研究》，湖南师范大学硕士学位论文，2013。

④ 胡彩云、韩丽娜：《农村儿童幼年留守经历的社会化失败隐患——带着孩子出发或把爱留下》，45 页，长春，吉林大学出版社，2018。

患，主要表现在以下几个方面。

(1)服刑人员中有过留守经历的比例较大。根据研究的结果显示，1964年后出生的所有服刑人员样本中，平均有41.1%的人曾经有过不同程度的留守经历，也就是说每10个罪犯中有4个人曾经有过留守经历。

(2)与普通罪犯相比，有留守经历的罪犯量刑较轻的比例高，量刑重的比例低。在对侵犯公民人身权利、民主权利罪和侵犯财产罪这两项罪名的分析中发现，有留守经历的罪犯量刑较轻的、所判刑期较短的比率要高于普通非留守罪犯；而量刑重的比率要低于非留守罪犯。也就是说，有过留守经历的农民工子女成年后触犯严重罪行被量刑较重的比率低于普通非留守罪犯。例如，同样是因侵犯公民人身权利、民主权利罪判处无期徒刑，留守罪犯的比率为40.6%，而普通罪犯是44.5%。

(3)与普通罪犯相比，更多的有留守经历的罪犯其犯罪年龄偏低，如：有留守经历的罪犯在18～22岁犯罪的比率近四分之一，23～27岁犯罪的比率超过15%；而无留守经历的罪犯在18～27岁两个年龄段犯罪的比率合计约22%。

(4)对于留守罪犯整个群体而言，具体留守状况不同其所犯罪名、所判刑期、犯罪的年龄也各有差异，也就是说各种社会化失败的具体隐患不同，主要表现在以下几方面：

一是从不同留守状况与所犯罪名来看，犯故意杀人罪比率最高的是3～6岁留守的群体，其所占比率约为该群体的一半。犯故意伤害罪的比率较高的主要是0～6岁留守的群体、双亲一直外出务工和父亲一直外出务工的群体，其比率均占到该群体的40%。犯强奸罪比率最高的是双亲一直外出打工的群体，高出父亲一直外出打工群体约12%。犯抢劫罪比率最高的群体是小学开始留守的儿童，接近该群体总数的60%；3～6岁留守的群体犯抢劫罪的比率也超过了该群体总数的一半。犯盗窃罪比率较高的群体是父亲一直外出务工的群体，接近该群体的三分之一。犯诈骗罪比率最高的群体是双亲一直外出打工的群体，约占总群体的三分之一。

二是从不同留守状况与所判刑期来看，在刑期3～10年的犯侵犯公民人身权利、民主权利罪的的罪犯中，比率最高的是双亲一直外出务工的群体，其比例接近三分之一。刑期在10年以上的罪犯比率最高的也是双亲一直外出务工的群体，比率达到30%以上。刑期为无期的罪犯比率最高的是0～3岁经历留守的群体，比率接近55%。被判处死缓的罪犯比率最高的是3～6

岁经历留守的群体，比率约27%。犯侵犯财产罪，刑期在3～10年的罪犯比率最高的是0～3岁经历留守的群体和双亲一直外出务工的群体，其比率接近一半。刑期在10年以上的罪犯比率最高的是父亲一直外出务工的群体，其比率接近三分之一。刑期为无期的罪犯比率最高的是小学开始留守的群体，其比率接近三分之一。

三是比较在不同年龄犯罪的罪犯其留守方式可以发现，父母双方均外出打工的有近三分之一的比率在18～22岁时犯罪。23～27岁犯罪的留守罪犯，父母双方在外打工的比父亲一人在外打工的高出近7%。从留守年龄的比较可以看出：18～22岁犯罪的最高比率是0～6岁一直留守的群体，约占四分之一，23～27岁犯罪的最高比率是小学以后开始留守的群体：0～3岁留守的群体在17岁以下犯罪的比率达到7.4%，比其他年龄段留守的群体高出3%～5%。此外，小学以后开始留守的群体在33～37岁期间犯罪的比率明显高于其他留守年龄段的群体。

第三章

留守幼儿教养状况及其对心理发展的影响

第一节 外部环境与儿童心理发展相关的几个重要理论

儿童心理发展受到多种外部因素的影响，而对于这些复杂的影响，不同的理论、学派提出不同的解释。具有代表性的有经济学的宏观和微观层面的理论，关于亲子依恋的理论，精神分析学派的客体关系理论，以及内在小孩理论等。

一、经济学宏观和微观层面的理论

留守儿童是社会大环境下农民进城务工现象的副产品。经济学宏观层面上，学者对劳动力迁移的研究涉及刘易斯的二元经济结构理论、拉尼斯—费模型、乔根森模型、推拉理论等。这些理论都提出一个观点，劳动力可以在工业部门和农业部门流动，工业的发展取决于农村剩余和人口规模，农业是经济发展的基础。农业产量的盈余对经济的增长具有决定性的作用，并为工业发展提供富足的劳动力。这是因为农业技术的发展，更多的农村剩余劳动力可以解放出来，转移到城市内的工业领域，会进一步提高整个经济的生产率，促进经济发展。工业的发达，也可以给社会提供更多的消费品，这也是人们消费结构变化的必然结果。古典的推拉理论还认为，劳动力迁移是迁入地和迁出地的工资差所引起的，推拉理论所提出的影响因素除了更高的薪酬待遇外，还有更好的职业机遇、更优质的生活条件、孩子可以获得更好的教育条件，以及更加完善的社会环境。

微观层面上，随着新迁移经济学的发展，劳动力家庭日益受到关注，学术界形成了以家庭为核心的迁移理论(家庭迁移理论①)，它更好地解释了从个人迁移到家庭迁移的转变：

(1)家庭效用理论，家长去经济活跃的地区打工，而其他亲友代为养育子女(比起父母外出带着孩子，可以节约养育成本)，这种家庭劳动力分配可以最大化地赚钱。

---

① 檀学文：《家庭迁移理论综述》，载《中国劳动经济学》，2010(1)。

(2)生命周期理论。格里克(Glick，1947)①认为，每个家庭都有一个生命周期，周期阶段的划分主要来源于七个重要事件，分别是：初婚、第一个子女出世、最后一个子女降生、第一个子女结婚(离家)、最后一个子女结婚(离家)、丈夫或妻子死亡、残存的另一方死亡。基于这七个事件将家庭生命历程分为六个阶段：形成、扩展、稳定、收缩、空巢与解体阶段。罗斯(Rossi，1955)②是最早利用生命周期来解释家庭迁移决策的，他认为家庭结构因子女的诞生而发生变化，抚育子女和对家庭居住地要求的变化，使得许多家庭依靠迁徙去找工作和扩大住宿的条件。

(3)家庭策略理论。家庭策略涉及家庭面临新的外部情境时，需要做出的决策的思考过程。家长的迁移行为是一种家庭决策，并不是单个人的想法，而是基于家庭成员的集体考量，通过最有劳动价值的劳动力的向外迁移，可以增加收入的最大化利益，减少留在本地赚钱少的风险，需要家庭成员重新进行角色安排和职责分工，使得家庭的资源能够最优化地配置。家长外出务工，这是家庭利益博弈的必然结果，影响了家庭的重大决策，不是个体的意志和结果。个体在意识层面淡忘了童年的经历，但这种痛苦感觉会以图像程序记忆痕迹的方式，被保存在右脑的视空间区域、隐形基因(Hugdahl，1995)③和自传体记忆(Markowitsch et al.，2000)④内，使得“内在小孩”长久存在，潜移默化地影响着个体的一生。甚至还会无意识地将父母与自己的相处模式，复制给自己的伴侣和孩子，使得不安全的依恋关系代际传递，表现出一种强迫性的重复，“我们以被养育的方式养育后代”

① Glick，P. C.，“The Family Cycle”，*American Sociological Review*，1947(12)，pp. 164-174.

② Rossi，P. H.，“A Study in the Social Psychology of Urbern Residential Mobility”. Glencoe，Illinois：The Free Press，*Why Families Move*，1955.

③ Hugdahl，K.，“Classical Conditioning and Implicit Learning：The Right Hemisphere Hypothesis.” In R. J. Davidson & K. Hugdahl (Eds.)，*Brain Asymmetry*. MA：MIT Press. Cambrige，1995，pp. 235-267.

④ Markowitsch，H. J.，Reinkemeier，M.，Kessler，J.，Koyuncu A & Heissw W-D, Right Amygdale and Temporofrontal Activation During Autobiographic，But Not During Fictitous Memory Retrieval，*Behavioural Neurology*，2000，pp. 181-190.

(Menard et al., 2001)①。

为什么亲子依恋创伤会造成儿童情绪问题和社会化困难？这是因为早期生活环境不够优良，导致处境不利，许多儿童没有形成机会发展健康的依恋关系。生态心理学家布朗芬布伦纳(Bronfenbrenner)说，儿童发展的生态环境包括大环境、外环境、中环境和小环境在内的四个成分。小环境是最为重要的一个结构，这是儿童可以直接参与，承担社会角色和发展各种人际关系的教育生态圈。家庭和幼儿园为幼儿社会化提供了不可或缺的心理成长空间，让幼儿能够形成和发展亲子关系、同伴关系和师幼关系三种最为重要的早期人际关系。对学前留守儿童而言，留守家庭功能不全，最基础、最核心的亲子关系没有办法长久维持，无法为他们提供最坚实的心理保障。儿童只有把父母作为安全基地，才能有效地去探索外部环境，假设婴幼儿并不寻求并维持与主要抚育者的亲密感，这个无助的孩子就会因为心理营养的不足而出现各种问题，甚至可能早夭。

二、依恋理论

依恋关系，也有学者称之为“依附关系”，是指婴幼儿与主要的抚养者(多为母亲)建立起的特殊的情感关系，这是个体最初的社会联结。英国精神病学家鲍尔比(John Bowlby)②通过对“母爱剥夺”的实验，让成对的母婴进入一个单向玻璃观察室，内有各种儿童玩具和一名陌生人(由一名助手担任，负责在母亲离开后，临时照顾婴儿)。鲍尔比让母婴在一起玩耍一会儿，然后让母亲短暂地离开观察室。他和其他助手在单向玻璃的另一侧，观察母亲离开后，再返回观察室的过程中，婴儿是如何与陌生人和母亲互动的。

结果发现，参与实验的婴儿有四种典型的反应：(1)安全型依恋。母亲离去时婴儿挽留，流露出不快乐情绪，母亲不在时，无心玩玩具。母亲返回

① Menard, J. L., Champagne, D. L. & Meaney, M. J. P., *Variations of Maternal Care Differentially Influence "Fear" Reactivity and Regional Patterns of CFOS Immunoreactivity In Response to the Shock-probe Burying Test*. Neuroscience, 2004, pp. 297-308.

② [英]约翰·鲍尔比：《安全基地：依恋关系的起源》，余萍、刘若楠译，北京，世界图书出版公司，2017。

后，婴儿张开手臂扑进母亲的怀抱。这种婴儿成年后，情绪管理能力强，包容、理解和尊重别人，既能亲近别人又善于独处，适应环境，拥有不错的人际关系。(2)逃避型依恋。母亲离开或返回，婴儿都没有明显的反应，似乎都不需要妈妈，有没有亲密照顾都无所谓，态度冷淡。但通过仪器也发现婴儿有焦虑情绪，不过没有明显外化。这与婴儿被照料的方式有关，婴儿学会了不对与妈妈长久相处产生期待。这类婴儿成年后，外表高冷，情感淡漠，内心很希望拥有亲密而稳定的人际关系，但不知道如何去表达和爱对方，更倾向于在网络虚拟世界里去找感情。(3)焦虑型依恋，也叫不安全依恋。母亲离开时，婴儿哭闹不休，情感爆发。母亲回来后，依然处在焦虑、害怕、不安和愤怒的情绪里，甚至推母亲、打母亲来发泄情绪，需要长时间的安抚才能渐渐安静下来。随后，玩耍时总是要紧盯着妈妈，害怕妈妈再次离去。这类婴儿成年后，非常害怕人际关系破裂，承受不住人际关系的变化。(4)紊乱依恋型。母亲离去前，内心慌乱无措，不知道该怎么挽留母亲。母亲回来后，也不知道该如何面对母亲，甚至张开手臂往后退。他对母亲抱着爱恨交织、无助又回避的情感。他无法整合和处理与母亲的相处的变化，只能用逃避的方式来避免内心的崩溃。成年后，他对关系的变化表现出一种不愿直面，只想逃避的退缩心理，容易做出出格的极端行为。

据此，鲍尔比提出了著名的依恋理论(Attachment Theory)，在他看来，个体生活的最初几年，如果在公共机构内照料的时间过长，或经常更换主要的抚养者，对儿童的人格发展有不利的影响。因为孩子从婴幼儿期起，早期的生活经验非常关键，可以影响到青春期甚至一生。对他们的情绪感受，尤其是消极的情绪感受，只能进行疏导而不能强行压制。孩子要通过处理负性情绪和心理冲突才能战胜内心的脆弱感，建立起强大的心理素质。对婴幼儿而言，父母远离是一个较大的挫折，必然唤起内心的痛苦体验。

很多留守父母喜欢孩子冲着自己微笑，表现出儿童天真烂漫的一面，非常不喜欢孩子当着自己的面哭泣，表露出悲伤、紧张、生气等情绪。家长无法接受这些负性情绪，“哭得自己心烦”，认为这是孩子个性差、脾气不好、情绪化、不好带，总是给家长心里添堵，“在外打工就够累的，还要被孩子闹得自己情绪都不好了，触霉头、不吉利”。

父母见不得孩子哭，这是因为家长急切地想要孩子高兴起来，保持积极的愉快感受。父母希望孩子过得健康快乐，这是做父母的自然想法。当留守

儿童因为无人陪伴、生活缺乏精细照顾、晚上怕黑怕狗等而产生了寂寞、恐慌、生气、害怕等负性情绪时，家长努力而笨拙地想要孩子走出负性情绪，但努力尝试过几种方法后，身心疲惫的家长黯然放弃，常常引发父母内心的虚弱无力或痛苦感，他们无计可施却又不甘心，搞不定一个孩子让家长深感挫败。只有用严厉的词语(表现出父母的焦躁和急迫)来呵斥或命令孩子："别哭了！""不要难过了！""这有什么大不了的?"表面上是父母在推动孩子走出负性情绪的泥淖，实际是父母不愿意面对内在的自我否定，无法接受自己能力薄弱的局限。

父母最不愿意看到的孩子的某些表现，就是自己没有处理好、恐惧面对的部分，因为没有得到足够的发展，自己也没有办法接纳，分析心理学家荣格将其命名为人格中的"阴影面"。可以看到，脾气暴躁的父母，却希望孩子性格柔顺、乖巧，情绪稳定；爱生气的父母，不允许孩子对自己发火；胆小的父母，要求孩子做事有魄力，能承受较大的压力和挑战。

内心脆弱无助的父母，希望孩子能够拥有自己没有的坚强内心和情绪控制能力，他们希望通过命令、讨好、示弱、控制等手段来塑造儿童，目的是让孩子看起来开朗和富有活力，这样就可以避免去面对自己的阴影部分，也不需要承担人格完善的自我否定和成长痛苦。①

对孩子来说，这是一种心理的拔苗助长，要求孩子超出实际能力来照顾家长的情绪和感受，接纳他们的虚弱、不安、期待和转移过来的压力，这是让儿童过早对父母进行心理反哺，是一种超越儿童心理成熟度的情绪勒索。

成熟的父母能够接纳真实的自我，情绪上自信平和，他们理解孩子的发展特点，能够较多地容忍孩子的软弱和无助。当然，孩子的哭闹会引发家长的不舒服的感受，激活了过去生活经验中的痛苦经历，比如年幼的自己被人戏弄或无法保护好自己而羞辱地落泪，压抑的情绪被激活，这正是靠着孩子而获得一个宝贵机会，让自己可以复演创伤的情境，释放不被接纳的拒绝感和绝望感，修通扭曲的认知，重构过去事件的意义，让自己走出创伤经历。如果家长固执地不愿意让内心重新整合，不肯去修复自己的创伤，不允许孩子无意中触碰到自己的痛苦点，那么，所形成的阴影部分就更大，就更容易

---

① 海文颖：《接纳力：成就孩子一生幸福的妈妈情商课》，10页，北京，电子工业出版社，2016。

将亲子关系纠缠得更乱、更容易对孩子采取情绪化的教养态度。①

家长内心不成熟，不允许孩子报告挫折感，就是在否定孩子的真实感受，孩子不得不自己消化痛苦和困难，因为他知道不说这些，才能获得父母的肯定和喜爱。微笑才能换来亲子关系不出现冲突，这种恐惧得不到父母疼爱的担忧，成了孩子的思维和行为出发点。孩子学会了用微笑来掩饰自己的真实感受，用父母的情绪感受来取代自己的情绪感受，逐渐地失去了与内心真实感受的联结。

如果家长带着冷漠和无动于衷，甚至愤怒的压制态度来拒绝孩子的负性情绪，那孩子就没有办法让内心感受和外部要求统一起来。孩子可以自己调节小的挫折，但被寄养或忽视、衣食不周、长期无人陪伴，对婴幼儿来说，这是重大的精神创伤。

依恋是一种天生的基本动机，要求和维持与重要他人的接触，获得持久的紧密感是个体一生所渴求的。依恋提供了四重心理呵护：(1)依恋是人求生本能的结果，依恋可以给人提供重要庇护。有了依恋关系则产生安全和舒适的感觉，神经系统保持镇静；而缺乏依恋对象造成痛苦和焦虑。对任何年纪的人来说，正向的依恋经验创造了一个庇护所，缓和外界的变动和伤害带来的冲击，提供人格继续发展的环境。(2)依恋提供了一个安全基地。这个基地提供了个体向外探索世界、回应环境的安全空间。个体可以对新刺激保持开放、好奇和敏感，有胆魄去尝试和调整自己，产生对环境的新水平的适应。个体可以以超然的立场去内省自己，向外发展，给别人提供支持，积极正面地解决冲突和麻烦，与外部环境保持友好的关系。(3)情绪的接触与回应，建立情感的联结。大体上，情绪引发并主导依恋关系。安全依恋关系脱胎于良好的情绪接触和情绪反应。被依恋的对象如果不在，长久分离会引发痛苦，因为无法找到可以靠近的依恋对象。依恋对象提供了一个情感保证，并且有信心在需要的时候，这个保证是有效的，能及时得到适宜的情绪情感回应。情感是依恋的中心，如果依恋对象不做承诺，没有情感回应，意味着“你不重要，我们之间没有关系”。鲍尔比曾说过：“情绪的心理与病理……大部分是情感联结的心理与病理。”(4)恐惧和怀疑引发依恋需求。当遭遇疾

① 海文颖：《接纳力 2：活出完整自己的妈妈情商课》，8 页，北京，电子工业出版社，2017。

病、欺侮、受威胁等负面生活经历时，个体有强烈的情绪反应，需要寻求安慰与连接的依恋需求会特别急迫和突出，得到“免于感觉无助与无意义的保障”，获得一种情感情绪调节的外部支持。

依恋关系的重要性在于，亲幼的心理互动，从外在行为表现来看是“抱抱、亲亲、举高高”，一方面满足了儿童的皮肤饥渴，另一方面给儿童提供了心理营养，能够有勇气并支持他们去迎接挑战，主动学习。养育过程可以让儿童体会到与抚养者在一起的心理满足感来对抗分离焦虑，儿童的“无条件接纳”的需求和“最被重视”的需求也会被抚养者关注到并给予满足，如果婴幼儿发现，抚养者不理睬他，就会用哭闹来引起抚养者的注意力，期待他们产生内疚来更好地照顾自己的情绪和感受。这种亲幼关系与未来的其他亲密人际关系有许多相通的表现，所以有学者①也认为，恋爱关系就是依附关系的发展和延续。

三、客体关系理论

客体关系理论是精神分析学派的重要观点，强调心理动力取向和人际关系取向。该理论认为，真正影响一个人的精神发育的过程是早期的婴儿和抚养者的关系，这是因为人类行为的动力和人格发展源自寻求客体，外部环境有着至关重要的影响作用。客体是弗洛伊德率先使用的词语，是指能够满足婴幼儿需求的外部的人、事和物，可以与“他人”互换。所以客体关系就是婴儿和照料者的关系，抚养者就变成了与婴幼儿互动中的爱、恨、渴望等带有感情的人性客体。

客体关系理论②的基本观点是：强调一个人在生命早期，与主要照顾者的对待方式和互动关系及互动形态，都会被儿童内化到心理结构，变成个体的心理世界，包括：(1)最早的客体关系单元(Object Relation Unit)，客体关系单元包括自我表征(主体关于自我的心理意象)、客体表征(主体关于客体的心理意象，不一定与实际的客体相一致)和主客体互动中形成的情感经历三

---

① 黄维仁：《亲在人生路上：原生家庭三堂课》，15页，北京，中国轻工业出版社，2017。

② 胡远超：《“人之初”的精神图谱——精神分析客体关系理论研究》，吉林大学博士学位论文，2008。

个要素，情感经历有正向和负向之分。(2)最早的人——我关系形态。(3)抚育经验决定了婴幼儿的自我功能。好的客体(good object)决定了好的自我(good me)，坏的客体(bad object)决定了坏的自我(bad me)。

婴幼儿感知到的早期客体的质量会深刻地影响自我的认同和接纳，所以优质的早期客体被视为“生命中的贵人”，影响着他们书写未来的人生脚本。一般来说，没有十全十美的客体，只要有足够好(good enough，有人将其翻译为“60分的好”“及格的好”“差不多的好”)，就能帮助婴幼儿获得应有的正常发展。如果是坏的客体，出现了“客体失落”现象，那么孩子就会有一个扭曲的生命脚本，可能终其一生去寻找替代客体。

留守儿童也面临同类问题，他们需要恰当的精神父母来充当他们的客体，提供矫正性经验。对于这类儿童，缺乏好的客体来促进他们的发展，他们有大量的负向经验无法排遣。一般来说，处理客体失落和客体追寻，只有用同理、涵容、关心和关怀等心理技术去治愈他们的创伤。同理孩子的客体失落，理解他们的精神孤苦无依和独自挣扎；涵容他们不良的偏差适应性行为，譬如他们在没有被告知社会规范下的一些不卫生行为、不道德行为和轻度违规行为；关心他们的内在需要，弄清他们对优质客体的期待，去回应和满足他们特定的客体追求。

四、内在小孩理论

内在小孩理论发现，如果在童年期正常的依赖需求得不到满足，个体成年后，内心就会形成一个受害的小孩意象——内在小孩(Inner Child)。内在小孩就是孩子般的敏感、直觉力、好奇心、想象力、思维、天赋的直觉、感觉知觉等，这些不随着时间流逝衰退或增进，仿佛凝固着形成了一个独特的心理世界(苏珊·约翰逊，2011)①。因为生命早期，内心没有得到足够的满足和宽慰，就会发展出一个隐秘的脆弱心灵空间，里面住着一个内在小孩。当个体步入成年期，遇到挫折，个体很难用理智去解决当前的麻烦，而被跑出来的内在小孩掌控，让个体沉浸在痛苦和无助的情绪旋涡里，做出不负责任、不成熟的举动，给个体的人际关系造成更多的麻烦和伤害。

---

① [加]苏珊·约翰逊：《婚姻治疗的九个步骤》，刘婷等译，37页，上海，华东师范大学出版社，2011。

当触及与童年期相似的经历时，过去储存在身体里、压抑在潜意识里的不愉快甚至痛苦的感受会再次经历。那是过去绝望之中、不再期待父母给予童年时所渴望的关爱。个体在孩提时，想要来自父母的认可、支持、接纳和关爱。但往往留守儿童没有得到这些最重要的精神营养品，因为弱小，他们无法清楚地表达这种需求和愿望，反而感受到不被爱、不被看到、不被听到、被冷落、被忽略、被抛弃、被指责、被比较和被嫌弃，这些心理的毒素造成了内心的创伤，为了生存和长大，他们最大限度地压制了对爱的需求，让大脑迅速地从相互调节模式转换成长时程、简单化的自我调节模式，大脑在此生物合成的关键期内保持着低水平的代谢，而此时大脑发育需要高能量的补充。低能量的供给使得大脑无法正常地发挥功能，比如一项脑电图的研究发现，5 月龄的婴儿面部没有表情时，其右颞叶后部的 θ 波会异常得增多。①

留守儿童逐渐习惯与恐惧和伤痛为伴，情绪容易波动，最后变得亢奋或麻木。他们对人没有信任感，对外部世界抱有很大的戒心和防御，习惯负性思维，工作缺乏创造性、激情和合作精神，头脑里经常有两个声音在争辩，不断地自我斗争。这构成了成年后演进为精神障碍的危险因素（Schore，1994）②。

随着时间的推移和参与了更多的社会生活，个体在意识层面，会逐渐减少甚至有意遗忘人生早期那些痛苦的情感经历，但这种情感受伤害的感觉并没有消失，作为一种图像程序记忆，储藏在右脑的视空间区域、隐性基因和自传体记忆内。这种生理机制在心理层面，会形成一种内在小孩的心理意象而长久存在，作为一种潜意识，对个体未来的生活产生深刻的影响。个体甚至还会无意识地复制自己与父母相处的关系模式，并将这种依恋关系的互动发展到伴侣关系和下一代的亲子关系，使得不安全的依恋关系向更广泛的人际领域扩散和代际间传递，在精神分析学派看来，这是一种人际关系的强迫性重复，“你变成了你讨厌的家长的模样”。

---

① Bazhenova，O. V.，Stroganova，T. A.，Doussard-Roosevelt J. A. et al，Physiological Responses of 5-month-old Infants to Smiling and Blank Faces，*International Journal of Psychophysiology*，2007(63)，pp. 64-76.

② Schore，A. N.，*Affect Regulation And The Origin of The Self*. Mahwah，NJ：Lawrence Erlbaum Associates，Inc.，1994.

第二节　家庭教育状况及影响

家庭是幼儿的主要生活场所，父母是幼儿的第一任老师，家庭教育的状况直接影响到幼儿的心理发展水平。然而由于父母外出务工造成了父亲或母亲，甚至双亲角色的缺位，造成了留守幼儿的家庭教育的残缺不全，甚至完全缺失。研究者对家庭教育的作用、留守儿童的家庭教育缺失情况，以及各种影响进行了探讨。

一、家庭教育缺失对留守儿童的负面影响

国内外的研究一致认为父母收入增加，汇款对留守儿童的生活水平有着积极的影响，可以提高留守家庭的生活水平。部分外出工作的母亲更关心孩子的生活质量，邮寄了很多的金钱、衣物和食品。牙买加的调查结果显示，留守儿童比当地的其他儿童有着更富足的生活。①

许多研究也看到了亲幼分离导致家庭功能不充分的弊端。比如留守家庭的养育职责，被转移到原本没有监护权的他人身上，致使监护不到位的现象比较普遍。母亲外出比父亲外出的家庭，更需要依靠外援来承担照顾留守儿童的责任，因为在农村，父亲们往往不习惯独自照顾子女。② 比如在斯里兰卡，照顾的责任就移交给了祖母。这说明母亲外出，对家庭结构的完整性的保持和养育义务的履行影响更大，导致家庭陷入无序状态，影响到未成年孩子的健康发展。③

即使母亲留在农村老家，在缺乏资金和社会政策扶助的状态下，留守女性靠着有限的亲属帮衬，单边家长的生活状态也很难让她们给孩子创造一个

---

① Bauer，E. & Thompson，P.，*Jamaican Hands Across the Atlantic*，Kingston，Jamaica：Ian Ran-dle Publishers，2006.

② Save the Children，*Left Behind，Left Out：The Impact on Children and Families of Mothers Migrating for Work Abroad*，2006.

③ A. Z. V. Camacho，*Children and Migration：Understanding the Migration Exprериences of Child Domestic Workers in the Philippines*，Institute of Social Science，2006.

合格的家庭环境。为了分化家庭责任，她们可能会让孩子过早体验到生活的苦楚，比如让稍大一些的孩子照顾弟弟妹妹、下地干活和分担家务等，而对孩子的生活、学习和精神方面的关注和引导等，可能存在疏忽和关心不够的情况，抚育质量明显偏低。比如布什(Booth)等人①以非洲某地123名留守幼儿作为研究对象，追踪研究的结果显示，父亲外出，留守妈妈一人承担抚养孩子的工作。由于留守妈妈文化程度不高，加上缺乏父亲这一家庭权威角色，导致留守幼儿的智力发展不足，在绘图和词汇理解等方面，远远低于同龄幼儿。康德(Kandel)②负责一个“墨西哥移民项目”，他随机抽取了墨西哥中部萨卡特卡斯州3个社区中的725个移民家庭，发现由于缺乏劳动力，留守儿童不得不辍学来弥补父母移民导致的家庭重担无人承担的缺口。男学生需要停学做工来维持家用，女学生辍学更早是因为家庭资源分配要男性优先，她们不上学反而可以多做家务或提早嫁人来减轻家庭压力。多项研究显示出，社会流动对留守儿童的教育产生了挤压。③

挤压下的留守儿童，父母没能对他们有效地实施社会化，他们无法与他人融洽相处，社会适应性差，后期的发展受到消极的影响。摩尔多瓦留守儿童在父母离开后，内心痛苦程度让他们心里充满了孤独感和无助，认为没有父母疼爱，金钱并不能补偿所失去的幸福童年，这种痛苦的感受延续了10年之久。1993—2000年的摩尔多瓦青少年的犯罪比例大幅度上升，与同期移民儿童数量激增不无关系，60%的青少年犯都是留守在家、无父母管教的移民儿童。在墨西哥，由于男人们大量离家，使得许多家庭出现父亲缺席的现象，孩子的问题行为表现突出，61%的留守儿童产生了心理问题，认知层面有强烈的被抛弃感。联合国儿童基金会也看到，留守儿童群体中出现了较多

① Alison Booth & Yuji Tamura.，“Impact of Paternal Temporary Absence on Children Left Behind”，IZA Discussior Papers 4381，Institute for the Study of Labor (IZA)，2009.

② Kandel，W. & Kao，G.，“The Impact of Temporary Labor Migration on Mexican Children's Educational as Pirations and Performance”，*International Migration Review*，2003(35)，pp. 1205-1231.

③ Cortes，R.，*Children and Women Left Behind in Labor Sending Countries：An Appraisal of Social Risks*，New York：UNICEF，2007.

的未成年怀孕、吸食毒品、心理扭曲和暴力等问题。①

而在外的家长，由于距离问题，在子女教育上显得鞭长莫及，产生各种问题。2014年年初，瑞联稚博(北京)咨询有限公司公布了一组数据，经调查80%的留守儿童家长认为自己不是称职的家长，70%的家长有愧疚和焦虑的情绪，59%的人表示，想到了孩子就会分心、工作不安心。38%的农民工在工作中容易出差错，三分之一的人表示不开心，工作积极性不高。

2013年一项研究调查了珠三角地区和重庆市1500名农民工。研究成果显示，92%的家长都认可养育职责是自己的事情，但只有20%的人真正能做到这一点，他们通常把孩子放在祖父辈的家里，或者委托其他亲戚照看。中国农村留守儿童家庭，在春节期间，父母仅仅能和孩子相聚10天，又不得不返回城市务工。

对于没有亲自抚育孩子的事实，他们列出的原因包括：68%的家长认为自己没有时间和精力照顾，超过50%的家长说养育成本太高，还有30%的家长坦承自己没有办法让孩子得到与城市孩子同等的教育机会。当问及需要改善的部分时，72%的家长希望孩子能够有入学的机会，64%的家长希望工作时间更加灵活而弹性。有的家长还经常辞职，目的是选择一份离家近、待遇又过得去的工作，方便近距离地回家探望和照顾孩子。但最终他们都表示，在现阶段的生活和工作状态下，要非常细心地照顾自己的孩子和满足他们的需要，实现起来非常困难，甚至这只是一种良好的愿望。

国外的情况也惊人地相似。因为家长在外挣钱，移民儿童才有钱交学费，使他们获得了良好的受教育机会，入学率高、辍学率低。由于缺乏家庭教育，南斯拉夫(Charbit，1997)②的留守儿童，并不比控制组的学习成绩更好。这反映出父母监督缺失，家庭教育中没有得力的家长参与，加上还要参与家务劳动，移民儿童依靠自身来应付学业任务，自然表现不佳。意大利、菲律宾和罗马尼亚等国的同类研究，也获得了相似的研究结果：留守儿童不仅学习成绩落后，而且厌学、逃学，甚至叛逆、出现各种心理问题，如自残、自杀等。

---

① 卢德平：《留守儿童面临的十大问题及社会综合干预对策——联合国儿童基金会、国务院妇儿工委基金项目调查结果》，见《“十一五”与青少年发展研究报告——第二届中国青少年发展论坛暨中国青少年研究会优秀论文集》，2006。

② Charbit，Y.，*Children of Migrant Workers and Their Home Countries*，Ankara：Turkish and International Children's Centre，1997.

二、电子产品对留守儿童的消极作用

为了方便带孩子，同时弥补内心的愧疚感，许多家长非常舍得给孩子买电子产品。而许多留守幼儿也乐于有这样一个百事通一样的“电子保姆”。很多教育者都预见到了数字化对儿童心理发展的消极影响。比如英国教育家马丁·洛森非常反对孩子看电视，他宣称：“如果你能让孩子在12岁之前不看电视，他们将终身获益。”电影《查理和巧克力工厂》有句著名的台词，也反映出了这种思想：“千万、千万、千万别让孩子，靠近你的电视，最好是别购买、安装，这是最愚蠢的东西。”这个观点得到了许多家长的认可，他们甚至和孩子一起发起了“埋葬电视机”的活动。

英国的专家也向国会提交教育建议报告，要求教育部制定法律法规，禁止家长让低龄的儿童看电视，尤其是0～3岁。现在，许多教育人士也呼吁，不能让6岁以下的孩子接触智能手机，18岁以下的青少年要限制使用。因为在少年期前(<12岁)，儿童更需要在现实世界里，和养育者一起来发展他们的自我，学习社会规范和亲社会行为，逐渐被塑造成一个社会成员。但如果把孩子丢给电子产品，让他们在虚拟世界里生活，这样做可能除了让家长减少了带娃的压力和疲劳，感觉更为轻松外，对儿童来说，这是百害而无一利的。

思想家波普尔很早就在为这种社会现象担忧，他认为这是不负责任的父母，给孩子请了一个“电子保姆”来代替自己，目的是逃避做父母的责任。美国前总统奥巴马的家庭育儿原则，也特别提到了要限制两个女儿的电子产品使用和看电视的时间。奥巴马和米歇尔一致同意，对两个女儿实施管理限制：一是尽量晚地让孩子使用电子产品；二是除非学习必要，不得开电脑和电视；三是当两个女儿进了初中后，周末可以看电视，但必须在指定时间内看指定的节目频道，孩子们不能随心所欲地选择看电视的时间和内容。

未来的社会发展，必然出现数字生活，儿童也要逐渐适应和使用电子产品这一数字化工具，但这并不是说儿童成为电子产品的被动跟随者，甚至被电子媒介淹没，成为过度数字化下的受害者。家长要切实地担负起真实陪伴孩子和引导孩子驾驭电子产品的重要职责。

但在农村，很多家长抱着“利于和孩子沟通”“让孩子可以得到娱乐”“可能会促进孩子学习网络知识”等目的，给学前留守儿童配备了电视、电脑和手机三大件，用“电子保姆”来弥补亏欠孩子的陪伴和照顾，让孩子把电子产品当玩伴，减少孩子对自己的心理依赖。而在家的亲友，也把电子产品当作哄孩子的神器，在搞不定孩子的时候，也乐得将孩子推给“电子保姆”，作为要求孩子不哭闹、好好吃饭的条件，以此来换取彼此的相安无事。

由于缺乏社交经验和控制能力，许多幼儿特别喜欢通过玩游戏来打发时间和娱乐自己，他们不太愿意离家和同伴玩耍。有研究发现，儿童越年幼，玩的游戏越简单，就越容易沉迷于各类游戏，心理的依赖程度就越高，脱离现实的倾向性就越明显。思想家波普尔非常痛恨“电子保姆”，认为这是魔鬼的化身，对幼儿的心智、躯体、脑部发育、语言能力和社会能力的发展都造成了巨大的负面影响。

从教育实践来看，专家的担忧果然一一得到验证：许多儿童社交能力低下，说话全是网络语言或电视台词，无法形成自己的口语表达风格，情感表达肤浅刻板。长期泡在数字社区里，不仅视力下降、身体免疫力下降，并且社会适应能力薄弱，缺乏正常的口头交流和同伴玩耍，容易出现各种情绪问题和行为问题。

“电子保姆”作为一种智能型的替代陪伴者，是如何影响儿童的心理成长的？

(1)长时间盯着屏幕，使得儿童的神经系统的发育迟滞。如果儿童在真实空间里玩耍，可以抓、咬、丢各类物品，来促进视觉、听觉、嗅觉、味觉、肤觉、空间知觉等多感觉通道的发展，刺激神经细胞的增加，神经细胞的突触会发展得更深、更长，使神经网络更为复杂精细。如果儿童过早地接触电子产品，神经中枢的通道就处于缓慢发展，甚至停滞的状态。孩子接触的电子产品越多、越久，那么他们就越被剥夺学习社会生活经验的重要机会。

(2)过强的色彩刺激干扰了左右脑的平衡。婴幼儿期是大脑发育和分化的重要时期，通过神经联结，使得左右脑的功能分区并建立平衡。电子产品的声、光、电和画面的视听觉刺激长时间持续，对儿童来说，不啻一种外部损害因素，这些刺激只能激活脑区内比较原始的区域，比如中脑、脑干和边缘系统，无法刺激大脑皮层中掌管思维的脑区。思考脑区需要5～10秒的反应时来处理刺激，而大部分电子产品提供5～6秒的节目，广告甚至在2～3秒内就切换了内容，像一道快速闪过的闪电，思维脑区根本来不及做出反

应，更无法通过思维活动来强化脑区的逻辑思维发展。最终，儿童失去了思考能力和习惯，在电子产品面前，他们显得比较愚笨和退缩，无法形成独立的思考和判断。

(3)看习惯了电子屏幕，眼睛会变懒，不愿意看纸质的材料。电子产品不仅抢夺儿童的阅读时间，还破坏儿童的视觉系统的发展。盯着屏幕，儿童的眼球很少运动，不需要来回移动，导致儿童的浏览能力停留在较低的水平。书本阅读需要视线上下左右移动，视线扫描一样地搜寻、浏览、对焦来录入信息和提取信息。

(4)电子产品更丰富的内容、花样翻新的吸引策略，牢牢地抓住许多儿童的兴趣和好奇，使得他们习惯于停留在刺激环境中，接受被动学习，而无法形成自发性的学习习惯。在书本学习中，遇到了困难或需要更多的意志力时，他们往往精神崩溃、情绪失控，对学习丧失兴趣，厌学和逃学情况严重。如果没有家长辅导和干预，他们会逐渐放弃书本。很自然地，他们会进入和寻求吸引力更大的网络世界。也难怪耶鲁大学的电视与儿童专家辛格大声疾呼，“在学习与阅读习惯完全培养好之前，最好完全不要看电视”。

(5)电子产品会带走儿童的想象力。当孩子陷于电子产品提供的海量信息和各类娱乐放松活动时，他们的心智不需要更多地培养。电子产品经过精心打造，可以将成人制造的影像投给儿童，他们不需要费心竭力地独自构思和想象，只要像一个木头人一样看着，变得越来越依赖外来的力量，想象力得不到充分的训练和开发，日益干涸而枯竭。国外把这种爱看电视，又不会交往和学习的孩子叫作“沙发土豆”。

德国儿童心理学家皮特·温特斯坦及罗伯特·J. 琼维斯，用三组儿童使用电视机的对照试验，揭示了看电视对儿童创造力的伤害。最终他们宣布，孩子看不看电视，创造力的高低水平差距相当明显。为了证明这一观点，他们实施了一个“电子保姆”的教育对照实验。

他们选取了三组 5 岁的儿童做对照，实验条件是第一组几乎没有机会看到电视，第二组儿童每天看 3 小时以上的电视节目，第三组儿童看电视的内容和时间，完全遵照儿童的自由。然后让三组儿童进行“画人”测验，结果发现：第一组儿童画的人物，身体结构完整，有较为丰富的细节，人物的构图比例恰当；第二组儿童画的人物，具备基本的身体结构，但人物构图过于简单，缺少联结部分，人物图像简单幼稚；第三组儿童画的人物，人物结构的部件是零散的、缺乏连接，且无法画出一些重要部位，心理发展水平非常低下，这反映出缺乏父母陪伴和心理养育的儿童，心理发育是滞后的，不仅显得行为笨拙、反应迟钝，而且缺乏细致的观察力、绘图能力和思考力，可以清楚地看到，“电子保姆”在养育孩子过程中的消极作用比较明显，严重地损害儿童的智力发育和心理成长。

第一排小人是每天看电视时间不超过1小时的孩子画的。

第二排小人是每天看电视超过3小时的孩子画的。

第三排小人是那些看电视时间和内容不受限制，显然是被电视内容吓到过的孩子们画的。

图 3-1　看电视时长不同的儿童的绘画作品

因此，在众多教育家看来，家长必须帮助孩子取得正确使用电子产品的“驾照”，就是要限制智能电子产品的使用权限和时间，告诉孩子电子产品存在的弊端和益处，也不是一边倒地否定或绝对支持，要做到以下两点。一方面，父母要在孩子学会使用各类电子产品之前，对他进行使用的教育。家长要告诉孩子，电子产品是有多种功能的，可以让人更好地学习，也可以做娱乐放松，还可以做许多有趣的社交活动。总之，主动权要在家长的手中，比如孩子开始上网时，家长要坐在他的身边，告诉他该如何选择合适的网站和内容。上网和看电视的时间有严格的控制，不得违禁，立规矩是一个重要的约束条件。有些国家的管理制度非常有效，比如基础教育质量过硬的芬兰，就允许 7 岁以上的儿童使用特制的、专供学习辅导所用的手机，而不是供成年人使用的普通手机。另一方面，要求父母以身作则。孩子在家时，家长不得长时间地看电视、用电脑上网或手机冲浪，成为一个典型的数字控和低头族，而要为孩子的健康发展做出一些牺牲，比如带着孩子做游戏、讲故事、做手工等，从现实活动中找乐趣，让孩子不会因为孤独、无所事事而醉心于电子产品。

家长不要在孩子的房间里装上各类数字设备，不要给孩子一个轻易就能接触到电子产品的机会，避免孩子在虚拟社会里找温暖、关心、接纳和归属感。在家庭氛围比较和谐开明的家庭内，可以鼓励留守儿童合理地使用电子产品；而对于那些对孩子没有形成必要的约束力，孩子本身又没有控制能力的家庭，要尽量推迟孩子使用电子产品的时间。

第三节　幼儿园教养状况及影响

当前，我国政府把幼儿教育纳入国策的范畴，尤其是作为学校教育制度重要组成部分的学前教育，其质量将影响学校教育的总体质量。幼儿园是学前儿童接受教育的社会教育机构，农村幼儿园的教养和管理水平的质量直接关系到留守幼儿心理发展的水平。

一、幼儿园教育的重要意义

生态心理学家布朗芬布伦纳曾说，儿童发展的生态环境包括大环境、外环境、中环境和小环境在内的四个成分。① 小环境是最为重要的一个结构，这是儿童可以直接参与，承担社会角色和发展各种人际关系的教育生态圈。家庭和幼儿园为幼儿社会化提供了不可或缺的心理成长空间，让幼儿能够形成和发展亲子关系、同伴关系和师幼关系三种最为重要的早期人际关系。对学前留守儿童而言，最基础、最核心的亲子关系没有办法长久维持，留守家庭功能不全，无法为他们提供最坚实的心理保障。那么幼儿园作为一种次重要的、社会化的教育环境，构建的师幼关系和同伴关系，就能作为一种替代性情感，为幼儿的心理健康和社会适应发展形成一种保护性的心理救助因素，代偿性地抵消一部分亲子关系缺失带来的心理损害。

农村幼儿园所承载的社会职能，早已不仅仅是为在外打工的父母提供一个临时照看孩子的地方，履行父母无暇亲自教养下的“保姆”职能，更重要的社会功能是在留守儿童的幼年阶段，给农村幼儿“扣上人生的第一粒扣子”，打下构建未来人生宽度、广度和深度的基础，为他们的身心成长提供一个健全的成长空间。通过交流、互动、游戏、心理卷入等，使留守儿童、留守家庭与社会保持必要而紧密的联系，使得社会力量可以渗透进家庭功能残缺的留守家庭，让留守儿童获得同等的发展机会，这会正面影响留守儿童的成长过程，最终形成社会共育、个人发展与国家未来紧密联结的过程。

二、农村幼儿园对留守幼儿的教养现状

农村幼儿园是农村留守幼儿参加集体活动、发展社会性的重要教育机构。幼儿园的教养和管理水平的质量直接关系到留守幼儿心理发展的水平。根据《幼儿园工作规程》要求：“幼儿园应在各项活动的过程中，根据幼儿不同的心理发展水平，注重培养幼儿良好的个性品质……促进幼儿的能力和个性的全面发展。”多项研究结果证实：良好的个性是一个人适应社会的基本条件，更是一个人心理健康的重要标志。

然而，当前农村幼儿园对留守幼儿的保教状况不容乐观。很多幼儿园的园舍条件简陋，教育设施也比较欠缺。有些幼儿园甚至没有取得办学资格，

---

① 李丽：《布朗芬布伦纳的人类发展生态学理论对幼儿教育的影响》，载《新校园（中旬刊）》，2014(6)。

幼师也没有获得相应的教师资格证和教育培训经历。“农村3－6岁留守儿童心理健康促进项目组”①调查了浙江、甘肃、重庆等地的农村幼儿园，发现被调查的大班幼师年富力强，年龄为22～46岁，平均年龄为29.46±5.81岁。幼师的工作年限跨度大，最短为从业1年的新手，最长为具有17年教学经验的老幼师，平均工作年限为4.49±3.81年。这些调查结果都反映出幼师的队伍较为年轻，同时也说明从业经验较短。经过大力发展普惠性幼儿园及提升质量的改造，高中及以下学历的幼师仅占9%，大专和本科学历的幼师各占52%和39%。幼师的教育素质有了很大的改善，这对留守幼儿的早期教育是一个积极因素。

有些家长为了不耽误孩子的早期教育，干脆咬牙投入重金，把幼儿送进了全脱产的寄宿制幼儿园，这种低龄化的抚育外包服务真的能够满足留守儿童的成长需要吗？如果与祖父辈都不能经常见面，学前留守儿童真的能适应这种缺乏亲情的生活吗？

从现有的多项研究来看，寄宿制幼儿园的确能够承担部分家庭的职能和责任，可以给幼儿提供吃饭、休息、安全、健康保健、学习和管教等方面的服务，可以规范学前儿童的不良行为，传递一些亲社会的行为规范。学前儿童也能就近接受正规的早期教育，在与同伴和幼师的互动中，学习社会交往法则和技巧。这些都可以弥补农村替代抚养者身上的最大软肋，满足农村家长害怕自己的孩子输在起跑线上的痛点。

但苏联教育家苏霍姆林斯基断然否定这种做法：“最好的寄宿学校也不能代替母亲。”许多学者也表达了同一观点，比如学者伊建莉认为家庭的温暖，特别是母爱，是儿童成长不可或缺的心理营养，这是社会机构无法给予的亲情。儿童和自己的生物学父母，不仅是一种基因传承，更是需要一种时间陪伴和照顾形成的心理相容和依赖。孩子越年幼，就越离不开父母的养育，需要更多陪伴和更高频次的心理互动，才能让儿童获得足够的安全感，有心理能量去探索外部世界。如果孩子被送到寄宿幼儿园，潜意识会滋生出自己不被疼爱，被父母所遗弃的低价值感，也会有怨恨和思念父母的矛盾情感，经常表现出孤独、悲伤、生气、委屈、依依不舍和躁动等负性情绪。

① 黄任之：《3－6岁农村留守儿童的心理健康现状及促进研究》，博士后出站报告，中国教育科学研究院，2016。

公益组织“歌路营”对寄宿制学校做了调查，并于2015年对外公布了《中国农村住校生调查报告》①，报告称许多孩子都寄宿，占儿童总数的55.4%。低龄学生在幼年就脱离了父母，得不到原生家长的抚育，他们缺乏独立生活的能力，无法做到生活和入园都能充分自理，因此心理、情感问题非常突出。住校的儿童需要生活老师给予精心照顾，比如他们不会盖被子，需要老师一晚多次起夜来给他们盖被子。晚上要是一个孩子因为想家、生病、苦闷而哭泣起来，往往带动一群儿童放声大哭，老师也只能费心安抚，但经常发现言语苍白，无法改变他们的现实场景带来的心理折磨，显得束手无策。孩子还会尿床、梦游，出现抽动症等。

2014年云南省的一项改革课题研究项目，撰写一份《5－10岁寄宿儿童状况调研研究报告》②，报告基于5593名学前班至三年级低龄段寄宿儿童的数据，数据统计结果表明，低龄儿童生活质量低于全体寄宿儿童，并在师生关系、躯体感觉、同伴关系、负面情绪、生活便利性、运动能力、自我满意度等多个维度低于全体寄宿儿童水平。低龄的小学生如此，超低龄的学前孩子的生活能自理吗？照顾他们的老师可以一对多应付这些孩子生活和情感上的需求吗？

让我们对这样的政策产生担忧的理由还在于，我国农村的学前教育是非常匮乏的，表现在幼儿园数量本身很少，内部的建设设施不足，同时幼教老师的人数较少，教育水平也较低。这样的情况之下，将大量留守儿童寄宿在幼儿园里，无疑将极大增加幼儿园的管理难度和老师的压力。

第四节　社会解组对留守幼儿社会性发展的极端隐患

“社会解组”一词首次出现是在美国人W.I.托马斯和波兰人F.兹纳涅茨基1920年合著的《身处欧美的波兰农民》一书中。社会解组理论是在20世纪20—30年代美国出现的经济大萧条和城市化进程加速背景下兴起的犯罪

① 歌路营：《中国农村住校生调查报告》，2015。

② 宁洱县人事局、宁洱县民政局：《5－10岁寄宿儿童状况调研研究报告》，2016。

社会学理论。主要代表人物有罗伯特·帕克(Robert E. Park，1886—1966)、克利福德·肖(Clifford R. Shaw，1896—1957)、欧内斯特·伯吉斯(Ernest W. Burgess，1886—1966)、亨利·麦凯(Henry D. Mckay，1899—1980)等，这一理论不同于强调个体差异的犯罪生理学、犯罪心理学理论，而是从社会结构解体和重构的角度分析犯罪的原因。代表性的观点有：

一是社会解组理论认为犯罪率与社会结构解体相关联。社会解体是导致犯罪率提高的原因，社会发展产生一系列结果如都市化、人口流动频繁、人际交往减少、文化多元性等，使得原本的社会关系趋于解体，犯罪率随之增高。① 二是社会解组理论强调社会解组导致社会控制减弱。在被解组的社区中，社会控制的主要来源——家庭、学校、商业团体、社会服务机构——的原有状态被打破，也处于解组状态，因而人们在缺少约束和监督的环境里更可能犯罪。也就是说，社会解组与犯罪之间存在一个中介因素即社会控制，社会解组是通过影响社会控制从而导致了犯罪率的上升。② 三是犯罪率与社区生态特征相关联。如果居民所生活的社区被解组，其生态特征即处于混乱、剧烈变化中，且稳定时间短暂，这些社区正常的社会生活组织受损，不能为社区居民提供必要的社会服务，如教育、卫生、住所，进而出现严重的失业、单亲家庭、贫困儿童等问题，这些社区的犯罪率会增高。③

我国正处在社会转型期，城乡二元结构体制引发了社会结构的变化甚至解体。留守儿童之所以不同于非留守儿童群体，是因为其父亲、母亲或者父母双方因外出务工而造成家庭成员缺位、家庭结构失衡，家庭生活方式、生活内容、家庭成员互动模式改变，也就是家庭形态出现异化。而儿童所在的地区由于大面积出现人员外流导致社区人员结构的变动，进而引发农村社会生活方式、社会文化、社会控制的改变，原有的社会互动形态因为大量父母外出务工造成家庭角色的缺位而出现不同程度的解组。这种生存环境的改变，引发了家庭养育、社会机构教育、社会福利保障等方方面面的连锁反应，进而使得留守儿童成为一个特殊的群体。留守儿童的家庭结构与成长环

① 夏玉珍：《犯罪社会学》，38页，武汉，华中科技大学出版社，2014。

② 匡红宇：《犯罪学视野中社会解组理论的学术史研究》，载《中外企业家》，2006(17)。

③ 熊海燕：《社会犯罪学的原因理论》，38页，北京，知识产权出版社，2015。

境被解组，完满家庭与正常社会化的价值观念发生异化，在其社会性发展关键期，周遭环境发生社会解组，而幼儿园、学校、社会的相关功能未能补全其社会性发展的需要，留守幼儿的社会性发展必然受到影响，甚至造成社会性发展的隐患，导致社会化失败，在青少年期甚至成年后出现恶劣后果，甚至触犯法律被判入狱。

胡彩云、韩丽娜从社会解组理论的视角，对我国中部某省三所监狱的服刑人员展开研究，把有留守经历的罪犯作为一个分析群体，比较其与没有留守经历的罪犯之间家庭与社会背景的差异，从而揭示由于父母外出务工所造成的社会解组结果，以及在这种生存背景下的留守经历与幼儿成年后社会性发展极端失败，即犯罪之间的关联。比对两个不同群体的外部差异之后，研究者进一步分析了留守群体内部的背景差异，剖析留守群体中不同的留守情况及不同的背景差异，这些差异是否会造成社会性发展隐患。

一、留守与非留守犯罪群体的社会解组背景差异

该研究主要从家庭背景、家庭软环境、幼年抚养情况、社会关系、负面遭遇等几个方面，比较留守儿童生存的社会解组状况与非留守儿童生存的社会状况之间的差距。其中，家庭软环境主要考察父母婚姻状况、父母关系、父母负面经历；幼年抚养方面包括不同年龄段的抚养人、陪伴情况、父母的关心情况等；社会关系包括罪犯与他的母亲、父亲、爷爷奶奶、姥姥姥爷以及其他抚养人的关系，社会支持系统等；负面遭遇主要指暴力与性侵害。

(一)罪犯家庭背景差异不大

研究结果发现，就家庭背景而言，留守罪犯与非农民工子女的父母的职业、学历、家庭经济状况的差别不大。父母职业方面，有过留守经历的农民工子女其父亲有一半，母亲有 70%左右是农民；父亲有 25%，母亲有近 10%是工人；父亲有近 7%，母亲有 4.5%为个体商户主或私企老板；此外其余各类职业比例较少。父母学历方面，服刑人员总体样本有 30%的父母只接受过小学教育；30%的父母只接受过初中教育；父亲有高中学历的占到 20%，大专以上的不到 6%；母亲有高中学历的为 15%左右，大专以上的不到 5%。此外，还有 10%的父亲是文盲，近 20%的母亲是文盲。家庭经济方面，差不多 50%的家庭为一般经济条件，即满足普通的吃穿；家庭经济较好

的占25%左右；还有近20%的家庭经济状况较差，艰难度日；富裕的家庭占3%左右。

(二)罪犯家庭软环境方面的差异显著

研究从父母的婚姻状况、父母之间的关系、父母负面背景以及罪犯与抚养人之间的关系几个方面对罪犯的家庭软环境进行调查。结果表明，留守罪犯与非农民工子女罪犯的家庭软环境存在显著差异。

父母婚姻状况方面，留守罪犯中其父母离异比例为17.8%，高出非农民工子女罪犯6%；在其0～3岁时父母离异的比例为6.7%，高出非农民工子女罪犯1%，在其3～6岁父母离异的高出0.8%，6岁以后父母离异的高出4%。

父母关系的比较发现，留守罪犯中罪犯的父母关系远不如非农民工子女罪犯，前者父母关系很好的仅占全部的50%，后者占到67%以上。而父母经常吵架的前者高出后者6.3%，经常打架的高出3%，父母之间有严重家庭暴力的高出1.3%，冷漠互不关心的高出1%。

该研究从父母是否酗酒、赌博、服过刑、吸毒等方面调查其父母的负面经历。研究结果表明，绝大多数的父母双方都没有这些负面经历(69%以上)，但卡方检验表明，两个群体的父母相比较而言，留守罪犯父母的负面经历明显比非农民工子女罪犯父母严重。具体来看，父母双方都没有过以上四个方面负面经历的，前者比例明显低于后者，其中父母双方都没有酗酒、赌博的前者比后者少10%，没有服刑经历的少4%，没有吸毒的少1%。父亲酗酒的比例前者比后者高出10.7%，赌博的高出5.6%，服刑的高出3%，吸毒的高出1%。母亲负面经历的整体比例都比较低，不超过3%，但两个群体相比，母亲酗酒的高出0.3%，赌博的高出1.5%，服刑的高出0.6%，吸毒的高出0.3%。父母双方都赌博的前者高出后者2.7%，都服过刑的前者高出后者0.4%，而父母都酗酒、吸毒的比例没有差异。

(三)幼年抚养方面差异显著

从幼年抚养情况来看，在0～3岁、3～6岁、6岁以上三个年龄段中，有过留守经历的农民工子女罪犯由父母两人抚养的基本为50%，而非农民工子女在75%以上。有过留守经历的农民工子女由母亲一人抚养的占25%～

27.5%，高出非农民工子女罪犯12%以上。由父亲一人抚养，或者由爷爷奶奶、姥姥姥爷、兄弟姐妹等人抚养的情况比较发现，有过留守经历的农民工子女罪犯的比例均明显高于非农民工子女。

父母的陪伴状况的分析发现，有过留守经历的农民工子女罪犯能天天见到父亲或母亲的比例从3岁以前的84%到3～6岁降到73%，而到上学后则不足60%。因此，不同间隔周期能见到父母的比例则随着年龄的增长而降低。一周见一次或半个月到一个月见一次面的比例随着年龄的增长越来越高，3岁之前约4%能在一个月之内与父母见一次，3～6岁时约7%，而到上学之后，一周见一次的增长到14%，半个月到一个月见一次的为8.7%。而一年以上才能见一次面的，3岁前有2.5%，3～6岁的有3.4%，上学后的有4%。卡方检验显示，有过留守经历的农民工子女罪犯与非农民工子女罪犯，其父母对他们的陪伴状况无论是在3岁前、3～6岁之间还是上学以后都显示出显著的差异。前者能与父亲或母亲天天见面的比例均明显低于后者，而无论间隔多长时间能与父母相见的比例则均高于后者。

父母对其关心的情况方面，总体上来讲，三分之二以上的父母能够从各方面关心他们，但卡方检验表明两个群体的父母相比较而言，有过留守经历的农民工子女的罪犯其父母对子女的关心水平明显比非农民工子女罪犯父母低。具体来看，父母各方面都关心的，大约在10%，但前者比后者少10.3%；而父母不关心的，前者比后者多2%；父母只关心学习的，前者比后者多5%；只关心生活饮食的，前者比后者多2%；关心心理和情感的，比例基本在1%以下，前者比后者少0.7%。

(四)罪犯社会关系差异显著

该研究通过调查罪犯与他的母亲、父亲、爷爷奶奶、姥姥姥爷以及其他抚养人的关系，社会支持系统，来揭示其与家庭成员的关系。研究结果表明，大部分罪犯与家庭成员的关系很好，卡方检验表明，有过留守经历的农民工子女的罪犯与其家庭成员的关系远不如非农民工子女罪犯。具体来看，与家庭成员关系很好的比例中，前者与后者差距最大的是与父亲的关系(相差14%)，其次是和姥姥姥爷以及母亲(相差约10%)，再次是和其他抚养人(约8.7%)，最后是和爷爷奶奶(相差约5.7%)。有过留守经历的农民工子女的罪犯与家庭成员关系一般的比例和关系不好的比例明显高于非农民工子

女罪犯。比例差距在2.2％～9.9％之间不等。

从遇到困难时选择的求助对象以及他们的仇视对象可以从某种程度上看出罪犯的社会支持系统。研究结果表明，从整体上来看，一半左右的罪犯在遇到困难时选择找父母来帮忙。但卡方分析表明，留守罪犯与非农民工子女罪犯的社会支持系统有显著差异，他们对父母的求助比例比非农民工子女少9％，对朋友的求助比非农民工子女多2％，而遇到困难根本不求助的比例为28.2％，比非农民工子女多近6％。从罪犯的仇视对象来看，总体上，70％左右的罪犯没有明确的仇视对象，卡方检验显示，留守罪犯与非农民工子女罪犯有显著差异。前者没有仇视对象的比例比后者低9％，而前者仇视母亲的比例为4.6％，高出后者2％～3％；仇视父亲的比例为4.3％，高出后者近2％。

(五)罪犯的幼年负面经历有显著差异

半数以上的罪犯在幼年没有遭受过严重打骂，但卡方检验显示，留守罪犯的经历与非农民工子女罪犯有显著差异。前者没有遭受过家庭严重打骂的刚刚超过总群体的一半，比后者少12％；有过严重打骂的占24％，超过后者7％；经常遭受家庭严重打骂的近6％，高出后者2.5％。在学校没有遭受过严重打骂的，前者占到62％，比后者少14％；在学校遭受过严重打骂的占20％，超过后者近7％，在学校经常遭受严重打骂的占到近4％，超过后者2％。关于遭受性侵害的调查表明，97％左右的罪犯在幼年时没有遭受过性侵害，且二者差异不显著。

二、留守群体内部社会解组程度的差异

(一)留守方式的差异

从留守方式来看，罪犯的父亲一人在外打工的占74.3％，母亲一人在外打工的占1.6％，双亲一直在外打工的占24.1％。不同留守方式的罪犯其家庭环境各不相同。

一是家庭背景。父亲一直在外打工的罪犯，其父亲学历、母亲学历比例最高的都是小学(约占三分之一)，其次是初中学历，母亲还有22％的比例是文盲。双亲一直在外打工的罪犯，其父亲学历、母亲学历比例最高的都是初

中，其次是小学。父亲一直在外打工的罪犯，其父亲职业有一半是农民，三分之一是工人；母亲有84%是农民。双亲一直在外打工的罪犯，其父亲职业有30.3%是农民，26%是工人，母亲有34%是农民，24%是工人。经济状况方面，父亲一直在外打工的罪犯家庭经济状况一般的占到60%，较好的占20%，很穷艰难度日的接近20%。双亲一直在外打工的罪犯家庭经济状况一般的占一半，较好的占到30%。

二是家庭软环境。父母婚姻状况方面，父亲一直外出打工的罪犯，父母离异比例为12.8%，而双亲一直外出打工的离异比例为17.3%。父母关系的比较发现，父亲一直外出打工的罪犯与双亲一直外出打工的罪犯比例基本接近。关系一般或者经常吵架的比例达到30%以上。父母的负面经历方面，父亲在外打工的罪犯，其父酗酒或赌博、或服过刑的比例比双亲一直在外打工的罪犯比例均高出3个百分点左右；双亲都酗酒或赌博、或服过刑的，双亲一直在外打工的罪犯比例高出父亲一直在外打工罪犯比例约2.5%。双亲一直在外打工的罪犯，其父母都吸毒的比例高出父亲一直在外打工罪犯的比例约2.5%。

三是幼年抚养。父母与留守罪犯早期陪伴的情况比较发现，双亲一直外出打工的罪犯，无论是3岁前的陪伴、3～6岁的陪伴还是小学以后的陪伴，各个间隔段的比例均高于父亲一直在外打工的罪犯比例。尤其是一年及一年以上见一次面的比例高出7个百分点左右。父母对自己的关心情况方面，父亲一直在外打工的罪犯，父母的关心比例最高的就是只关心学习成绩，约占到14.2%，其次是只关心生活饮食，占到8.6%，而不关心的占到6%。双亲一直在外打工的罪犯，有11%的父母不关心孩子。只关心学习或者只关心生活饮食的都在9%左右。

四是社会关系。与母亲的关系方面，留守罪犯的情况基本一致。与父亲的关系方面，父亲一直在外打工的罪犯，与父亲关系一般的比双亲一直打工的比例高出近7%；而与父亲关系不好的罪犯，双亲一直在外打工的比例比父亲在外打工的高出3.4%。与爷爷奶奶的关系方面，双亲一直外出打工的罪犯，与爷爷奶奶关系很好的比例高出父亲一直外出打工的罪犯约25%。与抚养人关系很好的，双亲一直外出打工的罪犯比例高出父亲一直外出打工罪犯比例约10%。遇到困难的求助对象方面，双亲一直在外打工的罪犯有更多地比例求助于爷爷奶奶或姥姥姥爷，或者求助于朋友。仇视对象方面，双亲

一直外出打工的罪犯仇视妈妈、仇视爸爸的比例比父亲一直外出打工的罪犯比例高出近4%。

五是幼年负面经历。父亲一直外出打工的罪犯，在幼年时在家庭内遭受过打骂、学校内遭受过打骂的比例高于双亲一直外出打工的罪犯。

(二)留守年龄的差异

从留守年龄来看，0～3岁时留守的占3.1%；3～6岁留守的占19.3%；0～6岁留守的占64%；小学以后开始留守的占13.5%。

一是家庭背景。在所有留守罪犯中，父亲学历为初中、0～3岁留守的比例最高，接近44%。其次是父亲学历为小学，同时于小学之后开始留守的罪犯，比例为35%。母亲学历方面，3～6岁留守的罪犯，母亲学历为小学的比初中的高8%，小学后开始留守的罪犯，母亲学历为小学的比初中的高17%。父母职业方面，小学后开始留守的罪犯，其父母是农民的比例比其他年龄段留守的罪犯比例高10～20个百分点。家庭经济方面，0～3岁留守的罪犯，其家庭经济很穷艰难度日的比例明显高于其他年龄段留守的罪犯。

二是家庭软环境。父母婚姻状况方面，3～6岁留守的罪犯，父母离异的比例比其他年龄留守罪犯高出约10%。3～6岁留守的罪犯，父母经常吵架的比例比小学开始留守的罪犯比例高5%，比0～3岁留守的罪犯高11%。小学以后留守的罪犯，其父亲酗酒、赌博或者服过刑的比例比其他年龄留守的罪犯比例高。

三是幼年抚养。幼年陪伴方面，3～6岁留守、小学开始留守的罪犯，每周能与父母见一次面的比例一般都高于0～3岁留守的罪犯。照料人方面，各年龄段情况比较接近，相差不大。

四是社会关系。小学以后开始留守的罪犯与母亲、父亲、爷爷奶奶及抚养人关系很好的比例高于其他年龄段；3～6岁留守的罪犯与母亲、父亲、爷爷奶奶及抚养人关系一般的罪犯比例高于其他年龄段；0～3岁留守的罪犯与父亲、爷爷奶奶关系不好的比例高于其他年龄段。遇到困难后的求助对象方面，0～3岁留守的罪犯有更高比例的群体求助于爷爷奶奶或姥姥姥爷。0～3岁留守的仇视母亲的罪犯比例与仇视父亲、爷爷奶奶或姥姥姥爷的比例高出约3%，其中3～6岁时留守的罪犯仇视母亲的比例高达6.8%。

五是幼年负面经历。3～6岁留守的罪犯与其他年龄段相比，有更高比例的群体在家庭中遭受过严重打骂。3～6 岁留守的罪犯在学校遭受过严重打骂的比例高出小学后开始留守的罪犯约 7%。

三、社会解组引发社会性发展隐患的早期防范

总的来说，留守与非留守的群体其社会生活背景有着明显的差异，而留守群体内部，其社会解组的程度也各不相同。针对不同留守儿童的特点和隐患，相关部门及人员应予以诊断式的点状支持。

(一)3 岁之前应尽量避免任何形式的留守

3 岁之前是亲子依恋和婴儿建立安全感的关键时期。如果在这个阶段父母长期外出，婴儿无论是在饥饿、害怕还是哭泣时，都无法得到父母的支持、回应、疼爱与温暖，无法与自己的父母形成稳定的依恋、信任关系，那么他们将从小在心灵中埋下孤单、害怕、冷漠的种子。幼年留守而成年后犯故意杀人罪的人员，超过半数曾在 0～3 岁时有过留守经历，说明 3 岁之前留守的隐患造成了人成年后的极度冷漠，从而对威胁他人安全、剥夺他人生命视若无睹。因此，父母在孩子 3 岁之前，应尽量避免外出务工。

(二)双亲同时外出最不可取

双亲同时外出造成父母同时缺位是所有留守方式中隐患最严重的，该群体中犯故意伤害罪、诈骗罪以及强奸罪的人员比例最高。双亲一直外出务工造成他们错过了父母陪伴孩子的最佳时期，儿童普遍缺乏自信，事实上的无父无母状态让儿童长期处于被遗弃、被忽略的压抑状态。这类孩子长大以后，通过故意伤人、诈骗、实施强奸等行为恢复自信、重拾自我或发泄心中的怒火，释放长期积累的攻击欲望。因此，家长要尽量避免父母双方同时外出的情形发生。

(三)留守期间的心理补足——信任与安全感

根据从幼年留守到成年犯罪的特点可以看出，幼年时期留守经历造成的不信任、不安全感延续到成年后被激化，因此他们更多地表现出对他人的不信任，对周围环境与人的不安全感。信赖缺失与惶恐不安的心境会进一步滋长各种负面的心理与情绪，如焦虑、抑郁、自卑、暴躁、冷漠、过激等。这

些负面的情绪则容易诱发成年后的犯罪行为。因此在幼年留守期间，家长、幼儿园及学校要注意对留守儿童的心理关爱，为他们创造温暖、温馨的生活环境，提高生活的安全感与幸福感；增加父母与孩子沟通的频率、延长沟通的时间、注重沟通的质量，增强儿童的家庭归属感；正面激发儿童自信、互助、开朗、乐群的积极心理品质。

(四)留守隐患的早期防范——疏导攻击性

由于父母不在身边，留守儿童常被认为是“好欺负的”，所以孩子有可能遭受过校园欺凌。当留守儿童潜意识中认为自己受到威胁或有可能受到威胁时，身体就将呈现保护状态。为了“保护”自己，留守儿童很可能会选择“以暴制暴”，轻则争吵、辱骂或搞小破坏，重则打架、械斗或恶性伤害。童年时期的行为判断和行为选择很有可能习惯性地延续到成年。因此，家长、幼儿园及学校要注意正确引导留守儿童的同伴关系，帮助他们习得健康的社会交往方式，建立和谐的人际关系。尤其是在遇到冲突时，要引导孩子学会如何调控情绪、理智应对问题、化解矛盾，并通过合理的途径疏泄消极情绪。这样能够让儿童养成理智控制情绪的习惯，避免从小攻击成性，成年后酿成大祸。

第四章
留守幼儿心理健康的现状

第一节　学前留守儿童的自我认知

学前儿童期是社会性发展的重要时期。这个时期最突出的特点是学前儿童由无意识向有意识发展，体现为自我生理的成熟和心理的成熟两个方面。其中，心理逐渐成熟主要是由于学前儿童的个性倾向和自我意识的迅速发展，使学前儿童心理发生了质的变化，其中自我认知的发展是自我个性心理发展的核心内容。

一、关于自我认知的概述

关于自我认知的界定，国内学者有多方面探讨与研究。自我认知有广义和狭义之分，广义的自我认知等同于自我意识，它包含认知、情感、意志三个成分；而狭义的自我认知不同于自我意识，一般指个体对自己多方面觉知的总和，是个体对自己的整体认识。

西方最早的比较系统地研究自我认知的是心理学家威廉·詹姆士，他认为自我认知是人对自己能力的体察与评价，包括认知能力、运动能力、人际交往能力等，他从客体自我结构的角度解释了自我所具有的身体自我、物质自我、社会自我和精神自我四个层次。现象学者罗杰斯提出自我认知是个人现象场中与个人自身有关的内容，包括个人自我觉知的组织系统、看待自身的方式等。美国心理学家布鲁诺认为自我认知是个体对自己的人格所做的总体评价。国内学者也曾讨论过自我认知的定义。朱智贤教授在《心理学大词典》中提出，自我认知又称自我观念（self-concept），是一个人基于自我意识的知、情、意的统一，对自己的个性进行自我调节的心理系统，它是个性心理面貌的重要组成部分。心理学家张春兴认为，自我认知是个体对自己各方面的知觉，其中包括个体对自己的性格、能力、兴趣、欲望的了解，个人对他人和环境的关系，个人对处理事物的经验，以及对生活目标的认识与评价等。黄希廷提出自我认知是个人对自己所有方面的多维度多层次的觉知，具有评价性。张文新提出自我认知与自尊、自我控制合起来构成个体自我系统。

二、"自我认知"测查设计

"农村3—6岁留守儿童心理健康促进项目组"①，2015年以河南省为例，共测查有效样本计774人次，其中非留守幼儿共计301人，占总样本的38.9%，男女幼儿基本各占一半；留守幼儿共计473人，占总样本的61.1%，男幼儿约占52%，女幼儿约占48%。该研究采用了测查法，对自我认知的测查主要包括学前儿童认识自己、认识家人的情况，测查的项目包括：学前儿童是否了解自己的喜好以及优势和不足、是否了解爸爸妈妈的职业和喜好等。

该测查选取幼儿熟悉又相对安静的场所，采用主试与被试一对一访谈的形式，主试逐一提问、进行情境访谈，并将儿童回答内容详细记录在记录表中，然后根据评分标准判断和记录幼儿得分。该研究测查结果显示，农村留守学前儿童的自我认知发展与非留守儿童相比有一定的差距。

三、学前留守儿童的自我认知

(一)学前留守儿童对自己的认识

关于学前儿童对"自己最喜欢什么"的调查显示，从总体上看，大多数学前儿童对自己的了解已经达到了较好的水平。有93.7%的学前儿童能够清楚地说出自己喜欢什么，86.3%的学前儿童能够清楚地说出自己不喜欢什么，71.2%的学前儿童能够清楚地说出什么是自己最棒的，63.6%的学前儿童能够说出自己哪里做得不好。而对于自我概念的具体内容，对正面内容的了解好于对反面内容的了解，即能说出自己喜欢什么的比能说出自己不喜欢什么的比例高；能说出自己最棒的比能说出自己哪里不好的比例高。

---

① 黄任之：《3—6岁农村留守儿童的心理健康现状及促进研究》，博士后出站报告，中国教育科学研究院，2016。

表 4-1 留守学前儿童与非留守学前儿童对自己的认识 单位：100%

	自己喜欢		自己不喜欢		哪里最棒		哪里不够好	
	不能说出	能够说出	不能说出	能够说出	不能说出	能够说出	不能说出	能够说出
留守学前儿童	7.8	92.2	16.5	83.5	38.3	61.7	45.9	54.1
非留守学前儿童	4.0	96.0	9.3	90.7	14.0	86.0	21.6	78.4
总体	6.3	93.7	13.7	86.3	28.8	71.2	36.4	63.6

学前儿童自我概念发展的不足主要可以从其无法说出、无法回答此类问题的比例中体现出来。整体上看，无法清楚地说出自己喜欢什么、无法说出自己不喜欢什么、无法说出自己最棒的、无法说出自己哪里做得不好的儿童比例从 6.3%递增到 36.4%。由此可以看出，学前儿童对自我的认识好于对自我的评价，学前儿童正向自我概念的发展优于反向自我概念的认识。

对比不同类型学前儿童发现，留守学前儿童的表现与非留守儿童有一定的差距。例如，留守学前儿童无法清楚说出自己喜欢什么的比例为 7.8%，远高于非留守学前儿童(4%)。关于自己不喜欢什么方面，留守学前儿童无法说出自己不喜欢什么的比例为 16.5%，高出非留守学前儿童 7.2%。关于自己最棒的是什么方面，留守学前儿童无法说出自己什么最棒的比例接近 40%，而非留守学前儿童为 14%。关于自己哪里做得不好方面，留守学前儿童无法说出自己哪里做得不好的比例高达 45.9%。

(二)不同留守状况学前儿童对自己的认识

为进一步了解留守学前儿童自我概念发展的具体情况，本研究从以下几种留守状况具体分析幼儿的社会性表现：父母外出情况、亲子互动情况、照料者情况，以及家庭经济情况。其中父母外出情况主要考察外出的人员、打工地点的不同。亲子互动情况主要考察留守幼儿与家长见面的频率、通话的频率等。照料者方面主要考察主要照料者的身份、学历、职业。家庭经济状况主要考察其家庭经济的好坏。

对比不同留守状况的学前儿童发现，无法说出自己喜欢什么的学前儿童，比例比较高的是家庭经济比较差的、与父母见面频率为三个月的、父母外出打工地点在外省的群体；而能够说出自己喜欢什么的学前儿童，比例较高的是与父母见面频率为一周一次的群体。

不能说出自己不喜欢什么的学前儿童，比例较高的是与父母见面频率为半年的、父母外出地点在本省或省外的群体；能够说出自己不喜欢什么的学前儿童，比例较高的是与父母见面频率为一周一次的群体。

不能说出自己哪里最棒的学前儿童，比例较高的是家庭经济较差的、与父母见面频率为半年的、父母外出地点在本省或省外的，以及父母双方均外出的群体；而能说出自己哪里最棒的学前儿童，比例较高的是父母外出地在本县、市的群体。

不能说出自己哪里不够好的学前儿童，比例较高的是与父母见面频率为半年的或三个月的、父母外出地点在省外的群体；能说出自己哪里不够好的学前儿童，比例较高的是家庭经济较好的群体。另外，照料人学历的高低对于学前儿童不能清楚地说出自己喜欢什么的影响不大，比例比较接近，均占6％左右。

表 4-2　不同留守状况自我概念发展特点　　单位：100％

留守状况		自我概念(无法说出)			
		自己喜欢	自己不喜欢	哪里最棒	哪里不够好
外出人员	父亲	8.4	16.1	37.8	46.9
	父母	8.1	19.4	41.3	46.9
外出地点	本县市	7.0	8.3	33.8	38.9
	本省	7.4	21.5	41.7	46.0
	外省	9.5	20.3	40.5	54.7
见面频率	一周	4.2	7.6	36.1	39.5

四、学前儿童对爸爸、妈妈的认识

(一)学前儿童对爸爸、妈妈的认识

丁同芳、孙德玉(2009)在《安徽省全椒县农村留守幼儿家庭教育现状调查》中曾提出，幼儿期是儿童动作、语言、认知、情感、社会性、个性等身

心各方面萌发的时期，是人生发展的起步阶段。然而，农村许多地区人口逐渐减少，且以老人居多，留守幼儿人际交往和说话的机会少，有时找个同伴都难，许多孩子只能待在家里看看电视，这对孩子社会性和个性的发展不利。大部分老人平时很少与孩子交流，与孩子的谈话仅限于“什么能做，什么不能做”等简单的生活用语。① 留守学前儿童的照料者更多地只关注儿童的生活、生理方面的具体内容，留守学前儿童在日常生活中与成人交流内容的丰富性有很大的局限。与非留守儿童相比，他们谈论自己的喜好、对自我进行评价的机会更少，他们关注爸爸妈妈工作、了解爸爸妈妈喜好的机会更少，因此对自我概念的建立与发展更为不利。

关于学前儿童对“爸爸的工作是什么”的调查显示，87.9%的学前儿童能够说出自己爸爸的工作是什么，12.1%的学前儿童不能说出自己爸爸的工作是什么。对比发现，留守学前儿童不能说出自己爸爸工作的比例为14.2%，高出非留守学前儿童5.2%。关于学前儿童对爸爸喜欢什么方面，77.9%的学前儿童能够说出爸爸喜欢什么，而22.1%的学前儿童不能清楚地说出爸爸喜欢什么。其中，留守学前儿童不能说出爸爸喜欢什么的比例占26.2%，而非留守学前儿童中不能说出爸爸喜欢什么的仅占15.6%。

表4-3　留守学前儿童与非留守学前儿童对爸爸的认识　　单位：100%

	爸爸的工作		爸爸喜欢	
	不能说出	能够说出	不能说出	能够说出
留守学前儿童	14.2	85.8	26.2	73.8
非留守学前儿童	9.0	91.0	15.6	84.4
总体	12.1	87.9	22.1	77.9

关于学前儿童对“妈妈的工作是什么”的调查发现，91.5%的学前儿童能够说出自己妈妈的工作，只有8.5%的学前儿童不能说出妈妈的工作是什么。具体来看，不能说出妈妈的工作是什么的留守学前儿童占11.2%，高出非留守学前儿童近7%。对于“妈妈喜欢什么”方面的调查研究显示，能说出自己

① 丁同芳、孙德玉：《安徽省全椒县农村留守幼儿家庭教育现状调查》，载《滁州学院学报》，2009(4)。

妈妈喜欢什么的学前儿童占84.9%，不能清楚地说出妈妈喜欢什么的学前儿童占15.1%。其中，留守学前儿童不能说出妈妈喜欢什么的比例是非留守学前儿童的近两倍。

表 4-4　留守学前儿童与非留守学前儿童对妈妈的认识　　单位：100%

	妈妈的工作		妈妈喜欢	
	不能说出	能够说出	不能说出	能够说出
留守学前儿童	11.2	88.8	18.6	81.4
非留守学前儿童	4.3	95.7	9.6	90.4
总体	8.5	91.5	15.1	84.9

(二)不同留守状况学前儿童对爸爸、妈妈的认识

无法说出爸爸做什么工作的学前儿童，比例比较高的有与父母见面频率为一周一次的、父母外出地带在本省的群体；而能说出爸爸做什么工作的，比例较高的是与父母见面频率为三个月或一年的、家庭经济较好的学前儿童。

无法说出爸爸喜欢什么的学前儿童，比例较高的是父母外出地在外省的、与父母见面频率为三个月一次的、外出人员为父母二人的群体；能够说出爸爸喜欢什么的学前儿童，比例较高的是与父母沟通频率为一月一次的、外出打工地点在本县市的群体。照料人学历方面，高中或中专以下学历的，无法说出爸爸工作的比例比较接近，约在12%左右；初中以下学历无法说出爸爸喜欢什么的，比例比较接近，约在21%到25%。

表 4-5　不同留守状况自我概念发展特点　　单位：100%

留守状况		认识爸爸		认识妈妈	
		爸爸的工作	爸爸喜欢	妈妈的工作	妈妈喜欢
外出人员	父亲	15.4	25.5	10.1	19.9
	父母	11.9	28.1	11.9	17.5

续表

留守状况		认识爸爸		认识妈妈	
		爸爸的工作	爸爸喜欢	妈妈的工作	妈妈喜欢
外出地点	本县市	12.1	21.0	7.6	12.7
	本省	16.6	26.4	10.4	18.4
	外省	14.2	31.8	15.5	25.0
见面频率	一周	21.0	24.4	12.6	17.6
	一月	12.3	27.4	10.3	17.1
	三月	9.0	28.0	9.0	19.0
	半年	9.6	24.7	15.1	23.3
沟通频率	一周	14.4	27.7	10.9	17.7
	一月	14.8	20.5	14.8	21.6
家庭经济	较好	9.6	26.0	13.7	15.1
	一般	14.6	24.8	10.8	19.2
	较差	16.7	33.3	10.4	18.8
照料人学历	小学及以下	11.1	21.5	9.0	16.7
	初中	13.0	25.3	10.5	18.9
	高中或中专	12.7	14.8	5.3	6.9
	大专	5.3	23.7	5.3	13.2
	本科及以上	9.1	27.3	0.0	9.1

无法说出妈妈做什么工作的和不能说出妈妈喜欢什么的学前儿童，比例比较高的都是父母外出地在外省的、见面频率为半年的群体；能够说出妈妈做什么工作、妈妈喜欢什么的，比例较高的是父母在本县市打工的、沟通频率为一周一次的学前儿童。照料人学历方面，初中以下学历的无法说出妈妈工作的比例比较接近，约在10左右；不能说出妈妈喜欢什么的初中以下学历的比例比较接近，约在17%左右。

杨雯雯(2012)也在《4—6岁幼儿社会自我概念的发展特点及影响因素研究》中提到："随着年龄的增长，幼儿的社会互动开始增加，不断与父母、教师、同伴相互作用，从他人的态度、评价中认识自己，将他纳入正在形成的自我概念中。如果幼儿感知自己在家长、同伴以及老师心中很重要，被喜欢、被欢迎，那么这个幼儿的社会自我概念将会提高。积极自我概念的养成在儿童社会化目标中具有特殊地位。"①然而，留守儿童因其父母外出打工地点的远近不同、与父母沟通见面的频率不同，他们与成人互动的机会、频率、深度都不同程度地受到影响，其社会认可、自我概念的形成也就相应地受到不同程度的影响。

伯兹(Burns，1982)提出自我概念具有三种功能："保持个体内在一致性功能、经验解释功能和影响个体的自我期望水平功能。有积极自我概念的人倾向于用积极的方式去行动，从积极的角度去看待事物，有助于保持乐观、健康的心态，且在人群中能感到安全自信，能以肯定的态度接纳自己；而自我概念消极的人易导致自卑、无望、沮丧、孤独等消极情绪体验，容易产生各种心理健康问题。"②因此，采取针对性的策略提高农村留守学前儿童的自我概念，具有重要的意义。丁同芳和孙德玉的《安徽省全椒县农村留守幼儿家庭教育现状调查》中以及高艾青(2008)的研究《农村"留守儿童"关爱问题调查分析》中，对监护人提出相关建议：监护人要提升自身的文化素质和心理素质，学习一些教育孩子的基本知识，和孩子共同成长；监护人要加强与幼儿之间的情感交流，如在睡前给孩子多讲一些与幼儿自我概念形成相关的绘本故事、童话等；在日常生活中，尽量抽时间与孩子一起玩耍、游戏、沟通，让幼儿把学到的东西讲给长辈和小伙伴听。同时，监护人在与幼儿谈话时，鼓励幼儿说出自己的想法、烦恼和需求，鼓励幼儿客观地进行自我评价。③ 外出务工的父母应善于将自己在外打工的经历以适当的方式与孩子进行沟通。如将自己背井离乡的生活痛苦与磨炼，各种吃苦耐劳的故事讲给幼

---

① 杨雯雯：《4—6岁幼儿社会自我概念的发展特点及影响因素研究》，东北师范大学硕士学位论文，2012。

② 吴霓：《农村留守儿童问题调研报告》，载《教育研究》，2004(10)。

③ 高艾青：《农村"留守儿童"关爱问题调查分析——以湖南益阳市为例》，国防科学技术大学硕士学位论文，2008。

儿，会为幼儿的自我成长树立良好的、正面的榜样。①

第二节 学前留守儿童的亲子关系

亲子关系是指以血缘或共同生活为基础的父母与子女之间相互影响、相互作用所构成的、亲子双维行为体系的自然关系和社会关系的统一体，包括父母与子女之间的情感交流和行为交往等。② 亲子关系不仅是家庭中最基本、最重要的关系，而且其中的情感亲密性对幼儿的身心发展和成长产生重要的影响。③

一、留守儿童亲子关系概述

儿童心理学研究早已确认这一点：在10岁以前是孩童成长的关键期，如果没有与父母发展出温暖和信任的亲子关系，那他们向外的社会联结就容易呈现病态样：对人缺乏必要的共情、社会情感淡漠，对人冷酷无情、自我隔绝、缺乏自信和安全感，不得不做人际交往时，态度生硬缺乏弹性。由于生活中缺乏父母的情感联结和榜样示范，学前留守儿童普遍体验到了较深的孤独感，这对他们的人际交往产生了较多的阻碍：一是缺乏情感的安全基地去探索周围的环境并发展新的人际关系，他们害怕陌生人，不敢发展其他人际关系，表现出了明显的社会退缩。二是由于和父母之间的互动方式失调，失去了发展与他人建立亲密的、互助合作关系的能力，以及观点采择能力的最初机会。三是关于自我、他人和人际关系的不恰当的认知方式，使得他们不多的人际交往中也有一定的问题。由于留守幼儿独特的生活环境造成了与人交流的能力普遍偏弱，所以他们在面临形形色色的人际关系中的问题时，经常陷入手足无措、不知该如何着手的困境。他们也缺乏共情能力，甚至有时得罪了他人还浑然不觉，不明白自己的错误在哪里，这些孩子一方面情感

---

① 吴晓萍：《农村留守儿童自我认同问题及对策研究》，安徽师范大学硕士学位论文，2011。

② 廖堂兰、成云：《农村留守儿童亲子关系发展研究》，载《哈尔滨学院学报》，2014(35)。

③ 陈超：《亲子关系、同伴关系与幼儿亲社会行为的相关研究》，延边大学硕士学位论文，2015。

非常脆弱和冷漠，另一方面在内心深处，极其渴望得到他人，尤其是同龄幼儿伙伴的注意和友好对待。

赵婷婷(2008)在《幼儿期亲子关系的类型研究》中指出亲子关系具有以下特点：第一，亲子关系是一种儿童最早建立的人际关系，是在亲子之间互动的基础上形成的。所以，从这个意义上讲，亲子关系是指父母与孩子之间的互动，以及互动与亲子关系的相互影响。第二，亲子关系是最亲密的人际关系。亲密人际关系的特征之一是具有更强的相互影响性，这种影响是长期存在的，通过多种方式得以实现。亲子关系表现出了亲密人际关系的核心特征：关系持续长久，即使亲子分离但关系仍在延续、有强烈的情感投入和承诺等。第三，亲子关系是一种典型的垂直关系，即亲子之间的不对称性、不平等性。亲子关系中父母是儿童生活和成长的主要支持者，要对儿童负责，因此父母承担的义务更多，体现了亲子关系的不对称性；另一方面，因为父母比儿童拥有更多的知识和权利，享有更多的决定权，因此在权威上亲子关系的双方是不对等的。第四，亲子关系是一种不断变化的人际关系，随着儿童年龄的增长，水平关系的特征在增加。水平关系的特征更多的是用平等、合作、公平、平衡(对等)来描述，也就是亲子之间有了更多的权利共享和互惠行为。”①大量研究发现，留守儿童相较于非留守儿童来说，不同亲子关系的状况对儿童产生不同程度的影响。张凤和傅淳(2014)在《关注父爱缺失现象　促进学前儿童健康成长》中指出：“随着社会的快速发展，学前教育成为人们关注的热点，越来越多的人把目光聚焦在学前儿童身上，父爱缺失成为阻碍学前儿童发展的重要原因之一，对学前儿童的身心发展极为不利。因此，在分析父爱缺失的原因之前，我们有必要认清父爱缺失的现状。父爱缺失具体表现为：一、父亲陪伴学前儿童的时间较少；二、父亲参与学前儿童教育的意识薄弱；三、父亲参与幼儿园的活动较少。”②

由于得不到足够的亲子关系互动为基础的社交训练，当留守儿童进入小、中学后，需要更为独立地处理更为复杂的人际关系。此时，抚养者对他们的支持和影响作用进一步削弱，因为较重的自卑心理，他们更容易去认同

---

① 赵婷婷：《幼儿期亲子关系的类型研究》，内蒙古师范大学硕士学位论文，2008。

② 张凤、傅淳：《关注父爱缺失现象　促进学前儿童健康成长》，载《临沧师范高等专科学校学报》，2014(1)。

年龄更大的留守儿童作为他们的榜样，尤其是那些“胆子大、调皮捣蛋而又有一定号召力”的儿童，甚至在同伴群体压力下，通过模仿习得了一些说脏话、乱吐痰、撒谎、偷拿等不良习惯。学前留守儿童因为自身处境不利，内心不如别人的失衡和无助增加了他们的攻击性，对家境良好的非留守儿童群体怀有较强的敌意，加之他们自我调节能力弱，喜欢将情绪带到周围环境内，他们喜欢成群地排挤非留守儿童群体，采用了口头攻击和身体攻击两种方式。

留守期的心理问题会滞留到成年后，并且留守年龄越小，留守时间越长，父母与孩子的联系越少，留守儿童的自尊水平越低，人际问题越多。即使留守儿童长大成年，因为情商低和缺乏必要的社交技巧，他们的伴侣关系和亲子关系处理得很糟糕，家庭矛盾频频爆发。这是因为他们没有机会与父母有足够相处的时间，孩子没能从亲子互动中学习如何发现社交中的各种问题，并得到指导去化解人际矛盾，从中积累人际关系中的社交知识和技巧，并运用在更广泛的社交网络中。

由于负性情绪多、情绪不稳定、人际冲突多、性格不够阳光开朗等外部表现不佳，引起了周围亲友、同学、师长和街坊邻里的反感，这些留守儿童会被贴上“坏孩子”“差生”“烂泥扶不上墙”的标签，留守儿童受到消极的负面评价，自我概念的发展并不积极而顺利，他们的内心更加空虚、迷茫和无价值感。原本还残存一些想要变好，赢取周围他人赞赏和肯定的自尊心，都在负面的反馈里逐渐消散。根据“预言自我实现效应”，他们的行为问题就变得更多、更频繁。比如一个 6 岁的留守儿童，不知道如何向别人表达友谊的需要，他自卑又胆怯，想要通过打架来引起其他人的注意，表现出自己的力量优势，以此来赢得别人对自己的佩服，进而想要融入其他儿童团体。结果，这些行为反而让其他幼儿对他更为排斥，引发了更多的争执和肢体抓扯，使得成人对他的批评更多。

二、学前留守儿童亲子关系主题画测试设计

刘占兰等人的“农村 3—6 岁留守儿童心理健康促进项目组”①，2015 年以

① 黄任之：《3—6 岁农村留守儿童的心理健康现状及促进研究》，博士后出站报告，中国教育科学研究院，2016。

甘肃400名幼儿为样本，以“我和爸爸妈妈的故事”为主题，让幼儿进行绘画并讲述画面的内容，观察幼儿在绘画的过程中的表现及描述所讲的故事，以此测试幼儿的亲子关系。此次关于亲子关系的调查样本共计400名幼儿。幼儿的年龄全距为5～6.11岁，平均年龄为5.22±0.36岁，其中留守幼儿和非留守幼儿的平均年龄分别是为5.27±0.40岁，5.16±0.30岁。幼儿总体居住地点分别是县城234人，占58.5%；乡镇133人，占33.3%；村落33人，占8.2%。

关系主题画测试环节，主试需要提前准备好绘图白纸等，向幼儿说明要“画一幅你自己和爸爸妈妈在一起”的图画，要求一定要画上一家三口在一起的情景。“想一想，你和爸爸妈在一起会做什么事情呢？爸爸妈妈和你喜欢在哪里做这些事情呢？你仔细想一想，把这些画出来。”同时，提示幼儿不要忽略其他家庭成员，同时不能画成虚拟的漫画人物或抽象的火柴人。

当留守幼儿开始构思或下笔时，主试不要直接干预其绘画，让他独立进行这个测试。对于幼儿的提问，如果涉及绘画的内容，主试要委婉地让孩子自己思考和判断，不要直接提示或帮助。主试的任务是陪伴幼儿完成这个绘画测试，仔细观察儿童在作画过程中的行为表现并记录他们的情绪、行为和消耗的时间，填写在记录纸上，作为判断幼儿心理健康水平的重要依据。在看绘画作品讲故事的环节，主试要邀请幼儿分享创作出来的绘画故事，并给故事命名。主试要耐心地记录幼儿的原话。当留守幼儿讲的故事没有逻辑性时，主试可以提问，等待留守幼儿澄清故事内容。测试中途，主试不得直接提示或帮助并补全故事，必须靠留守幼儿自己来讲述和完成故事的结尾。

图画分析以心理动力学对图画的判别标准。留守幼儿的心理主题画实则为心里话，是他们情感需求的直接体现。主试可结合故事梗概，对心理主题画进行深度分析。评判指标分为画中人物的尺寸、位置、线条、笔压和细节的完整度，根据评判指标不同的等级标准，分为三种水平（优秀、良好或差），也有两种水平制（是、否或有、无），量化评价留守幼儿不同的心理发展水平和情感联结的好坏，进而推导出他们亲子关系发展的优劣。

三、学前留守儿童亲子关系的特点

从绘画结果来看，留守幼儿组在画面、情节和情绪情感三个心理绘图指

标上的得分都远低于本地幼儿组($p=0.000$)。对两组在三个指标上的均分进行效果量的计算，均值差异性检验显示，三个 *Cohen'd* 值均>0.4，说明效果量为中等程度，均值的差异性较好。留守儿童组在三个亲子关系指标中的得分都显著地低于非留守儿童，侧面反映出留守儿童与打工父母之间的亲子关系并不是特别亲密和融洽。

表 4-6 留守幼儿和非留守幼儿在心理绘图中的亲子关系

组 别	画面	情节	情绪情感
留守幼儿	2.72±1.29	2.93±1.33	3.55±0.93
本地幼儿	3.36±1.07	3.44±1.03	3.90±0.44
Cohen'd 值	0.54	0.43	0.48
t	−7.004	−5.462	−5.375
p	0.000	0.000	0.000

从画面构图的得分来看，留守幼儿的画面均分为 2.72，画面中的孩子多与爸爸接近，而离妈妈的位置较远；非留守幼儿画面均分为 3.36，画面上的孩子与爸爸妈妈都挨得很近。透过画面的物理距离，可以折射出幼儿与双亲的心理上的距离。留守儿童的作品中，孩子与父亲的距离较近而与妈妈的空间距离较远，这并不是因为留守儿童更喜欢爸爸，与妈妈的心理距离相对较远。真实的状况是留守儿童通过绘画，表现出内心渴望与爸爸更多亲近的心理需要。在精神动力学派看来，儿童的心理画就是心里话，如同做梦一样，表达了留守儿童的潜在动机，通过绘画补偿现实中“爸爸缺席，无法与爸爸亲密共处”的遗憾。从画面中人物关系的构图来看，非留守儿童的作品则反映了儿童的生活现实，画面生动有趣，儿童站在中间或一侧，他或她离自己父母的距离都很近，说明在双亲的精心照料下，非留守儿童一直感受到父母的亲情关爱，健康而安全的依恋关系早已建立起来，他们没有体会过亲子的长久分离，所以在心理距离上与双亲贴得很近，没有产生亲子的情感隔阂。

两组幼儿所讲的故事情节也存在差异。从幼儿根据作品所讲的故事情节上看，留守幼儿的故事情节比较简单，描述一个简单的场景，大多数是描述与父亲在一起，较少提及母亲，如“爸爸带着我跳蹦蹦床”“爸爸和我在草地上奔跑……”，有时也会提到妈妈也在场，或只与妈妈一名家庭成员在家里看电视或玩耍等。而绝大多数本地幼儿在故事讲述中提到一家三口，比如

"我和爸爸妈妈在公园(或游乐场、院子、河边……)里玩耍"等。这些场景或故事情节，要么是基于孩子对过去与父亲共处的美好回忆，要么是隐晦地表达了渴望与父亲不受限制地在一起共同生活的良好愿望，母亲因为平时接触较多，在幼儿的心目中，重要性次于父亲。非留守幼儿所讲的故事情节则比较丰富，涉及自己和爸爸妈妈一家三口的幸福生活片段，比如在家或外面玩耍，有时还有更多的家庭成员如兄弟姐妹、祖父辈人物，说明非留守儿童的家庭结构完整，家庭成员都有各自的位置和作用，整体性的功能发挥良好。比起留守儿童，非留守儿童受到更为丰富的家庭环境刺激，所以内心世界十分丰富，故事的情节更为生动和富有想象力，口头言语表达能力发展较为充分，心理功能表现得更强。

绘画可以作为幼儿情感生活的载体，表达幼儿内心矛盾的情绪体验和感受，而自动绘画更利于幼儿宣泄情绪和表达对现实的不满。美国治疗艺术大师瑞兵(Rubin)曾说，"与表达情感同样重要的是——儿童通过运用绘画艺术材料，获得一个独立个体的感受，他不仅可以体验到掌握一种艺术媒介的自豪感和快感，而且可以体验到完成工作的成就感，在艺术中进行创造性活动，能够增强儿童对于自身以外的他人的敏感性，那么，人际关系的改善便有可能"。

从作品流露的情绪情感来看，两组幼儿的均分都超过了3.5，都有很强的情绪体验。留守儿童和非留守儿童对于亲子关系的依恋程度都很高，他们都流露了较多思念爸爸妈妈的情感，并且能够提取和讲述出往昔家庭团聚时的愉快片段。留守儿童和非留守儿童都愿意与父母双亲待在一起，享有天伦之乐带来的亲密感。留守儿童更多地表现出因为思念带来的负性情绪，对父母不在身边而深藏在内心的不安全感。和问卷调查结果一致，留守儿童有较多的负性情绪，如孤独、担心、忧伤等，但并没有过于强烈的仇恨、愤怒等情绪，他们对父母的思念和担忧，渴望家庭团聚的愿望非常强烈。而非留守儿童表达的是快乐、放松、幸福等积极情绪，说明非留守儿童的亲子关系的质量相对较高。

四、学前留守儿童亲子主题绘画指标分析

该研究挑选41名情绪倾向比较典型的幼儿作品，做进一步的绘画作品分析。其中男童18人，占43.9%，女童23人，占56.1%；留守儿童21人，占51.2%，非留守儿童占48.8%，均为大班儿童。

复杂分析指标主要涉及三部分：表A"我和爸爸妈妈"心理主题画智力水平(画面总体印象)、表B"我和爸爸妈妈"心理主题画智力水平(人体部件)和表C"我和爸爸妈妈"心理主题画的情绪特征。

表A包括绘图顺序(画面的先后)、绘图连续性、远近感、使用画面尺寸、绘图在纸张的位置、画纸对画面的切断、笔压和线条浓淡、线条长短、影子和阴影、擦消、画面的对称性、画面的透明性、立体性、方向、详细性(细节多少)、省略、附加物(如月亮、星星、云、花、蝴蝶、雨、雪等)、绘图的情绪和总体判断。

表B包括头部(又分为头、头上发、眼、瞳孔、口、头发、鼻、鼻孔、眉毛/睫毛、双耳、下颌/前额共11个二级指标)，躯干(含躯干、颈部、肩膀3个二级指标)，四肢(又分为上肢、下肢、肘关节、膝关节、手掌、手指、双手手指、拇指、足跟9个二级指标)，连接，比例与方向(上下肢连接、上下肢连接方法、躯干尺寸、颈部轮廓、眼长度、下肢比例、耳的位置与比例、眼的方向、上肢比例、头形、躯干形状、上下肢轮廓、足比例、指细节、下颌位置、鼻和口细节、脸细节、头比例18个二级指标)，配饰(一件衣着、两件衣着、四件衣着、衣着细节、衣着整体5个二级指标)和其他(画线整体、画线加分、侧位A和侧位B共4个二级指标)。

表C情绪指标包括冲动、不安全、焦虑、害羞和攻击5项，主要测查幼儿心理是否健康，是否有一些异常的情绪体验和行为。

以幼儿样本整体做分析，41名幼儿在心理绘画上的详细指标评估得分见表4-7。可以发现，表A总得分为7.27±2.01，而表B总得分为24.61±6.12，头部和连接(比例、方向)2项指标的得分比较高，说明幼儿对此部分的能力发展较好，幼儿具有识别和绘制头部和连接的能力；而在躯干、配饰和其他3项指标上的得分比较低，说明此方面的能力有待进一步发展。

从表C结果来看，冲动、不安全、焦虑、害羞和攻击等情绪指标的得分都比较低，说明幼儿整体上没有表现出异常的情绪。

表4-7 幼儿样本在心理画上的得分结果

样本	区间值	$M \pm SD$
表A总分	3～11	7.27±2.01
表B——头部	4～9	6.63±1.51

续表

样本	区间值	$M \pm SD$
表 B——躯干	1～3	1.76±0.89
表 B——连接(比例、方向)	5～15	10.05±2.58
表 B——配饰	0～4	0.78±1.01
表 B——其他	0～1	0.85±0.36
表 B 总分	11～35	24.61±6.12
表 C——冲动	0～2	1.00±0.78
表 C——不安全	0～5	1.05±1.14
表 C——焦虑	0～1	0.63±0.49
表 C——害羞	0～2	1.0±0.57
表 C——攻击	0	0
表 C 总分	1～9	3.71±1.55

注：表 A——总体印象，表 B——绘图的心理发展能力，表 C——不健康的心理表现，下同。

从总体印象上看，留守组的绘画，家庭人物数量偏少，多为 2～3 人。非留守组的绘画中，家庭成员数量较多，一般为 3～5 人。这说明家庭结构完整，家庭成员的长时间共处让幼儿能更多地感受到其他家庭成员存在的价值。他们对父母的依恋，如同对其他家庭成员的亲密关系，都对幼儿的情感发展有较大的意义。非留守组能够多渠道地获得情感联结，不会产生心理上对关系的匮乏感，因此他们在对待其他家庭成员方面，也有着积极的情感回应。而留守儿童因为与父母分离较长时间，他们与父母的天然心理依赖被人为地切断，而其他较近的亲属又很难代偿性地承担起替代父母的职责和角色，导致留守儿童更加渴求父母的照顾与疼爱，这种亲情饥渴表现得特别突出。

留守组的笔压较重、短线段多、涂改的痕迹较重，这些线条大多不规则、弯曲度大，有的甚至还画出纸张之外，说明他们控制肌肉的能力较弱。画面有一定的阴影，从涂鸦的角度来看，反映出留守组幼儿的内心情绪较为激烈，较为冲动。而非留守组在涂鸦过程中对视觉的控制较强，他们非常注意自己的笔端，有时为了近距离地观察自己所绘的线段，在画痕的走向上非

常关注，鼻尖都快贴上了画纸。因为经过较多的训练，手腕肌肉、手肘、腕部和指尖的骨骼活动能力有一定的增强，腕关节非常灵活，握笔的姿势接近于成人，能够画出摩天轮等错综复杂的图形和弯曲多变的图形。说明非留守组的幼儿通过重复性运动控制，在运动和视觉行为的有效协调下，共济协调能力有了较大的发展。

留守组的绘画的附件较少，而非留守组幼儿的绘画呈现出了更多的环境特征和细节，如太阳、山峦、河流、云朵、花草、蝴蝶或其他昆虫、游乐设施、房屋等；在服饰绘画上也更为具体，如有清晰可辨的纽扣、口袋、首饰、提包、头饰等，这说明非留守组在父母的呵护下，通过家长教导、亲子游戏、外出游玩等形式，比非留守幼儿的生活环境刺激更为丰富。有研究证实，在丰富环境下的年幼个体，大脑皮层可以接受更多的环境刺激，使得皮层发育变厚，增加更多的沟回，对刺激的神经反射的时间更短，有助于个体大脑的发育，提高其神经反应的敏锐性和有效性，促进其脑的高级功能的发展。所以在绘画中，非留守组的幼儿，他们对环境的观察能力、记忆能力和手眼协调、握笔时对小肌肉群的控制能力都远远优于留守组儿童，因而绘画的精细程度和完整程度都好于留守组。

从绘图的命名来看，很多留守组幼儿的绘画命名缺失，即使有命名，其名字的内涵不清晰，需要靠想象力才能与画面结合起来，因为画面单一，人物结构不完整并缺乏丰富的环境细节。他们的绘画显得内容空洞，大片留白，人物绘画零碎而不完整，以致很难看出人物之间的动作和彼此的关系，绘画的自我表达不够丰富。而非留守组的儿童提供了很多的环境线索，画面意义清晰明了，可以很容易地让观画者看出画面人物的动作，也能感受到画面中呈现的意义和情绪，这说明非留守组儿童能够从绘画的主题出发，以动作经验为重点来呈现一个较为抽象的主题，能够通过形象化思维来表达内在情感和现实生活。

不足之处在于，此次绘画幼儿多用同一种粗线笔，导致对线条的粗细很难做分析，其实应该叫幼儿使用可修改的铅笔，这样可以更好地看出绘画用笔的轻重、粗细和力道。画笔全部为黑色，影响了幼儿的颜色选择，导致无法看出儿童在颜色明暗、多样性的选择差异。此外，研究者不在场，对儿童的绘画顺序、绘画中的情绪体验和可能诱发的情绪变化缺乏足够的观察，也无法与幼儿就绘画的感受做深度的交流和访谈，使得绘画分析缺少了最重要的环节，造成研究者对绘画投射出来的心理特征缺乏足够的挖掘和把握。

对上述样本又做了户籍和性别的划分，分成了4个不同类型的儿童组，分别是：①留守男童；②留守女童；③非留守男童；④非留守女童。经过单因素的方法分析，四组儿童的得分结果见表4-8。从中可见，显著性差异主要表现在头部指标、配饰指标、其他指标、冲动指标和不安全指标上。经过多重事后比较，可知在头部指标上，①>②>④>③，$p<0.01$。在配饰指标上，①>②>④>③，$p<0.001$。在其他指标上，①=②>④>③，$p<0.01$。在冲动指标上，②>③>④>①，$p<0.05$。在不安全指标上，③>④>②>①，$p<0.01$。在害羞指标上，②>④>①>③，$p=0.058$，呈现出边缘显著。其他各指标上，四组的得分差异不显著，$p>0.05$。

表4-8 四组幼童在心理画上的ANOV结果

	M±SD				组间平方和	组内平方和	F	p
	留守男童	留守女童	非留守男童	非留守女童				
表A总分	6.50±2.12	8.73±3.00	6.25±1.75	7.83±1.40	30.014	184.083	2.011	0.129
表B——头部*	5.60±1.65	6.45±1.21	7.25±1.39	7.33±1.15	26.831	60.389	5.480	0.003
表B——躯干	1.60±0.97	2.00±1.00	1.75±0.89	1.83±0.83	0.356	32.083	0.137	0.937
表B——四肢	3.90±2.10	4.09±2.34	5.25±1.98	5.16±2.41	14.979	226.972	0.814	0.494
表B——连接	9.70±3.06	10.82±2.86	9.25±2.05	10.25±2.26	10.808	253.972	0.525	0.668
表B——配饰*	0.10±0.32	0.27±0.47	0.75±1.04	1.67±1.07	117.215	22.833	9.299	0.000
表B——其他*	0.60±0.52	0.82±0.40	1.00±0.00	1.00±0.00	1.233	3.889	9.911	0.016
表B——总分	21.50±6.84	24.45±6.61	25.25±4.71	27.25±5.08	184.071	1296.417	1.751	0.173
表C——冲动*	1.10±0.88	0.91±0.83	1.63±0.74	0.58±0.51	5.208	20.792	3.090	0.039

续表

	M±SD				组间平方和	组内平方和	F	p
	留守男童	留守女童	非留守男童	非留守女童				
表C——不安全*	1.80±1.48	1.45±1.04	0.50±0.53	0.42±0.67	15.180	36.722	5.098	0.005
表C——焦虑	0.70±0.48	0.45±0.52	0.38±0.52	0.92±0.29	1.721	7.792	2.723	0.058
表C——害羞	0.90±0.74	1.09±0.54	1.13±0.35	1.00±0.60	0.101	12.875	0.096	0.962
表C——攻击	0	0	0	0	0	0	0	0
表C——总分	4.50±2.37	3.91±1.22	3.63±0.74	2.92±1.16	14.557	83.931	2.139	0.112

第三节　学前留守儿童的负性情绪

一、关于负性情绪的概述

(一)关于留守儿童的负性情绪的已有研究

我国留守儿童整体的心理健康的现状不容乐观，已经成为社会关注的焦点。近年来，留守儿童的情绪表现特点很值得思考，成为研究领域的热点问题。比如在河南、安徽、湖南等6省12县市的一项大样本调查①发现，有近半的留守儿童遭伤害，女童负性情绪明显。因为留守儿童社会支持较弱，心理健康问题比较突出。其中，以留守女童负性情绪相对明显，47.6%的留守

① 张旭东、赵霞、孙宏燕：《农村留守儿童存在的突出问题及对策建议》，载《云南教育(视界综合版)》，2015(3)。

女童感到烦躁，42.7%的人感到孤独，父母外出后，感觉自己比原来抑郁、焦虑、爱发脾气、胆小的比例也高于留守男童。

对河南的部分留守儿童和非留守儿童调查①后发现，留守儿童的积极情感水平显著地低于非留守儿童，并且双留守儿童比单留守儿童的积极情绪更少。郝振等人②对湖南、安徽等7省的1084名农村儿童的实地测查发现，留守半年以后，留守儿童的自尊水平就显著地低于普通儿童。曹中平等人③也发现，留守儿童的安全感非常低下，与父母的分离时间越久，分离的年龄越小，留守儿童的不安全感就会不断加大；而隔代抚养或寄养家庭的情况会稍好一些。“农村3—6岁留守儿童心理健康促进项目组”④，在甘肃省天水市5所幼儿园的大班开展了幼儿心理健康测试。该测试也发现，农村留守幼儿在各量表的负性得分均高于农村本地、县城流动和县城本地三组幼儿，差异达到了统计学意义，说明留守幼儿的生活环境确实对发展社会情感和情绪管理能力有消极作用。通过实施讲述情境故事和家庭动力画作为测评工具，以心理投射技术来绕过幼儿的心理防御系统，比较真实可靠地呈现了他们的家庭人际关系结构。测查结果显示，留守男童和留守女童的情绪情感能力的发展是同步的，没有表现出性别差异，但年龄效应比较明显。小班、中班和大班的留守幼儿，他们的孤独、焦虑和抑郁的体验水平差异明显。三个年龄段的幼儿都能较为准确地识别负性情绪并加以区分，但对情绪成因分析和负性情绪应对能力方面，表现出截然不同的水平。并且，非留守幼儿组在绘画过程中和绘画作品上，表达了更多的积极情绪，比如笑脸、开心地玩耍、与爸爸妈妈欢乐地在一起等。

留守儿童的消极情绪有如下的特点：留守儿童的负面情感水平显著地高于非留守儿童，留守女童的负性情绪比男童更多，留守经历更久的孩童的负

---

① 李海华：《不同领悟社会支持水平留守儿童对情绪刺激的认知偏向》，西南大学硕士学位论文，2009。

② 郝振、崔丽娟：《自尊和心理控制源对留守儿童社会适应的影响研究》，载《心理科学》，2007(5)。

③ 曹中平、黄月胜、杨元花：《马斯洛安全感——不安全感问卷在初中生中的修订》，载《中国临床心理学杂志》，2010(2)。

④ 黄任之：《3－6岁农村留守儿童的心理健康现状及促进研究》，博士后出站报告，中国教育科学研究院，2016。

性情绪水平更高。这种人生早期就滋生出的消极情绪，从婴幼儿期逐步恶化到青少年期，甚至蔓延到成年后的生活。

《中国留守儿童心灵状况白皮书(2015 年)》①中也指出，留守儿童情绪不稳定，容易出现躯体化、恐怖、敌对、偏执、强迫、人际关系敏感等问题，状态焦虑和抑郁的比例明显高于非留守儿童，并且存在年龄和性别差异，具体说，年龄越小问题越突出，女性比男性更突出。如果父母不能保证每 3 个月与孩子见一次面，孩子的“烦乱度”会陡然提升，对生存现状产生焦虑。

(二)国外移民儿童深受负性情绪困扰

国外的移民儿童也在遭遇同样的负性情绪困扰。尽管这些“跨国留守儿童”的家庭经济更为宽裕，但他们表现出幸福感水平比较低，这是因为缺乏父母陪伴和照顾，这些孩子的内心非常无助、缺乏安全感和亲密感，心理营养供给不足。为了缓解亲子双方骨肉分离的酸楚，菲律宾务工人员会用线上交流的方式来弥补一下。② 调查显示，60%的父母选用了视频电话来问候孩子。所以留守儿童大多拥有私人手机，但这种“聊胜于无”的情感小点心，无法喂养长期情感饥渴的儿童。他们渴望父母能更多地相伴，而不是手机里的父母影像，这并不能让他们感觉快乐。摩尔多瓦的孩子们，长期见不到父母，他们喜欢以扎堆玩耍的方式来减轻孤独感。

在 20 世纪 20—70 年代，英国的一批批儿童被政府送往澳大利亚、加拿大、新西兰等英联邦国家③，政府计划的初衷是让这些家庭破碎的孩子有机会进入完整的家庭，有机会得到更好的教育，将来的人生会被改写成功。这些贫困家庭的孩子，年龄不过几岁(有的当年仅 3 岁)就被迫与家人分离，贴上了“孤儿”的标签，甚至有兄弟姐妹都被分开喂养，远渡重洋后落在孤儿院、修道院里生活。为了让他们尽快适应输入国的当地生活，在抵达目的地后，他们的个人纪念品，包括相片、信件和玩具，都被收走，留给他们的只

---

① 李亦菲：《中国留守儿童心灵状况白皮书(2015 年)》，北京师范大学科学传播与教育研究中心，2015-06-08。

② Yang, D., International Migration, Remittances and Household Investment: Evidence from Philippine Migrants'Exchange Rate Shocks, *Economic Journal*, 2006, 118 (528), pp. 591-630.

③ 潘文军：《英国儿童移民血泪史》，载《现代快报》，2015-11-01。

有一本《圣经》，人为地切断他们与亲人的情感联系的纽带。在严格的管制下，没有亲人庇护，他们需要学会祷告和读经，还要承受许多与年龄不相称的体力劳动和田间劳作。稍微表达一下个人意志，就会被重重体罚，剥夺其儿童玩耍的权利。这些海外输出的孩子在生理、心理上都遭到了侵害，孤苦无依，长期饱受消极情绪的折磨，艰难地度过了充满血泪的成长期，这些人被称为“被遗忘的澳大利亚人”。英国政府就这一事件，向亲历者及家属诚恳致歉。

因为消极情绪会严重地干扰认知功能的表达，使得移民儿童的学业成绩表现普遍差于其他儿童，两者的差距随着国家不同而有落差。此外，移民儿童还表现出不同程度的低自尊、行为紊乱、反社会问题、神经性厌食和一些躯体不适(这种因心理因素引起的躯体感觉异常，但并没有生理病变的现象称之为躯体化)。

二、学前留守儿童负性情绪调研设计

刘占兰等人的“农村3—6岁留守儿童心理健康促进项目组”采用故事情境法，对浙江宁波、重庆、河南等地的590名学前儿童进行负性情绪的调研，对幼儿能否对孤独、焦虑、抑郁等负性情绪正确地识别，能否做出良好应对进行测查，并对幼儿孤独、焦虑、抑郁等负性情绪的现状进行了教师问卷调查。

(一)幼儿情绪倾向问卷(教师用)

问卷共有31个条目，用以测量幼儿的孤独、抑郁和焦虑三种情绪倾向。孤独倾向含有两个维度：社交回避(共6条)和行为退缩(共5条)，抑郁倾向包含核心表现(共4条)和非核心表现(共5条)两个维度，焦虑倾向包含特质性焦虑(共5条)和情境性焦虑(共6条)两个维度。幼师针对日常中幼儿的情绪表现，采用了李克特5级量表中的评分方法，从“1＝没有”到“5＝总是”，得分越高，说明幼儿的负性情绪倾向越严重。总问卷和3个分问卷的*Cronbach a*系数分别是0.88、0.83、0.87和0.82，说明信度高。验证性因素分析和专家效度的结果显示，该问卷也具备良好的效度。

(二)情境故事测验

测评工具提供了三个具体情绪情境，比如小熊的爸爸妈妈外出打工离家，小熊想念爸爸妈妈(场景一：孤独情绪)。分别探查幼儿对孤独、焦虑和抑郁三种情绪倾向的内在感受和处理负性情绪的能力，从而判断幼儿的情绪发展水平和心理健康水平。采用一对一的故事情境法，带班幼师和幼儿在幼儿熟悉而又安静的地方，一起边看图片边讲解小故事。每讲完一个故事，向幼儿提关于某种情绪、原因和应对方法等方面的几个问题，让幼儿结合看图，逐一进行回答。幼儿每回答完一个问题，需要追问一下“还有吗”，然后将幼儿的回答逐一记录在《幼儿心理倾向情境测评记录表》上。

三、学前留守儿童情绪倾向现状

(一)不同性别的幼儿情绪倾向问卷(教师用)的得分比较

表 4-9 不同性别幼儿在情绪倾向问卷上的得分差异

情绪	男童	女童	总体	t	p
孤独量表	1.71±0.70	1.70±0.67	1.71±0.69	0.128	0.899
抑郁量表	1.47±0.50	1.42±0.51	1.54±0.62	1.644	0.101
焦虑量表	1.57±0.61	1.51±0.63	1.44±0.51	1.500	0.135
负性情绪量表	1.58±0.61	1.55±0.54	1.56±0.55	0.874	0.383
社交回避	1.65±0.72	1.61±0.65	1.63±0.69	1.083	0.280
行为退缩	1.79±0.73	1.82±0.74	1.81±0.74	0.735	0.463
抑郁核心表现	1.43±0.52	1.38±0.51	1.40±0.52	1.733	0.084
抑郁非核心表现	1.50±0.58	1.46±0.56	1.47±0.57	1.298	0.195
特质性焦虑	1.46±0.55	1.41±0.54	1.43±0.54	1.655	0.099
情境性焦虑	1.67±0.71	1.61±0.75	1.64±0.73	1.414	0.518

除了行为退缩分量表外($M_{男}+SD=1.79\pm0.73$，$M_{女}+SD=1.82\pm0.74$，$p>0.05$)，男童在情绪状况调查问卷各量表及分量表的得分均高于女童，但均数差异均不显著($p>0.05$)，说明在负性情绪的教师评价中，两组

不存在性别效应，这与其他研究结果较为一致。赵乐(2014)的研究发现在孤独感上，流动男童的孤独感水平显著高于女童($p<0.05$)。① 张惠娟等人(2011)也注意到男童的负性情绪相对较少，女童在社会心理功能方面得分高于男童。②

某市医院心理门诊就诊的男童明显多于女童(1.9∶1)，这可能与男童的生理特点有关。因男童的神经系统在发育过程中对刺激的承受能力较低，而导致更易出现心理异常。③ 据心理专家估计，大约有20%的儿童在成年之前会出现情绪或行为问题，如不及时干预，可能发展成为心理障碍或疾病④。

3～6岁幼儿情绪异常检出率为33.9%。这类儿童面对新环境，容易产生紧张、焦虑情绪、孤独、自卑、情感脆弱等消极心理，会影响儿童情绪情感的稳定性。有研究显示，男童存在注意力不集中、焦躁和冲动的情绪特点，得分高于女童(黄广文等，2012)⑤。

(二)不同班级(年龄)的幼儿情绪倾向问卷(教师用)的得分比较

表4-10　不同班级的幼儿在情绪倾向问卷上的得分差异

	小班	中班	大班	F	p
孤独量表	1.67±0.67	1.74±0.64	1.72±0.75	0.526	0.591
抑郁量表	1.45±0.50	1.50±0.49	1.39±0.54	2.024	0.111
焦虑量表	1.63±0.75	1.50±0.49	1.49±0.66	2.457	0.087
负性情绪量表	1.59±0.59	1.60±0.47	1.53±0.61	0.674	0.510
社交回避	1.59±0.67	1.66±0.67	1.65±0.74	0.569	0.566

---

① 赵乐:《流动儿童的人格特征与情绪特征研究》，青海师范大学硕士学位论文，2014。

② 张惠娟、李春梅、黄大元等:《吉首市城乡儿童生存质量及其影响因素》，载《中国妇幼保健》，2011(9)。

③ 钟群英:《心理门诊358例儿童心理卫生调查》，载《中华现代儿科学杂志》，2009(4)。

④ 黄旭、静进、史明丽等:《开展儿童心理卫生保健促进儿童心理健康》，载《中国妇幼保健》，2002(12)。

⑤ 黄广文、吴虹、刘智昱等:《1280名3～6岁儿童情绪与行为问题调查研究》，载《中国儿童保健杂志》，2012(7)。

续表

	小班	中班	大班	F	p
行为退缩	1.77±0.75	1.84±0.67	1.82±0.79	0.360	0.698
抑郁核心表现*	1.44±0.53	1.45±0.50	1.32±0.52	3.556	0.029
抑郁非核心表现	1.45±0.54	1.53±0.54	1.45±0.62	1.274	0.280
特质性焦虑	1.48±0.64	1.45±0.45	1.38±0.56	1.586	0.206
情境性焦虑*	1.77±0.89	1.61±0.50	1.58±0.78	3.195	0.042

注：* $p<0.05$，** $p<0.01$，*** $p<0.001$，下同。

以单因素方差分析考察不同班级的幼儿在负性情绪上的表现，小班和中班幼儿在抑郁倾向的核心表现上的得分高于大班幼儿($M_{小班}+SD\approx M_{中班}+SD=1.44\pm0.53$，$M_{大班}+SD=1.32\pm0.50$，$F=3.566$，$p<0.05$)；而在情境性焦虑分量表上，小班幼儿的得分显著地高于中班和大班的幼儿($M_{小班}+SD=1.77\pm0.89$，$M_{中班}+SD\approx M_{大班}+SD=1.61\pm0.50$，$F=3.195$，$p<0.05$)。其他量表上得分各有高低，但年龄效应不显著。

3～5岁幼儿的焦虑水平随年龄增长呈逐渐下降趋势(刘爱芳等，2009)。① 小班幼儿年龄过低，对幼儿园的环境不能尽快适应，还无法与幼师、同龄伙伴建立起新的人际关系，对去上幼儿园比较抵触。他们不愿意离开家，与父母或其他抚养人分离，有强烈的分离焦虑，经常容易体验到紧张、害怕、难过、孤独等负性情绪(苏杰，2014)。②

中班和大班幼儿的自我控制能力高于小班，大班高于中班，三者具有显著的年龄效应(班级差异)。3个年级在情绪识别与理解、情绪的表达、情绪的调控和情绪的运用4个维度上有明显差异。幼儿所处班级越高，幼儿的情绪调节发展状况越好。这是因为随着幼儿年龄的增长，大脑的成熟程度会增强，兴奋过程的活动逐渐与抑制过程保持平衡。其次，心理能力的发展遵循

① 刘爱芳、王美芳、张杰等：《家庭情绪表露与幼儿焦虑的关系》，载《中国临床心理学杂志》，2009(4)。

② 苏杰：《3～5岁幼儿自我控制能力与情绪调节发展状况间的关系研究》，载《教育实践与研究》，2014(3)。

由简单到复杂、由低到高的规律(薛瞧瞧，2013)①。

(三)情绪倾向问卷(教师用)的幼儿园性质差异

表 4-11　不同幼儿园的幼儿在情绪倾向问卷上的得分差异

	公办园幼儿	民办园幼儿	t	p
孤独量表***	1.65±0.65	1.95±0.73	4.031	0.000
抑郁量表***	1.40±0.49	1.65±0.55	4.444	0.000
焦虑量表***	1.49±0.62	1.83±0.57	5.586	0.000
负性情绪量表***	1.51±0.53	1.83±0.60	5.052	0.000
社交回避***	1.58±0.65	1.84±0.74	3.416	0.000
行为退缩***	1.74±0.70	2.09±0.79	4.312	0.000
抑郁核心表现	1.39±0.53	1.48±0.43	1.988	0.050
抑郁非核心表现***	1.41±0.51	1.82±0.68	5.913	0.000
特质性焦虑***	1.39±0.55	1.68±0.49	5.705	0.000
情境性焦虑***	1.58±0.72	1.95±0.70	2.214	0.000

为了了解不同性质幼儿园内的幼儿在负性情绪方面的差异，t 检验的结果表明，除了抑郁倾向的核心表现外($M_{民办+SD}=1.68\pm0.49$，$M_{公办+SD}=1.39\pm0.55$，$p<0.05$)，公办园幼儿在各个量表上的得分都高于民办园，幼儿园之间的差异格外显著($p<0.001$)。考虑到农村留守和农村本地幼儿都入园于公办幼儿园，这种差异可能也是户籍差异作用的结果，而并非由于教学质量不同。

民办园的幼儿表现出了更高的负性情绪，这是因为收费较低的民办园班额超过《幼儿园工作规程》的规定，部分幼儿园的大班人数达到 50 甚至 60 之多。研究证明，在有限的空间内，人数超过一定数额会引发幼儿产生浮躁、兴奋等情绪上的波动，不利于幼儿身心的发展和日常活动的展开。教师需要花费较多时间和精力去安抚、稳定幼儿的情绪(潘红红，2014)。②

① 薛瞧瞧：《中班幼儿情绪表达事件的特点及成因分析》，沈阳师范大学硕士学位论文，2013。

② 潘红红：《减轻教师负担提高幼儿园保教质量》，载《当代幼教》，2014(10)。

Ersay(2007)的研究表明，教师的元情绪理念与幼儿情绪能力有着密切的相关性。自我情绪意识高的教师会更加关心幼儿的情绪表现和反应，很少会忽略幼儿的愤怒和悲伤情绪。① 对于幼儿的情绪问题，公办园的幼师是科班出身，经过专业培训，她们会开展讨论性活动来消除幼儿的消极情绪反应，鼓励幼儿适当地进行表达，努力调控自己的消极情绪。自我情绪意识高的教师会更加愿意走进幼儿的心理世界，努力去了解幼儿的情感体验，而不是与幼儿保持一定的距离或是对于幼儿的行为不给予理睬，相反会给予幼儿更多的拥抱、微笑和亲吻等方式来鼓励幼儿积极情绪的表达。② 而民办幼儿园的幼师，很多来自服装学校、物流学校等没有幼教培养能力的培训机构，甚至没有任何文凭或学历，专业性匮乏，不了解儿童的心理，公办园与民办园的体制性差距，则是造成两种园所师资两极分化的现实动因。

(四)幼儿情绪倾向问卷(教师用)得分的户籍差异

表 4-12　不同户籍类型的幼儿在情绪倾向问卷上的得分差异

	农村留守	农村本地	县城流动	县城本地	F	p
孤独量表***	2.00±0.73	1.75±0.56	1.55±0.66	1.54±0.64	16.893	0.000
抑郁量表***	1.69±0.55	1.52±0.48	1.28±0.38	1.29±0.48	25.708	0.000
焦虑量表***	1.84±0.71	1.68±0.60	1.30±0.35	1.39±0.60	27.892	0.000
负性情绪量表***	1.84±0.63	1.67±0.50	1.38±0.41	1.40±0.50	27.197	0.000
社交回避***	1.91±0.73	1.67±0.59	1.48±0.67	1.48±0.65	14.359	0.000
行为退缩***	2.12±0.78	1.86±0.59	1.64±0.71	1.62±0.70	17.242	0.000
抑郁核心表现***	1.61±0.55	1.48±0.49	1.27±0.44	1.27±0.49	17.508	0.000
抑郁非核心表现***	1.76±0.65	1.55±0.52	1.29±0.41	1.32±0.53	26.123	0.000
特质性焦虑***	1.69±0.60	1.58±0.53	1.21±0.33	1.29±0.54	29.937	0.000
情境性焦虑***	1.96±0.85	1.77±0.68	1.37±0.43	1.49±0.70	23.317	0.000

---

① Ebru Ersay, "Preschool Teachers' Emotional Experience Traits, Awareness of Their Own Emotions and Their Emotional Socialization Practices", *Pennsylvania*, *The Pennsylvania State University*, 2007.

② 邱佳佳:《教师情感智慧发展的实践研究》，华东师范大学硕士学位论文，2012。

户籍总共分为农村留守、农村本地、县城流动和县城本地四类，四组的得分差异具有研究意义。经过事后两两比较发现，农村留守幼儿在各量表的得分均高于其余三组幼儿，差异达到了统计学的意义($p<0.05$)，均值的差异比较Cohen'd值在0.24～0.99，效果量为中到高等程度，说明这种均值差异很有意义。农村本地幼儿的得分高于县城流动和县城本地两组幼儿，除了抑郁量表上，农村本地组与县城流动组差异不显著外($p>0.05$)，其余均具有显著性($p<0.05$)，见表4-12。均值的差异比较*Cohen'd*值在0.30～0.87，效果量为中到高等程度，说明这种均值差异意义重大。县城流动幼儿和县城本地幼儿比较，发现仅在负性情绪总均分上，县城本地组的得分略高于县城流动组($M_{县城本地}+SD=1.40\pm0.50$，$M_{县城流动}+SD=1.38\pm0.41$，$p<0.05$)，均值的差异比较*Cohen'd*值=0.02，由于效果量极小，可以认为这两组的均值差异没有较大的意义，可以视为两组的得分是近乎一致的，不存在差异。

比起城市儿童，农村儿童有着更高水平的抑郁与孤独、自我评价不高(蔡重阳，2013)①，农村儿童筛查的焦虑、抑郁百分比均高于城市儿童，差异具有统计学意义，农村儿童的儿童焦虑性情绪筛查表和儿童抑郁障碍自评量表的总得分都高于城市儿童(李刚等，2013)②。山东3～7岁儿童情绪异常检出率为15.56%。双亲监护男童的情绪问题得分低于非双亲监护男童，双亲监护女童的同伴交往问题总分低于非双亲监护女童(刘昭璐等，2015)③。乡村女童在抑郁、社交退缩、多动、攻击性、残忍等方面显著高于城市女童，城市女童表现出更多的情绪问题(王泉等，2015)④。农村中班幼儿的情绪识别能力还有待提高(崔甜，2013)⑤。

周怡娟等人(2010)的研究表明留守儿童的积极情绪明显低于非留守儿

---

① 蔡重阳：《农村留守儿童心理健康问题研究》，湖南师范大学硕士学位论文，2013。

② 李刚、杨艳红、张倩等：《城乡儿童情绪问题与心理弹性的关系》，载《中国健康心理学杂志》，2013(3)。

③ 刘昭璐、傅茂笋、徐凌忠等：《农村学龄前儿童情绪和行为问题的调查研究》，载《中国卫生事业管理》，2015(4)。

④ 王泉、徐微、贺红芬等：《城乡5—6岁学前儿童心理行为问题的比较研究——以襄阳市为例》，载《无线音乐·教育前沿》，2015(5)。

⑤ 崔甜：《农村中班幼儿情绪调节的干预研究》，河北师范大学硕士学位论文，2013。

童，消极情绪明显高于非留守儿童。其中，男生的情绪变化要小于女生。① 张惠娟等(2011)认为，这是因为城市儿童在生活环境方面的得分高于农村儿童。② 哥特门、盖茨(Gottman & Katz，1997)的研究表明：父母的元情绪理念在儿童情绪社会化发展的过程中会起到潜移默化的作用。③ 瞿鸿雁、许远理等人在研究中提出，城市父母的元情绪水平比较高，可以有效地提高子女的情绪调节能力。④

城市儿童做出的积极反应多于农村儿童，而中性反应和消极反应均少于农村儿童，这说明城市儿童具备更高水平的情绪表达能力，这有多方面的原因：一是多数农村没有幼儿园，农村学前教育主要依靠附设在小学里的学前班，因此多数农村儿童只能接受一年的学前教育，远远低于城市儿童的学前教育年限(一般为3～4年)；二是农村儿童生活中所接受的外部刺激远不如城市儿童丰富，难以提供认知和社会性发展所需要的适宜条件；三是农村家长在早期教育和家庭教育方面的重视程度、知识技能和投入程度远远落后于城市儿童家长。⑤

(五)情绪倾向调查问卷(教师用)得分的抚养人差异

表4-13 不同抚养人的幼儿在情绪倾向问卷上的得分差异

	父亲① $N=157$	母亲② $N=242$	爷爷奶奶③ $N=174$	外公外婆④ $N=15$	F	p
孤独量表*	1.52±0.61	1.69±0.66	1.91±0.73	1.56±0.70	7.693	0.000
抑郁量表*	1.32±0.49	1.39±0.44	1.61±0.56	1.41±0.60	7.575	0.000

① 周怡娟、秦晓云、王利兵：《吉安市留守儿童情绪特征分析》，载《中国学校卫生》，2010(1)。

② “城乡儿童入学准备状况比较研究”课题组：《起点上的差距：城乡幼儿入学准备水平的对比研究》，载《学前教育研究》，2008(7)。

③ Gottman，J. M.，Katz，L. F. & Hooven，C.，“Meta-emotion：How families communicate emotionally”，*Hillsdale，NJ.：Lawrence Erlbaum Associate*，1997，pp. 48-79.

④ 瞿鸿雁、许远理、黄玲玲：《父母元情绪理念对5～7岁儿童情绪调节的影响》，载《学前教育研究》，2011(5)。

⑤ 崔云：《3—6岁城市与农村儿童心理理论发展及其家庭养育环境的对比实验研究》，西南师范大学硕士学位论文，2004。

续表

	父亲① $N=157$	母亲② $N=242$	爷爷奶奶③ $N=174$	外公外婆④ $N=15$	F	p
焦虑量表*	1.43±0.65	1.46±0.46	1.74±0.67	1.60±1.07	7.975	0.000
负性情绪量表*	1.42±0.52	1.52±0.46	1.76±0.61	1.53±0.77	9.016	0.000
社交回避*	1.42±0.62	1.62±0.65	1.83±0.74	1.51±0.68	8.167	0.000
行为退缩*	1.63±0.66	1.78±0.72	2.0±0.77	1.61±0.74	6.303	0.000
抑郁核心表现*	1.30±0.52	1.37±0.46	1.55±0.56	1.38±0.57	5.201	0.000
抑郁非核心表现*	1.35±0.52	1.42±0.51	1.67±0.62	1.43±0.63	8.485	0.000
特质性焦虑*	1.33±0.56	1.36±0.43	1.61±0.59	1.52±0.91	7.655	0.000
情境性焦虑*	1.52±0.76	1.55±0.55	1.86±0.79	1.67±1.22	6.959	0.000

幼儿所报告的主要的抚养人有五类：父亲、母亲、爷爷奶奶、外公外婆和其他人，其他人仅为 2 人，占样本总体的 0.3%，对统计结果的影响不大，因此将此组数据略去。

单因素方差分析的结果表明，父亲抚育的幼儿，负性情绪得分最低；其次是外公外婆抚育组，然后是母亲抚育组，爷爷奶奶抚育组的负性情绪得分最高，组间差异显著（$p<0.05$）。经事后分析的两两比较，主要是①和③在每一项上的得分差异明显，均值比较的 *Cohen'd* 值在 0.24～0.61；效果量均为中等。②和③在每一项上的得分差异明显，均值比较的 *Cohen'd* 值在 0.22～0.29，效果量为中等。

盖纳（Garner，1994）①研究发现，积极的家庭环境有助于儿童获得更多的情绪知识，表现出更多的积极情绪；反之，消极的家庭环境则与儿童较少的情绪知识和较少的积极情绪相关。邓赐平、桑标和缪小春（2002）②认为，家庭情绪表露与幼儿情绪认知发展显著相关。幼儿家庭的消极情绪表露得分能够显著正向预测幼儿的焦虑总分，原因在于家庭的消极情绪表露能显著影

① Garner, P. W., Jones, D. C. & Palmer, D. J., "Social Cognitive Correlates of Preschool Children's Sibling Care giving Behavior", *Developmental Psychology*, 1994 (30), pp. 905-911.

② 邓赐平、桑标、缪小春：《幼儿心理理论发展的一般认知基础——不同心理理论任务表现的特异性与一致性》，载《心理科学》，2002(5)。

响幼儿的焦虑水平。

贾海艳和方平(2004)①发现，父母教养方式对于青少年的情绪调节策略具有显著的影响并有预测作用。父母与儿童有着丰富的情感互动和交流，父母对儿童情绪的反应直接影响着儿童选择的情绪策略(梁美玉，2015)②。

一般来说，祖辈家长有充裕的时间和丰沛的精力，并且具有抚养孩子的实践经验，能够在一定程度上帮助父辈家长，弥补现代年轻父母育儿经验的不足。爷爷奶奶、外公外婆或者保姆等代养人抚养研究发现，如果父母完全不在家，因父母情感的缺失，造成幼儿任性、依赖性强、缺乏独立性等问题(杨惠芝，2014)③。这是因为隔代教育中两代人年龄差为50岁左右，祖辈大都受教育程度不高。加上家务负担重，跟留守儿童之间缺少必要的沟通和交流，性格孤僻、脆弱、自卑、冲动易怒、神经过敏、渴望亲情成了留守儿童最大的心理问题。④ 辛涛说："从整体上看，隔代教育的负面影响是大于正面影响的。"在留守儿童中，同辈或无看护的留守儿童健康状况最差，单亲看护的儿童好于其他留守类儿童(黄艳苹和李玲，2007)⑤。仅母亲在外打工组留守儿童得分显著高于仅父亲在外打工组留守儿童(吴文春等，2010)⑥。

寄宿制幼儿情绪起伏较大，周一与家人分离时情绪低落、焦躁不安，有强烈的分离情绪或攻击行为。由于长期置身在单一的集体环境中，作息时间固定和统一，缺乏日托幼儿园的多元变化，容易导致多元情绪发展受限，幼儿的情绪不稳定，带有很强情境性，情绪稳定依赖于某一种情境，表现得孤僻、不合群或较强的情绪化，而这也不利于高级情感的发展。情绪发展面临双重标准等问题，在园内情绪较为稳定，而在家却受到父母的溺爱，表现出

---

① 贾海艳、方平：《青少年情绪调节策略和父母教养方式的关系》，载《心理科学》，2004(5)。

② 梁美玉：《4～7岁儿童情绪调节策略特点及其与父母反应方式的关系研究》，沈阳师范大学硕士学位论文，2015。

③ 杨惠芝：《浅谈幼儿情感的培养》，载《教育教学论坛》，2014(17)。

④ 刘桂华：《我国农村留守儿童隔代教育问题的现状与反思》，载《华章》，2012(19)。

⑤ 黄艳苹、李玲：《不同留守类型儿童心理健康状况比较》，载《中国心理卫生杂志》，2007(10)。

⑥ 吴文春、陈洵、温桂生等：《潮汕地区农村留守儿童孤独感与社会支持的关系研究》，载《中国健康心理学杂志》，2010(10)。

情绪的脆弱性和易感性(王谦，2015)。①

四、学前留守儿童负性情绪的识别与应对

(一)不同性别的幼儿在“情境故事测验”上的得分比较

表 4-14 不同性别幼儿在看图讲故事回答上的得分差异

	男童	女童	总体	t	p
图片孤独	1.31±0.61	1.30±0.57	1.30±0.60	0.338	0.735
图片抑郁	1.21±0.58	1.23±0.56	1.22±0.57	0.602	0.548
图片焦虑	1.28±0.58	1.26±0.57	1.27±0.58	0.733	0.464
图片负性情绪	1.27±0.54	1.26±0.52	1.26±0.53	0.378	0.706
图片负性情绪识别	1.33±0.59	1.34±0.59	1.33±0.59	0.387	0.699
图片情绪成因分析	1.19±0.63	1.21±0.64	1.20±0.64	0.630	0.529
图片负性情绪应对	1.24±0.58	1.16±0.52	1.20±0.56	2.478	0.014

研究结果表明，男童和女童两组幼儿，虽然在每一项上的得分各有高低，表现略有不同，但这种差异经过单样本的 t 检验，发现没有统计学上的差异($p>0.05$)，说明两组幼儿的情绪情感的发展能力是同步的。

情绪识别就是通过分析表情及其发生情境等因素以了解表情的性质和含义，这是一个包含观察、分析、判断和推理等的复杂的认知过程。情绪识别受暗示、经验等多种因素的影响，存在较大个体差异。儿童具备良好的情绪识别能力，有利于在理解、判断和应对情绪方面有进一步的发展，进而促进和发展个人的情商水平。

情绪理解是指儿童对情绪发生的原因和结果的认知，以及利用这些信息使自己在合适的情境中做出符合社会文化及亚文化行为的能力，以更好地适应社会、促进人际关系的发展，更好地发展自己全方面的能力，它既是对个体与他人情绪加工的过程，同时也是个体对他人情绪外在线索和内隐心理状态做出符合社会规则的情绪表达的能力。情绪理解是儿童心理理论的重要组

① 王谦：《寄宿制幼儿情绪发展存在的问题及应对措施》，载《科学导报教育论坛》，2015(13)。

成部分，越来越受到各个领域研究者的极大关注。

儿童的情绪理解包含不同的层次：简单情绪表情的识别、基于外部情境线索的情绪理解(情绪解码)、基于愿望和信念的情绪理解、复杂情绪的理解等(李佳和苏彦捷，2004)。① 由于复杂程度的不同，儿童不同层次的情绪理解能力所出现的时间顺序相对稳定。大量研究表明，情绪理解能力在整个儿童期处于不断发展之中。②

在幼儿情绪判断研究中，是否存在性别差异有很大的争论。女孩对影响情绪的环境因素的理解比同龄的男孩好(Denham & Couchoud，1987b③；Gross & Bailif，1991④)。波萨科(Bosacki，2004)⑤表明，在表情命名和复杂情绪的理解上女童优于男童。姚端维等人也发现，3～4 岁幼儿的情绪理解能力有显著变化，对积极情绪的理解要高于对消极情绪的理解，女童推测他人情绪状态的能力高于同龄男童。⑥

本研究和另一项研究(牟丽霞和陈永胜，2006)⑦发现性别差异不显著，这说明在早期情绪理解的发展过程中，性别不是一个影响因素，或许情绪理解的性别差异需要一个长期的社会化过程，在学前幼儿身上还没有体现。

(二)“情境故事测验”的班级(年龄)差异

从表 4-15 中单因素方差分析的结果可以清晰地发现，小班、中班和大

① 李佳、苏彦捷：《儿童心理理论能力中的情绪理解》，载《心理科学进展》，2004(1)。

② Pons，F. L.，Harris，P. L. & de Rosnay，M.，“Individual Differences in Children's Emotion Understanding：Effects of Age and Language”，*Scandinavian Journal of Psychology*，2004(44)，pp. 347-353.

③ Denham，S. A. & Couchoud，E. A.，“Young Preschoolers' Ability to Identify Emotions in Equivocal Situations”，*Child Study Journal*，1987(20)，pp. 153-169.

④ Gross，A. L. & Bailif，B.，“Children's Understanding of Emotion from Facial Expressions and Situation：A Review”，*Developmental Review*，1991(11)，pp. 368-398.

⑤ Bosacki，S. L. & Moore，C.，“Preschoolers' Understanding of Simple and Complex Emotions：Links with Gender and Language”，*Sex Roles*，2004，50(9/10)，pp. 659-675.

⑥ 姚端维、陈英和、赵延芹：《3～5 岁儿童情绪能力的年龄特征、发展趋势和性别差异的研究》，载《心理发展与教育》，2004(2)。

⑦ 牟丽霞、陈永胜：《任务、年龄和性别对幼儿情绪理解成绩的影响》，载《心理学探新》，2006(2)。

班的幼儿在各个维度上的得分是逐渐递增的，这些差异都有统计学的意义($p<0.05$)，并且图片孤独、图片抑郁、图片焦虑、图片负性情绪总均分和图片负性情绪识别项目上，差异极其显著($p<0.001$)；在图片情绪成因分析项目上，差异较为显著($p<0.01$)；而在图片负性情绪应对上，差异有意义($p<0.05$)，说明幼儿的情绪感知和识别能力发展得最好，年龄效应非常明显(*Cohen'd* 值=0.68，效果量较大)；幼儿的情绪成因分析有了较好地发展(*Cohen'd* 值=0.41，效果量为中等程度)，而幼儿的负性情绪的应对能力有所发展，有一定的年龄差异(*Cohen'd* 值=0.33，效果量为中等程度)。

表 4-15　不同班级的幼儿在情境故事测验上的得分差异

	小班	中班	大班	F	p
图片孤独***	1.12±0.50	1.39±0.69	1.46±0.50	17.912	0.000
图片抑郁***	1.03±0.50	1.28±0.68	1.32±0.46	14.266	0.000
图片焦虑***	1.10±0.53	1.30±0.66	1.38±0.51	10.886	0.000
图片负性情绪***	1.09±0.48	1.30±0.63	1.37±0.42	13.375	0.000
图片负性情绪识别***	1.12±0.50	1.39±0.69	1.46±0.50	17.912	0.000
图片情绪成因分析***	1.06±0.58	1.21±0.73	1.30±0.59	6.779	0.001
图片负性情绪应对***	1.09±0.57	1.26±0.63	1.26±0.45	5.704	0.004

威尔门和沃伦(Wellman & Woolley，1990)认为，幼儿在 3 岁左右就能理解情绪和愿望之间的关系①；布伦·科汉(Baron-Cohen，1998)采用“误信念”范式考察了幼儿对基于信念的情绪理解，结果显示 4～6 岁的幼儿已能理解基于信念的情绪②；布朗(Brown，1996)发现 6 岁幼儿开始理解同一客体能够引发一种以上的混合情绪③。6 岁儿童的表情识别分数显著高于 3 岁($p<0.001$)、4 岁($p<0.001$)和 5 岁($p<0.05$)儿童，5 岁儿童的得分显著高于 3 岁($p<0.001$)和 4 岁儿童($p<0.05$)，3 岁和 4 岁儿童的得分不存在显

① Wellman, H. M. & Woolley, J. D.,“From Simple Desires to Ordinary Beliefs: the Early Development of Everyday Psychology”, *Cognition*, 1990(35), pp. 245-275.

② Baron-Cohen, S.,“Does the Study of Autism Justify Minimalisty Innate Modularity?”, *Learning and Individual Difference*, 1998, 10(3), pp. 79-191.

③ Brown, J. R. & Dunn, J.,“Continuities in Emotion Understanding from Three To Six Year”, *Child Development*, 1996, 63(7), pp. 789-802.

著差异($p>0.05$)(赵景欣等，2006)①。

情绪理解和错误信念理解能力的差异使儿童在幼儿末期具有不同的发展状况(Dunn，1995)②。卡汀和邓(Cutting & Dunn，1999)③发现儿童的错误信念理解、情绪理解、语言能力之间相关显著，而且年龄和每一个方面存在相关显著。幼儿的心理理论和情绪理解在3～5岁发生了巨大的变化，在5岁的时候大多数的幼儿已经基本上具备了心理理论和情绪理解的能力，4岁是幼儿心理理论和情绪理解能力发展的关键年龄(陈英和等，2005)④。

情绪评分在准确性(共情)和情绪应对上存在年龄差异，随着年龄的增长，儿童社会认知能力和控制能力不断得到提高，情绪体验逐渐深刻而稳定，趋于内化，能够识别不同类型的情绪；同时，儿童自我认识和自信心逐渐建立，自己的权威地位也不断得到提升，在面对社会情境时，大年龄儿童更居主导地位，更善于找出多种方法来处理和应对不同的情境(赵迎春和张劲松，2009)⑤。

(三)"情境故事测验"的幼儿园性质差异

我们可以看出公办园和民办园幼儿的情商差异。经独立样本t检验，发现在每一项的得分上，公办园幼儿都高于民办园，幼儿园之间的差异极其显著($p<0.001$)，说明在理解、分析和处理幼儿三种最主要的负性情绪方面，公办园的幼儿优于民办园幼儿。

---

① 赵景欣、申继亮、张文新：《幼儿情绪理解、亲社会行为与同伴接纳之间的关系》，载《心理发展与教育》，2006(1)。

② Dunn，J.，"Children as Psychologists：The Later Correlates of Individual Differences in Understanding of Emotions and Other Minds"，*Cognition and Emotion*，1995(9)，pp. 187-201.

③ Alexcmdra，L.，Cutting & Dunn，J.，"Theory of Mind，Emotion Understanding，Language，and Family Background：Individual Differences and Interrelation"，*Child Development*，1999，70 (4)，pp. 853-865 .

④ 陈英和、崔艳丽、王雨晴：《幼儿心理理论与情绪理解发展及关系的研究》，载《心理科学》，2005(3)。

⑤ 赵迎春、张劲松：《7～14岁儿童情绪识别特点初步分析》，载《上海交通大学学报(医学版)》，2009(7)。

表 4-16 不同性质幼儿园的幼儿在“情境故事测验”上的得分差异

	公办园幼儿	民办园幼儿	t	p
图片孤独***	1.42±0.55	0.74±0.49	13.792	0.000
图片抑郁***	1.33±0.53	0.71±0.46	13.219	0.000
图片焦虑***	1.38±0.55	0.78±0.43	13.936	0.000
图片负性情绪***	1.37±0.49	0.74±0.36	17.076	0.000
图片负性情绪识别***	1.46±0.55	0.77±0.38	17.912	0.000
图片情绪成因分析***	1.33±0.58	0.64±0.56	12.319	0.000
图片负性情绪应对***	1.28±0.54	0.85±0.50	8.533	0.000

考察不同性质的幼儿园内的幼儿的情绪理解能力的差异，并没有见到相应的对照研究。苗利娟(2013)①采用了由珀斯和海瑞斯(Pons and Harris)于2000年编制的情绪理解测验(TEC)测查了私立幼儿园中班的幼儿的情绪理解能力。第一步，主试边呈现故事图片，边向幼儿讲述与图片相应的故事；第二步，故事讲完后，让幼儿从备选的情绪图片中挑选出最恰当的一张表情图，来对故事中的主人公做一个情绪归因。结果发现私立幼儿园的幼儿的情绪理解能力偏低，通过情绪健康教育干预后，有了较大的改善。

而本研究则让幼儿思考后用语言回答图中拟人化的动物的情绪感受和对抗负性情绪的应对方法，可能后者更难一些，因为要受制于言语思维和语言表达的影响。珀斯和罗森纳等人(Pons & Lawson, et al., 2003)②的研究发现语言对于解释情绪理解上的个体差异有重要作用。隋晓爽和苏彦捷(2003)③在面部表情识别任务中，增加了悲哀和恐惧两种表情，发现面部表情识别任务与语言能力显著相关。李佳和苏彦捷(2004)④将面部表情识别与

① 苗利娟：《私立幼儿园中班幼儿情绪健康的教育干预》，沈阳师范大学硕士学位论文，2013。

② Pons, F., Lawson, J., Harris, P. L. et al, “Individual Differences in Children's Emotion Understanding: Effects of Age and Language”, *Scandinavian Journal of Psychology*, 2003, 44(4), pp. 347-353.

③ 隋晓爽、苏彦捷：《心理理论社会知觉成分与语言的关系》，载《心理科学》，2003(5)。

④ 李佳、苏彦捷：《儿童心理理论能力中的情绪理解》，载《心理科学进展》，2004(1)。

情绪观点采择合并为基本情绪理解能力，研究结果也同样表明，基本情绪理解能力与语言能力显著相关。

(四)“情境故事测验”的户籍差异

表 4-17 不同户籍类型的幼儿在“情境故事测验”上的得分差异

	农村留守①	农村本地②	县城流动③	县城本地④	*F*	*p*
图片孤独***	0.97±0.48	0.98±0.51	1.78±0.55	1.41±0.46	92.764	0.000
图片抑郁***	0.96±0.49	0.90±0.48	1.64±0.52	0.32±0.45	73.201	0.000
图片焦虑***	0.99±0.50	0.99±0.51	1.70±0.42	1.27±0.58	69.645	0.000
图片负性情绪***	0.98±0.43	0.95±0.45	1.70±0.47	1.35±0.38	98.378	0.000
图片负性情绪识别***	0.99±0.46	1.03±0.47	1.80±0.55	1.45±0.45	92.764	0.000
图片情绪成因分析***	0.96±0.59	0.86±0.66	1.62±0.54	1.29±0.47	53.428	0.000
图片负性情绪应对***	0.97±0.48	0.92±0.45	1.61±0.52	1.25±0.48	62.721	0.000

通过单因素方差分析可以看出，四组幼儿的表现上，县城流动幼儿得分最高，县城本地幼儿次之，农村留守和农村本地两组幼儿得分最低(两组得分略有不同，但差异没有统计学意义)，这些户籍带来的表现差异显著($p<0.05$)。①与③④两两比较后，均值差异 Cohen'*d* 值在 0.62～1.60，效果量为中等到高等程度。②与③④两两比较后，均值差异 Cohen'*d* 值在0.71～1.51，效果量为中等到高等程度。③与④比较后，均值差异 Cohen'*d* 值在 0.65～0.82，效果量为中等到高等程度，说明这些均值差异非常有意义。

对儿童情绪理解的研究(Cutting & Dunn，1999)①发现，来自高收入家庭或经济发达地区的儿童，比来自低收入家庭或落后地区的儿童，在对情感等心理因素的理解上表现出更高的水平。在我国社会文化的背景下，城市、农村儿童情绪理解发展的一般规律和差异性比较，国内已有研究涉及的还比

① Cutting，A. L. & Dunn，J.，“Theory of Mind，Emotion Understanding，Language and Family Background：Individual Differences and Interrelations”，*Child Development*，1999(70)，pp. 853-865.

较少(王玲，2007)①。莫新竹等(2013)用情绪命名、情绪识别、情绪观点采择任务和情绪原因解释任务等四类任务，考察了幼儿的心理理论，结果显示农村组在情绪理解各项任务的得分都低于城市组，即使在排除了语言能力的影响以后，农村儿童在情绪的命名和识别上仍然落后于生活在城市的同龄人。此研究的被试人虽然生活在农村地区，但基本上都接受了正规的学前教育，排除了其他无关变量的影响，两者间的差异主要体现在家庭背景和生活环境上。②

研究发现家庭环境与情绪理解的关系比与错误信念理解能力的关系更加密切，卡汀和邓(Cutting & Dunn，1999)③的研究中也显示了家庭背景对信念和情绪理解不一致的影响，这使得研究者推测情绪理解和信念理解可能是心理理论能力的不同方面，遵循着不同的路线，情绪理解可能更多地受到家庭交流方式的影响。在农村生活的儿童与双亲间的交流更多集中在实务性内容上，父母更关心儿童“做”了什么，而不是在“想”什么。

(五)“情境故事测验”的抚养人差异

经过单因素方差分析，可以看出父亲亲自抚育的幼儿，情绪智力发展得最好，其次是外公外婆抚育的幼儿，然后是母亲抚育的幼儿，爷爷奶奶抚育的幼儿，情绪智力发展相对较弱，这些差异较为显著($p<0.05$)。经过两两比较，主要是①和③在每一项上的得分差异明显，均值比较的 *Cohen'd* 值在 0.24～0.61，效果量均为中等。②和③在每一项上的得分差异明显，均值比较的 *Cohen'd* 值在 0.22～0.29，效果量为中等。

表 4-18　不同抚养人的幼儿在“情境故事测验”上的得分差异

	父亲①	母亲②	爷爷奶奶③	外公外婆④	F	p
图片孤独***	1.47±0.55	1.32±0.61	1.12±0.59	1.33±0.45	7.297	0.000

① 王玲：《学前儿童心理理论、情绪理解、分享行为的发展及其关系的研究》，南京师范大学硕士学位论文，2007。

② 莫新竹、黄秋平、张倩倩等：《城乡儿童心理理论发展比较》，载《中国临床心理学杂志》，2013(4)。

③ Cutting，A. L. & Dunn，J.，“Theory of Mind，Emotion Understanding，Language and Family Background：Individual Differences and Interrelations”，*Child Development*，1999(70)，pp. 853-865.

续表

	父亲①	母亲②	爷爷奶奶③	外公外婆④	F	p
图片抑郁***	1.34±0.49	1.23±0.61	1.10±0.57	1.25±0.38	3.656	0.000
图片焦虑***	1.36±0.50	1.30±0.60	1.14±0.60	1.38±0.48	3.681	0.000
图片负性情绪***	1.38±0.46	1.28±0.55	1.12±0.54	1.32±0.38	5.426	0.000
图片负性情绪识别***	1.51±0.52	1.35±0.60	1.15±0.59	1.35±0.37	8.344	0.000
图片情绪成因分析***	1.31±0.56	1.20±0.67	1.10±0.65	1.29±0.43	2.521	0.000
图片负性情绪应对***	1.23±0.46	1.25±0.60	1.11±0.55	1.31±0.66	1.920	0.000

既往研究发现，外部的社会化过程例如他人对情绪的解释、对儿童情绪的积极或是消极反应能对儿童的情绪能力做出很好的预测(Denham，Zoller & Couchoud，1994)①，父母对孩子情绪的社会化措施对其情绪能力具有重要影响，因此近十几年来关于情绪发展的许多研究表现出一种从相互影响的、人际交往的角度研究情绪发展的趋向(Eisenberg，Cumberland & Spinrad，1998)②，或者说是强调情绪的社会化。

依恋理论提供的证据表明，儿童在第一年里与父母的依恋关系能够影响儿童在社会和情绪理解方面的差异。奥太等人(Ontai and Thompson，2002)③研究认为，安全依恋似乎能提供儿童情绪理解的心理基础。琼斯等人(Jones，Abbey & Cumberland，1994)④通过对55名5岁儿童父母的教养方式与儿童情绪理解能力进行研究，结果表明积极型的父母教养方式对儿童情绪理解能力发展有促进作用，而消极型的父母教养方式对儿童情绪理解能力发展有阻碍作用，特别是母亲教养方式与儿童情绪理解能力呈显著相关。

---

① Denham，S. A.，Zoller，D. & Couchoud，E. A.，“Socialization of Preschoolers' Emotion Understanding”，*Developmental Psychology*，1994，30(6)，pp. 928-936.

② Eisenberg，N.，Cumberland，A. & Spinrad，T. L.，“Parental Socialization of Emotion”，*Psychological Inquiry*，1998，9(4)，pp. 241-273.

③ Ontai，L. L. & Thompson，R. A.，“Patterns of Attachment and Maternal Discourse Effects on Children's Emotion Understanding From 3 to 5 Years of Age”，*Social Development*，2002，11(4)，pp. 433-450.

④ Jones，D. J.，Abbey，B. & Cumberland，A.，“The Development of Display Rule Knowledge：Linkages with Family Expressiveness and Social Competence”，*Child Development*，1994，69(4)，pp. 1209-1222.

霍夫曼(Hoffman，1996)①的研究表明，父母的教养方式与儿童情绪理解能力有关。母亲教养方式(情感温暖/理解)与儿童情绪理解显著正相关，与母亲教养方式(严厉/惩罚，过分干涉/过分保护，否认/拒绝)显著负相关。母亲教养方式在一定程度上可以预测5岁儿童情绪理解能力的发展水平，母亲教养方式(情感温暖/理解)能够正向预测情绪理解能力的发展。母亲教养方式(严厉/惩罚)与5岁儿童情绪理解显著负相关，严厉/惩罚负向预测情绪理解能力的发展(兰秀君，2014)②。家庭教养方式在一定程度上可以预测普通幼儿的情绪识别能力(许有云和汪亚男，2015)③。

而对替代抚养下的幼儿的情绪理解和识别能力的研究不多。家庭功能和家庭情绪表露与幼儿的情绪理解发展存在一定的相关性。布朗和邓(Brown and Dunn，1996)④的研究揭示了3岁儿童与家庭成员讨论情绪发生的原因、与哥哥姐姐积极的交流和语言能力都和其6岁时的情绪理解显著相关。另一项研究发现，父母—祖辈共同抚养和父母抚养两种抚养方式下的儿童在情绪理解发展上不存在显著的差异(张小梅，2015)⑤。

第四节　学前留守儿童攻击性行为倾向

攻击性行为通常是指有意伤害他人、损坏或抢夺他人物品的行为。学前期是幼儿社会性萌芽的时期，儿童既有强烈的与人交往的欲望，但又受限于自我中心阶段的影响，幼儿之间常常因各种矛盾而出现打、踢、咬、叫嚷、骂人、暴力、抢夺等行为。

---

① Hoffman, M. L.，"Empathy and Justice Motivation"，*Motivation and Emotion*，1990(4)，pp. 151-172.

② 兰秀君：《母亲教养方式与5岁儿童情绪理解的相关研究》，辽宁师范大学硕士学位论文，2014。

③ 许有云、汪亚男：《自闭症幼儿情绪识别能力和家庭教养方式的关系》，见《中国心理学会发展心理专业委员会第十三届学术年会摘要集》，2015。

④ Brown, J. R. & Dunn, J.，"Continuities in Emotion Understanding from Three to Six Years"，*Child Development*，1996.

⑤ 张小梅：《不同抚养方式下3—6岁儿童心理理论发展的比较研究》，云南师范大学硕士学位论文，2015。

一、关于攻击行为的概述

心理学界关于儿童攻击性行为的研究历时较长，但迄今为止尚无统一定义。“攻击性行为”的界定从 20 世纪 20 年代的“避免痛苦与寻求快乐的行为遭受挫折时的基本反应”，发展到 20 世纪 30 年代到 70 年代心理学家赞同的“以直接伤害他人为目的的任何行为序列”。目前对攻击行为的界定方法主要有四种：解剖学界定方法、行为后果定义法、前提条件定义法和社会判断定义法。① 习性学家劳伦茨(Lorentz)主张，攻击是人类的一种本能，是指导致对方逃跑或给对方造成伤害的行为或行为模式；行为后果定义法认为，攻击性行为是有意伤害别人且不为社会规范所许可的行为，其目的是直接造成被攻击者的伤害或通过唤起被攻击者的恐惧而达到其他目的。前提条件定义法认为动机和伤害性应该作为攻击性行为界定的重要依据。社会判断定义中社会学习理论最具代表性，班杜拉(Bandura)提出攻击是一个涉及多种因素的复杂结构，这些因素包括攻击性行为的结果、形式、动机以及攻击者与被攻击对象间的关系等，所以对其做出界定时，一定要综合考虑各种因素，不能以其中一种因素或一个维度作为依据或标准。②我国的心理学工作者高桦认为，攻击性行为就是“伤害他人的身体行为或语言行为”③，章志光认为攻击性行为“是有意伤害别人且不为社会规范所许可的行为”④。概括来说在攻击性行为的定义中有三个核心的概念要素：伤害意图、伤害行动与社会评价。⑤

按照攻击的实施方式，可以把学前儿童的行为分为身体攻击、言语攻击及间接攻击三类。按照攻击的目的可以分为工具性攻击和敌意性攻击。工具性攻击是指幼儿以获取某种物品、维护某种权利为目的，而伤害了别人。在这种形式中，幼儿渴望得到某种玩具、某个游戏中的角色或游戏的空间，为

---

① 纪林芹、张文新：《儿童攻击发展研究的新进展》，载《心理发展与教育》，2007(2)。

② 苏杰：《3－5 岁幼儿攻击性行为与自我控制能力、情绪调节策略的关系研究》，山东师范大学硕士学位论文，2014。

③ 高桦：《被攻击者的性别差异研究》，载《社会心理科学》，1997(4)。

④ 章志光：《社会心理学》，317～344 页，北京，人民教育出版社，2015。

⑤ 智银利、刘丽：《儿童攻击性行为研究综述》，载《教育理论与实践》，2003(7)。

此他们想方设法去得到它或维护它。他们用吵架、推搡、脚踢等方式来达到自己的目的。敌意性攻击是指幼儿以破坏东西、伤害他人为目的，而进行攻击。在这种攻击中，攻击就是为了破坏、为了让人受伤。大量研究表明儿童攻击性行为的产生是内因与外因相互作用的结果，是内部动机和外部环境相互影响的结果。苏瑞亚(Surya)在 2004 年曾提出引发儿童攻击性行为的多种因素：不被关注、长期沮丧、不被尊重、嫉妒心、与环境互动的方式、家庭关系不和谐、电视媒体中的暴力行为、不良社会交往。①

二、学前留守儿童攻击性行为倾向调查设计

为了解农村留守学前儿童在特殊生存和生活状态下的攻击性行为倾向，刘占兰等“农村 3—6 岁留守儿童心理健康促进项目组”在河南省进行调查，共测查有效样本计 774 人次，其中非学前留守儿童共计 301 人，占总样本的 38.9%，男女幼儿基本各占一半；学前留守儿童共计 473 人，占总样本的 61.1%，男幼儿约占 52%，女幼儿约占 48%。

该研究对学前留守儿童攻击性行为倾向的调查共设置了 15 道题目，向儿童所在班级的教师发放问卷，采用 5 点计分的方式测试儿童攻击性行为及倾向的现状。15 道题目得分越高表明此方面表现得越严重。

三、学前留守儿童攻击性行为的整体表现

从总体上来看，攻击性行为倾向总体平均值为 1.33 分，也就是说幼儿的攻击性行为倾向介于“没有”和“很少”之间。从具体测试题目来看，有 80%～90%的幼儿攻击性行为倾向的得分处于低分段，为 1 分或者 2 分。这一测查结果从总体上来看是令人满意的。就两类儿童比较发现，留守儿童攻击性行为倾向的平均值为 1.38 分，非学前留守儿童攻击性行为倾向的平均值为 1.25 分，留守儿童的得分略高于非留守儿童。进一步比较他们在低分段、高分段上的得分比例，仍然可以发现其差异，并警醒相关人士予以重视。

---

① Surya，H.，“Kiat Mengatasi Penyimpangan Perilaku Anak (Usia 3-12 Tahun)”，Jakarta，PT Elexmedia Komputindo，2004.

各个得分段上的比例方面，得 1 分的全部幼儿比例均在 60%～90%。也就是说绝大多数儿童没有这些攻击性行为倾向。得 2 分的幼儿比例与得 1 分的相比下降幅度很大。其中学前留守儿童的比例基本在 10%～20%，非学前留守儿童得 2 分的基本在 10%左右，个别题目低于 10%。得 3 分的幼儿比例分布基本不超过 10%。得到 4 分的学前留守儿童比例大部分为 3%左右，而非学前留守儿童得到 4 分的基本不超过 1.5%。

就低分段的得分具体情况来看，在 15 道攻击性行为倾向测试题目中，有 10 道题目，学前留守儿童平均得分为 1 的比例比非留守儿童低 6 个百分点以上，也就是说，完全没有这几种攻击性行为倾向的留守儿童比例远低于非留守儿童。其中，第九题(故意做老师明令禁止的事情)得 1 分的学前留守儿童比非留守儿童的比例少 17%左右，留守儿童不去故意挑衅老师规则的比例比非留守儿童少将近 20%。第十题(抢夺别人东西或争夺空间)得 1 分的学前留守儿童比非留守儿童少 17.2%，不抢夺、不争夺的留守儿童比非留守儿童少近 20%。第十一题(破坏同伴的物品或作品、游戏成果)得 1 分的学前留守儿童比非留守儿童少 13.3%，留守儿童不出现破坏行为的比例比非留守儿童少 14%。

再看高分段的得分情况。学前留守儿童有 13 道题目都得 5 分者，也就是总表现出这 13 种攻击性行为倾向。其中第四题(推撞、绊倒或拦截别人)有 1.1%的学前留守儿童得 5 分；第五题(因好动、交往方式不当弄疼或弄伤小朋友)有 1.3%的学前留守儿童得 5 分；第六题(拿东西打人)有 1.3%的学前留守儿童得 5 分，这 3 道题在 1%以上，其余的 12 道题均在 1%以下。非学前留守儿童有 11 道题目得 4 分者，也就是经常出现此 11 种攻击性行为倾向。相比之下，非学前留守儿童的 15 道攻击性行为倾向题目中没有一人得到 5 分。有 4 道题目没有人得 4 分，其他得 4 分的比例均不超过 1.4%。

在攻击性行为倾向方面，学前留守儿童的表现并不都不如非留守儿童。例如在第一题“取笑别人”中，得 1 分的学前留守儿童占 70.1%，非学前留守儿童占 61.4%，学前留守儿童明显高于非学前留守儿童，说明有更多的留守儿童不会取笑别人。

四、学前儿童不同类型攻击性行为倾向的表现

帕克等人(Parke & Slaby，1983)在综述关于攻击性行为发展时，梳理了在 20 世纪 30 年代研究者对儿童攻击性行为的表现特点、发展模式的各种

表 4-19　学前留守儿童与非学前留守儿童攻击情绪的具体题目得分比较

单位：100%

分类	得分	一	二	三	四	五	六	七	八	九	十	十一	十二	十三	十四	十五
学前留守儿童	1	70.1	73.1	76.6	74.1	60.6	79.7	76.8	77.1	61.1	58.3	69.9	77.9	89.3	86.3	90.5
	2	17.7	16.0	10.7	14.3	23.4	10.8	15.6	16.2	24.6	27.2	20.8	15.6	8.2	10.1	6.7
	3	9.3	7.8	9.3	7.6	10.9	6.8	6.1	5.5	9.1	11.4	6.3	5.7	2.5	2.9	2.3
	4	2.7	2.3	2.5	2.9	3.8	1.5	0.8	0.6	4.8	2.5	2.3	0.8	—	0.2	0.2
	5	0.2	0.8	0.8	1.1	1.3	1.3	0.6	0.6	0.4	0.6	0.6	—	—	0.4	0.2
非学前留守儿童	1	61.4	80.5	84.9	81.5	70.5	83.2	84.6	83.2	78.2	75.5	83.2	84.6	91.3	89.9	93.3
	2	28.5	13.1	9.1	10.4	20.5	10.4	10.1	10.8	14.4	13.4	9.1	11.1	7.0	7.0	4.4
	3	9.7	6.0	6.0	7.4	8.1	6.0	5.0	6.1	6.0	9.7	7.0	4.0	1.7	2.7	2.3
	4	0.3	0.3	—	0.7	1.0	0.3	0.3	—	1.3	1.3	0.7	0.3	—	0.3	—
	5	—	—	—	—	—	—	—	—	—	—	—	—	—	—	—

观点。20世纪七八十年代之后，更多的研究者探讨了儿童攻击性行为的表现。哈茨帕(Hartup，1974)①从儿童发展的视角论述他们攻击性行为的特点，多巨和卡尔(Dodge and Coie，1987)②分析了社会信息加工对儿童同伴间主动与被动攻击行为的作用；桑特兹(Shantz，1986)③聚焦研究了冲突、攻击与同伴地位的关系。21世纪以来的相关研究也越来越丰富，例如罗珀斯等人在2008年研究了性别与家庭以及社会环境对青少年攻击性行为的影响。Tremblay④在2008年针对理解力的发展对习惯性身体攻击性行为的预防进行了深入的实验研究。潘尼柯若在2011年分析了家庭因素对校园霸凌的作用。2011年，也欧等人(Yeo et al.，2011)⑤对新加坡的男童进行了关于身体攻击、言语攻击以及间接攻击性行为的研究，揭示了情、感、认知，以及移情等心理机能对攻击性行为的影响。

研究结果表明，儿童攻击性行为的类型与形式有很大的差异。从儿童的攻击类型看，学前儿童的攻击性行为，如争吵和打架大多是为了争抢玩具、其他物品或者空间，攻击性行为具有“工具性”；随着年龄的增长，儿童使用以人为目标的攻击，如批评、嘲笑、辱骂等开始增多，具有了“敌意性”。张文新等人的研究表明，小班幼儿的工具性攻击行为显著多于敌意性攻击行为，中班幼儿的工具性攻击和敌意性攻击行为不存在显著差异，而大班幼儿的敌意性攻击极显著地多于工具性攻击。⑥ 李俊的研究也表明，儿童攻击性

---

① Hartup，W. W.，“Aggression in Childhood: Developmental Perspectives”，*American Psychologist*，1974.

② Dodge，K. A. & Coie，J. D.，“Social Information Processing Factors in Reactive and Proactive Aggression in Children's Peer Groups”，*Journal of Personality and Social Psychology*，1987，pp. 1146-1158.

③ Shantz，D. W.，“Conflict，Aggression and Peer Status: An Observational Study”，*Child Development*，1986，pp. 1322-1332.

④ Tremblay，R. E.，“Understanding Development and Prevention of Chronic Physical Aggression: Towards Experimental Epigenetic Studies”，*Philosophical Transactions of the Royal Society of London*，pp. 2613-2622.

⑤ Yeo，L. S.，Ang，R. P.，Loh，S.，Fu，K. J. & Karre，J. K.，“The Role of Affective and Cognitive Empathy in Physical，Verbal，and Indirect Aggression of a Singaporean Sample of Boys”，*The Journal of Psychology*，2011，145(4)，pp. 313-330.

⑥ 张文新、张福建：《学前儿童在园攻击性行为的观察研究》，载《心理发展与教育》，1996(4)。

行为，躯体攻击、工具性攻击、言语性攻击大多出于一种公平的报复动机；无意的工具性攻击随年龄的增长而逐渐减少，言语攻击是最易被儿童模仿的行为。①

“农村3—6岁留守儿童心理健康促进项目组”研究的视角聚焦在学前留守儿童和非学前留守儿童的攻击性行为比较方面。分别从言语类攻击、行为类攻击、工具性攻击、敌意性攻击和自残行为五个方面进行了两类儿童的比较。

(一)言语类攻击性行为倾向的比较

与非学前留守儿童相比，有更多的学前留守儿童采用言语攻击他人。例如，第一题(取笑别人)和第二题(爱骂人、说脏话)。这两道题目中，非学前留守儿童没有人得到5分，得到4分的也不超过0.4%。而学前留守儿童经常取笑他人的占到2.7%，经常骂人说脏话的占到2.3%，比例高出非学前留守儿童约2个百分点。

(二)行为类攻击性倾向的比较

行为攻击的倾向方面，非学前留守儿童表现得更为明显。第三题(爱打人或向别人吐口水、咬人等)中的表现，非学前留守儿童没有得4分、5分的，而学前留守儿童得5分的占到0.8%，得4分的占到2.5%。不打人或者不向别人吐口水、咬人的学前留守儿童占76.6%，比不打人或不向别人吐口水、咬人的非学前留守儿童少近10个百分点。

第四题(推撞、绊倒或拦截别人)中的表现，非学前留守儿童没有得5分的，得4分的仅占0.7%，而学前留守儿童得5分的占到1.1%，得4分的近3%。不故意推撞绊倒或拦截别人的学前留守儿童占74.1%，比不故意推撞绊倒或拦截别人的非学前留守儿童少7个百分点以上。

第五题(因好动、交往方式不当弄疼或弄伤小朋友)方面，非学前留守儿童没有人得5分，经常弄疼别人的占到1%，而学前留守儿童总是弄疼别人的占1.3%，经常弄疼别人的接近4%。能够控制好自己不弄疼别人的学前留守儿童占到60.6%，比非学前留守儿童少近10个百分点。

第六题(拿东西打人)方面，非学前留守儿童没有人得5分，经常拿东西

---

① 李俊：《3—9岁儿童的攻击性行为调查》，载《心理发展与教育》，1994(4)。

打人的占 0.3%，而学前留守儿童有近 3%的人总是或经常拿东西打人。

(三)工具性攻击行为的比较

第九题(故意做老师明令禁止的事情)方面，非学前留守儿童故意挑衅老师规则的比例不到 1.5%，而学前留守儿童经常故意挑衅老师规则的接近 5%，总是破坏规则，做老师明令禁止事情的也有 0.4%。能够遵守规则，不故意做老师禁止事情的学前留守儿童占 60%左右，比遵守规则的非学前留守儿童少 17.1%。

第十题所测的抢夺别人东西或争夺空间在幼儿园是比较常见的同伴冲突。非学前留守幼儿经常有抢夺行为的不超过 1.3%，而学前留守学前儿童经常抢夺别人东西或抢夺地盘的占 2.5%，还有 0.6%总是有抢夺行为。从来没有抢夺行为的学前留守儿童占 58.3%，比非学前留守儿童少 17.2%。

第十二题所测的内容为情绪不稳定或遇到挫折时用砸、摔、踢东西、撕咬等方式发泄，体现出幼儿对自身情绪行为的控制能力。两类儿童经常用极端的行为发泄情绪的比例都不高。但从不如此发泄情绪的比例有所不同，学前留守儿童有 77.9%可以控制自己不用极端的方式发泄，而非学前留守儿童有近 85%。

(四)敌意性攻击行为的比较

欺侮是敌意性攻击行为非常有代表性的例子。有研究表明，欺侮行为具有一定的稳定性，经常欺侮他人可能会造成以后的暴力犯罪或行为失调。①

第七题“自己或者和别人一起欺负弱小同伴”方面，非学前留守儿童经常这样做的不到 0.3%，而学前留守儿童经常或总是欺负别人的大概占 1.5%。从不欺负别人的学前留守儿童占 76.8%，比学前留守儿童少 8 个百分点。

第八题(搞恶作剧捉弄别人)，非学前留守儿童没有得 4 分、5 分的例子。而学前留守儿童经常或总是捉弄别人的占 1.2%。从不捉弄别人的学前留守儿童占 77.1%，比非学前留守儿童少 6.1%。

第十一题(破坏同伴物品或作品、游戏成果)，非学前留守儿童有不到 0.8%的儿童经常出现此种行为，而学前留守儿童占到近 3%。从不去搞破坏

---

① Olweus, D., *Bullying at School: What We Know and What We Can Do*, Malden, MA: Blackwell Publishing, 1993.

的学前留守儿童约占 70%，比非学前留守儿童少 13.3%。

（五）自残行为的比较

以往对攻击性行为的研究主要聚焦在儿童行为对外界的影响方面，研究还对儿童对自我的伤害与攻击进行调查。结果显示，儿童自我伤害的行为并不多见，两类儿童的表现略有差异。

第十四题（不高兴时会撕扯自己头发、咬自己手或其他部位）方面，非学前留守儿童有 0.3%的人经常有此表现，而学前留守儿童经常或总是这样做的有 0.6%。第十五题（生气时会拿东西打自己，或用头、身体撞墙等）方面，非学前留守儿童没有得 4 分或 5 分的例子。而学前留守儿童经常或总是用激烈的方式伤害自己的比例占 0.4%。

五、不同留守状况幼儿攻击性行为倾向的比较

研究以学前留守儿童攻击性行为倾向的表现作为因变量，各种留守状况为自变量，分析了留守状况不同的儿童，其攻击性行为倾向的表现是否存在显著差异。

表 4-20　不同留守状况幼儿攻击倾向的表现

留守状况		平均值
外出人员	父亲	1.38
	母亲	1.33
	父母	1.38
打工地点	本县市	1.29
	本省	1.37
	外省	1.42
见面频率	一周	1.37
	一月	1.34
	三月	1.46
	半年	1.38
	一年	1.33

留守状况		平均值
照料人学历	小学及以下	1.43
	初中	1.34
	高中或中专	1.27
	大专	1.28
	本科及以上	1.10
家庭经济	很好	1.19
	较好	1.20
	一般	1.32
	较差	1.85
	很差	2.00

表 4-21 不同留守状况幼儿负性情绪的表现平均值显著性差异

留守状况	因素 A	因素 B	显著性
学历	小学	高中	0.01
	小学	本科	0.04
家庭经济	较差	很好	0.00
	很差	很好	0.01
	一般	较好	0.01
	较差	较好	0.00
	很差	较好	0.00
	较差	一般	0.00
	很差	一般	0.01

综合不同留守状况幼儿负性情绪得分表和显著性差异表发现，影响儿童攻击性行为倾向的主要是家长学历和家庭的经济情况。学历方面，家长为高中学历或本科学历的留守儿童，其攻击倾向明显低于家长为小学学历的儿童。家庭经济方面，家庭经济“很好”的儿童，攻击倾向明显低于家庭经济情况“较差”或“很差”的；家庭经济“较好”的，攻击倾向明显低于家庭经济“一般”“较差”或“很差”的；家庭经济“一般”的，攻击倾向明显低于家庭经济“较差”或“很差”的低；也就是说，家庭经济情况越好，留守儿童攻击倾向越低，反之则越高。

大量研究表明，家庭因素是影响儿童攻击性行为的重要因素，正如本书前文所提到的，留守儿童在家长失位的环境中成长，其与家长的特殊互动模式也成为影响留守儿童攻击性行为的重要原因。

(一)亲子关系的好坏是影响儿童攻击性行为的重要原因

婴儿早期形成的不安全依恋与攻击性具有很高的相关性，因而不安全及相关因素似乎是产生攻击性行为的前提条件。范志光等人在研究中发现，学前留守儿童与父母的过早分离未能形成安全稳定的依恋关系，这与攻击性行为的出现有很大的相关性。① 蔡韫天在《外来务工人员家庭教育的风险与保

① 范志光、魏颀、杜玲等：《城市小学留守儿童攻击性行为的研究》，载《现代预防医学》，2013(13)。

护性因素分析：儿童视域里的隐忧与期待》中提到：儿童的情绪在很大程度上受家庭因素影响：父母对孩子情感的温暖理解和儿童积极情绪显著正相关；反之，父母的否认与拒绝，严厉与惩罚则与儿童的积极情绪显著负相关。① 展宁宁在《农村留守幼儿的情绪理解能力与侵犯性和同伴关系的关系》②中指出，父母在孩子成长早期均有重大的影响，孩子由于没有来自父母任何一方的情感呵护，更容易压抑自身的情感需求，有更强烈的被遗弃感，进而产生更多的敌意和侵犯性。曹晓君、陈旭在《3～5 岁留守幼儿抑制性控制与攻击行为的关系研究》③中指出，留守幼儿因与父母长期分离，无法进行必要的情绪表露，情感需求得不到及时满足，变得情绪不稳定、易冲动；加之在祖辈监护人溺爱、放任的教养方式下，儿童处于高度的自我中心状态，行为抑制力缺失。

(二)父亲与母亲的夫妻关系在一定程度上影响着儿童的攻击行为

梁春莲等人在《夫妻关系对孩子行为影响的初步研究》中发现绝大多数父母关系不良的儿童与父母关系良好的儿童相比较，多动且攻击性较高。④ 龚建华在《学龄前儿童攻击行为有关危险因素的配比研究》中也发现，亲密度高、矛盾性小的家庭的儿童的攻击性小。⑤ 姚治红在《农村留守儿童依恋类型与攻击性的关系：情绪调节能力的中介作用》中提到：家庭关系是否融洽对农村留守儿童的攻击性产生影响，说明温暖融洽的家庭环境容易给儿童安全感，也可以避免儿童从家庭环境中模仿到攻击性，有助于降低儿童的攻击性。⑥

---

① 蔡韫天：《外来务工人员家庭教育的风险与保护性因素分析：儿童视域里的隐忧与期待》，华东师范大学硕士学位论文，2014。

② 展宁宁：《农村留守幼儿的情绪理解能力与侵犯性和同伴关系的关系》，载《社会心理学》，2014(10)。

③ 曹晓君、陈旭：《3～5 岁留守幼儿抑制性控制与攻击行为的关系研究》，载《中国特殊教育》，2012(6)。

④ 梁春莲、万素华、吕亚华等：《夫妻关系对孩子行为影响的初步研究》，载《健康心理学杂志》，2002(3)。

⑤ 龚建华：《学龄前儿童攻击行为有关危险因素的配比研究》，载《中国妇幼健康研究》，2007(4)。

⑥ 姚治红：《农村留守儿童依恋类型与攻击性的关系：情绪调节能力的中介作用》，湖南师范大学硕士学位论文，2015。

(三)父母教养方式与攻击行为的关系

谭雪晴在《关注幼儿的关系攻击行为》中提到，父母尤其是母亲的不当教养方式与幼儿攻击行为的产生有较大相关性。①帕拉瓦特、迈哈迈德(Purwati and Muhammad Japar，2016)在《家长的教养模式、教育、工作和对儿童观看电视节目的指导与幼儿的攻击性行为》中提到，父母的养育模式以及父母对孩子看电视的引导方式，与孩子的攻击性行为有着显著的相关性。宽容和专制的育儿模式与孩子的好斗行为正相关，民主的教育模式与孩子的攻击性行为负相关。②

(四)其他因素对攻击行为的影响

曲丽玲的研究发现，在家庭环境因素中，父母文化程度高，从事脑力劳动、家庭经济状况好、对孩子期望高、管教严厉、教育态度一致及核心家庭的孩子攻击性小。单亲家庭的孩子，由于得不到充分的爱与关怀，会因此产生悲观、猜疑、忧郁、孤僻等不良心理状态，并因此引发攻击行为。③ 同时，早期家庭经历与攻击行为也有关系，家庭暴力也会显著影响儿童攻击性行为。张茜在《4～5岁儿童攻击性行为发展及其与家庭因素关系的追踪研究》中提到：习惯于使用暴力惩罚方式以及父母亲在教养过程中有矛盾与个体的攻击性行为有关。父母在家的情绪情感表现与儿童的社会情绪性表现有关，家庭情感氛围由此对儿童的行为表现存在间接的作用。④ 贾守梅和汪玲的调查还表明，有攻击性行为史的母亲是学龄前儿童持续具有攻击性行为的危险因素。⑤

当然，除了家庭因素之外，儿童的攻击性行为还在一定程度上受到儿童

---

① 谭雪晴：《关注幼儿的关系攻击行为》，载《幼儿教育(教育科学版)》，2008(12)。

② Purwati Purwati，Muhammad Japar，The Parents'Parenting Patterns，Education，Jobs，and Assistance to Their Children in Watching Television，and Children's Aggressive Behavior，*International Education Studies*，2016，9(3)，p. 89.

③ Coie，J. D.，Dodge，K. A. & Terry，R.，The Role of Aggression in Peer Relations：An Analysis of Aggression Episodes in Boys' Play Groups. *Child Development*，1991，62，pp. 812-826.

④ 张茜：《4～5岁儿童攻击性行为发展及其与家庭因素关系的追踪研究》，山东师范大学硕士学位论文，2003。

⑤ 贾守梅、汪玲：《儿童攻击性行为影响因素研究进展》，载《中国学校卫生》，2011(3)。

个体生理因素的控制、道德水平的限制，并为幼儿园等社会机构的干预与引导所调控。霍曼宁(Huesmann)等人历时22年的纵向追踪研究发现，攻击性倾向表现出中等程度的稳定性，在童年被同伴评定为攻击型的男孩到成年期倾向于有更多的犯罪记录、虐待配偶和其他暴力行为。① 因此，我们应发现农村留守儿童早期出现的攻击性行为，找到其产生此种行为的原因，并予以有效干预，以预防其成年攻击行为持续发生。

第五节　学前留守儿童的问题行为的后续研究

一、幼年期发展不利的相关研究

尽管幼儿有着旺盛的发展潜力，但他们的身心是脆弱的，在遇到生活中出现的各种负性事件时(如搬家、疾病、手足竞争、丧亲等)，他们会面临无数的心理风险，容易出现强烈的心理冲突、矛盾情绪表达和各类行为问题，可能会恶化各种人际关系，甚至会诱发一些心理问题或疾病。特别是当前，随着城镇化进程的加快，各种社会问题凸显，幼儿期的生活面临着一些重大的改变。在社会压力的渗透下，特殊群体的儿童可能表现为适应困难。学前留守儿童就是其中一类，占据了特殊儿童群体的较大比重。由于过早的亲幼分离，该群体整体上处于一种亲情断裂后缺乏情感滋养的心理状态，使得他们产生了大量的负性情绪，社会化进程发展缓慢。因此，他们的心理健康问题可能更为突出，亟待关注、研究和改善，这已经得到多项研究结果的证实(吴霓，2004②；范方等，2005③；申继亮等，2015④；赵景欣

---

① Eron, L. D. & Huesmann, L. R., "The Relation of Prosocial Behavior to the Development of Aggression and Psychopathology", *Aggressive Behavior*, 2010, 10(3), pp. 201-211.

② 吴霓：《农村留守儿童问题调研报告》，载《教育研究》，2004(10)。

③ 范方、桑标：《亲子教育缺失与留守儿童人格、成绩与行为问题》，载《心理科学》，2005(4)。

④ 申继亮、刘霞、赵景欣：《城镇化进程中农民工子女心理发展研究》，载《心理发展与教育》，2015(1)。

等，2010①；张莉等，2011②；任强等，2014③；段成荣等，2014④）。

这种发现在哈利·哈洛的猴子的后续实验中也得到了印证，猕猴与人类的基因相似度高达94%，猴类研究结果对推导人类的一些行为具有较高的预测作用。实际上，哈利·哈洛⑤后续的实验结果更令人心痛，暴露的深度问题让人反思。他发现，那些在毛巾布妈妈身边长大的幼猴，由于没有受到母猴的照顾，成年后不会与其他猴子嬉戏、玩耍和交配。部分猴子性格格外孤僻，胆怯或敌意过重，有的还有自闭症的表现。当其他猴子欺负它们时，它们就开始自残，撕扯自己的毛发、胳膊或腿部，甚至手臂都溃烂了。哈洛通过各种方法，让这些猴子完成了交配，那些生了小猴子的母猴，更不愿意哺乳和照顾自己的孩子，甚至还会咬伤自己的孩子。

研究发现，如果幼猴出生后，与母猴的分离时间超过了3个月（相当于人类的等效时间半年），这种缺乏母爱导致的严重的关系创伤和情感创伤一旦形成，就难以或完全不能补偿最初的情绪安全，即使安排这些猴子与同龄猴子或母亲相处，成长为正常的猴子，能够适应在猴群生活。换言之，情绪情感发展的关键期被错过，母婴的情感纽带就无法接续上去，无法让个体能够在心理安全的气氛下健康地成长。母亲对幼小的动物来说，不仅仅是供给母乳，更重要的是提供一个心理安全岛，能够使孩子惊怕不安时得到安慰和保护，恢复心理宁静后继续探索外部世界，直到它完全能独立地适应环境。

同样，许多家长不清楚亲自抚育幼儿的重要性。他们觉得，孩子出生后头几年，心理发展很稚嫩，认知能力很薄弱。他们什么都不懂，也不会说什么，更不会有什么记忆。只要给他吃饱穿暖，让他自己玩耍，大人走开去忙自己的事情，这么做应该没有大问题。殊不知，家长的错误做法，不能做到

---

① 赵景欣、申继亮：《农村留守儿童发展的生态模型与教育启示》，载《中国特殊教育》，2010(7)。

② 张莉、申继亮：《农村留守儿童主观幸福感与公正世界信念的关系研究》，载《中国特殊教育》，2011(6)。

③ 任强、唐启明：《我国留守儿童的情感健康研究》，载《北京大学教育评论》，2014(3)。

④ 段成荣、吕利丹、王宗萍：《城市化背景下农村留守儿童的家庭教育与学校教育》，载《北京大学教育评论》，2014(3)。

⑤ 郭晗：《探索"爱"的真谛——哈利·哈洛》，载《大众心理学》，2011(7)。

全情陪伴，错过了孩子心理发育的重要阶段，且长久的伤害一旦形成就难以愈合。

心理动力学的拥护者相信，个体许多未来的行为都是受未被觉知或控制的内在情结、过去记忆和心理冲突等(这些内容都属于潜意识的部分)影响的。而内在的情结，较多地来源于婴幼儿阶段，潜抑而持续影响着个体的决策和行为，并贯穿人的一生。那些因为父母出去务工而不得不独自留在农村的幼儿，他们内心的伤痕也容易形成内心的情结，如果得不到及时的疏导和辅导，这种伤痛则会伴随他们一生。

另外，还要看到存在一批回流儿童。大量的农村孩子先追随父母进城，然后感受到城市生活不易后，又被带回老家抚养，成为城乡游动的“回流儿童”。① “回流儿童”并不少。据公益组织歌路营统计，现有寄宿学校中回流儿童已占到22.5%。与父母的分离——团聚——分离的情感拉锯，使得情感关系变得更为脆弱，对回流到家乡的留守儿童的心理伤害更大，是一种得到又失去、不知道什么时候又能得到的亲情渴求。但在当时，这群孩子并不知道自己在经历什么痛苦，“当时不觉得有什么特别，周围的家庭都是如此，父母不出去反而是不正常的”。直到他们成年后，看到关于留守儿童的文章、纪录片或新闻，才感觉心被刺痛。这种留守儿童身份，许多人是非常抗拒的，不愿意向别人透露真实的状况，也拒绝接受他人的帮助。

二、幼儿期不健康发展对个体终身的消极影响(自我报告)

社会各界对留守儿童现象的认识也有一个从浅到深的发展过程。对留守儿童的追踪研究表明，留守人群的心理后患是比较大的，当第一代留守儿童成年后，进城务工后形成二代农民工，他们的心理问题就开始集体性地凸显出来。富士康的13连跳让社会惊讶，二代农民工的心理为何如此脆弱和不堪压力，整个社会民众才意识到留守儿童现象的负面影响会长久持续，并影响范围广。知乎等网站上多人对留守经历的倾诉，可以视为一种集体吐槽、一种集体反思。

值得庆幸的是，当前社会形成了高度共识，要给予他们及时的心理辅导

---

① 陈曼琪、胡宁：《农村留守儿童报告：监护缺失，女童成隐形人》，载《中国青年报》，2016-11-23。

和心理治疗。这些幼年留守的农村娃娃，他们的处境引起了社会的关注。在亲人的陪伴和专业的心理辅导之下，经过一段时间的心理滋养，部分幸运的孩子顺利地走出了这段不幸的成长时光。但仍有不少农村幼儿，因为没有获得必要的心理援助，他们在成长的道路磕磕绊绊地前行，甚至被巨大的心理障碍所困扰，呈现出许多令人担忧的问题行为。

以下讲述的是一名有过长时间留守经历的大学生，她的事例非常具有代表性。在知乎上她是一名叫作灿儿的“答主”，就以自身作为观察样本：她小学一年级以前与外祖父生活，小学二年级后受祖母抚育。直到高三时，她已有胃病，严重地影响到学习。为了更好地照顾她的饮食起居，妈妈才带着小她 15 岁的妹妹，回到农村来陪读了她一年，享受到了难得的贴身陪伴和母爱。

她尽可能地跳脱出留守经历对她的影响，以客观的立场来做分析。正面影响包括：

一是独立。无论是学习、生活还是心理上都比较自立，因为没人可以依靠，“必须依靠自己”的想法很早就萌发出来了。外部表现显得比同龄人更为成熟，实际上并不是特别强大，不过是苦苦硬撑。比如奶奶不识字，小学要完成听写作业。她会用复读机录下来听写的内容，听写完后，拿着作业和笔去请隔壁的阿姨帮忙签字。在家无人辅导作业，她就努力学习，不会的在学校就问老师，在家就自己思考(尤其是数学)，一般情况下能够自行解决。这种独立思考的乐趣，让她对学习充满了热爱。以后在学习、生活上的各种困难，都是她自己操心和解决掉的。到目前为止，她上大学的校名，家人都还不知道。

二是拥有自由。留守儿童有更多的自我掌握的时间，可以自行安排和控制。她经常和小伙伴一起探险，骑自行车去周围未知的地方寻找新鲜感，还结伴去水库边玩耍、爬山、在野地里烤花生、到山沟里野炊，在周围附近的小学和初高中等地打乒乓球等。初中阶段，每周都有精彩的周末活动。因为参与和组织各类活动，与同学混得很熟，从小学三年级开始到初中，一直担任班长，做事利索，成绩拔尖。因为自我管理到位，家人对她的专业、恋爱、填志愿等大事，一律持有高度的信任和支持，任其做主。

三是能够接受远距离的爱情。因为双方都有过长久留守经历的影响，即使双方异地，依然能够尽量地去感受对方的心意，不猜疑不抱怨。可能异地恋受益于留守经历，锻炼了超越空间去发展与父母的依恋之情，这种维系深厚感情的情感能力也迁移到与异性之间的浪漫爱情，能够坚持下去。

留守经历也造成了心理上的负面影响，比较明显地表现在以下方面：

一是自尊水平不够稳定，在自卑和自负之间来回反复。

一方面，幼时家贫，经常被人欺负。儿童之间的攀比和不懂事，使得她成了被欺负的受害者，找不到可以保护她的成人。又不想让远在外地的父母担心，只能报喜不报忧，或者将困难往小的方面说。因为没有父母的心灵庇护，缺乏底气，内心深处有一种深深的自卑感。她很早就注意到自己的薄弱环节，长相普通、家境贫寒也没有家长可以撑腰，只能通过考取好成绩赢取老师和他人的关注，当上班长就可以统帅同龄伙伴，没人再敢欺负自己。所以，她怀着一种要超越自卑，超越平凡的强烈动机，比别人更勤奋，更在意学习成绩。因为成绩优异，收获了许多。另一方面，她也很容易自负。因为家族里留守孩子众多，唯有她，成绩独占鳌头，使得她总觉得自己能力非凡，与众不同。当一触碰到某些现实问题，随即又陷入深深的自卑。这种自卑隐藏在内心，不会让人轻易地看到和触碰到。

二是不够爱自己。

由于被父母直接照顾的时间短，不能在父母的跟前撒娇，那种未被充分满足的亲子之爱，使得她的内心渴望被爱，觉得自己值得被爱，感受父母之爱的次数不多，自己总是被简单地打发。这种心理感受很难转化成自己的喜欢、接纳和精心照顾。当她读到留守儿童在垃圾桶里自杀身亡的消息时，内心疼痛不已，涕泪交加。这简直就是曾经的自己。初中时，她觉得自己活着没啥意义，没人关心没人在意，自己如同草芥一样无足轻重，不值得父母疼惜，内心有过多次的自杀念头，还与好朋友讨论十几种自杀的方法。她还多次自残，割破手腕，用疼痛来提示自己依然活着。有时她会停止自残，包扎好伤口。有时则会继续用圆规扎手指头，见血为止。那个时候，总是在想，谁会为她自杀身亡而难过？到底有谁，是真正在意她的感受和生命安全的？苦苦思索，却找不到答案。她也注意到，其他同学手腕上也有疤痕，以女生居多，这说明与她有过相似自残行为的留守儿童不是少数。

什么情况下会自残呢，多与一些情绪压力事件相关。比如奶奶在自己面前讲妈妈的坏话、被同学冤枉、被同学无视，甚至别人随口的一句“不想跟你玩”，一件无足轻重的小事，都会引发她内在的自卑感，情绪低落。回头

反观，没有得到父母宠爱的被动成熟，很难真正看重自己，爱惜自己。没有一个安全的心理空间和情感依靠，找不到负性情绪的合理发泄途径，只能默默地消化心灵的负能量。与奶奶无法深入交流，与妈妈交流不便(一周才通一次电话)，说不定还要掐着时间，严重地制约了双方深度沟通的意愿，青春期的内心迷茫和冲突，都是造成自残的原因。他人很难想象，成绩优异表现出众的班长，其实内心是一个自卑古怪、喜欢自残的留守儿童。最终让她感到一个心理满足的方法，那就是读书，广泛地阅读。在阅读中她慢慢地成长，甚至接触到心理学，通过自学心理学，慢慢地学会了接纳和爱自己。一个好朋友送给她一本《爱自己》的书，真是特别贴近她的心理需要，太合适不过了。

三是害怕被抛弃。曾经有名留守儿童，以自己的真实感受反馈说，即使祖父辈与自己的感情再深，父母的来电再频繁，孩子都会有一种“被抛弃”的感觉。越是年幼的留守儿童，越难以理解，父母爱自己，但为什么不把自己带在身边，陪伴和照顾自己？这种粗暴的亲子分离，不可能通过理性的说理来减轻儿童在情绪上的痛苦感和情感上的撕裂，他们只能根据事实和家长的行为，用他们稚嫩的认知水平，形成自己的判断：爸爸妈妈不要我了。

“答主”灿儿深以为然。在她妈妈离家后，她守在门口哀伤地哭了一整天，哭累了就停下来喝口水，接着再哭。晚上也不许关门，总希望出现奇迹，妈妈能听到她的哭声，可以回心转意来找她。但妈妈一直没有回来，这种“被抛弃”的感觉使得她成年后依然害怕人际关系上被拒绝、冷落和分离。在任何一段亲密关系里，显得既强势又怯懦。对任何自己在意的人，都没有一种“你不爱我，你走”的心理底气。在人际关系的处理上，难以果敢，显得犹豫不决，主要是难以适应人际关系冲突和破裂，带给自己心理不适和痛苦感。

虽然经历留守的不易，“答主”灿儿到底还是凭着个人的意志和努力，挺过了许多成长的困难，考上了理想的大学并发展得较为顺利。当然，其中也经历许多心理波折，到现在也许还在清理留守经历带来的一些不为人知而个人能深深感受到的阴影部分。这或许是一种留守生活的后遗症。这些并不是她个人的独特感受，只是相似的经历形成了相同的感受和想法。

三、他人眼中的留守儿童发展的不良表现

乔志宏①调查发现，这种由幼儿期缺乏家庭温暖和管教的缺陷环境，导致留守儿童在进入中小学后，不良的心理状态会造成人格缺陷和错误的行为模式，将会使得他们带病成长，将个体早期阶段没有解决的心理问题，顺延到大学的青年期和成人期，影响作用是终身的。

北京丰盛公益基金会的工作人员在走访了贫困县的留守儿童后，发现他们在人际交往上比较封闭，不敢与人交流。虽然很多学校和幼儿园也意识到这一问题，但缺乏恰当的应对措施，因为这些教育机构基本没有心理教师，即使有，也是由其他科目如政治、体育等副科老师兼任，他们也拿不出比较好的干预方法来解决。

部分留守儿童由于缺乏正确的教育引导，并没有变成寒门难出的贵子，反而变成了穷家富养的伪“富二代”②。这个现象最大的原因是家长的补偿心理，越是在外打工时间长、打工收入丰厚的农村家长，在家境改善后，越觉得不能亏待了孩子。宁可全家省吃俭用，也要无条件满足孩子的各种要求（包括许多不合理的要求，比如小伙伴之间的攀比、只用高级品牌的物品），他们认为“再穷不能穷孩子”。补偿心理，是家长的自我安慰，以为这是在富养孩子，将来就不必过着跟自己童年一样苦难的生活。困难时期，穷人勇于承认自身的不足，知道贫穷的根源在于受教育和交通不便等因素，因而能够保持较为清醒的教育理念，比如督促孩子要志向远大，多承担家庭责任、自强不息、同情弱者、帮助比自己更加困难的人。而今，创富神话等各种不靠谱的传闻，变成一股股有毒的思潮，冲击着社会各个阶层的人士，连底层人士都不安于脚踏实地，鄙视诚实劳动和合法经营。他们把自己过得不好，更多地归结于外部原因：社会不公、阶层固化、出生歧视、上升空间狭窄等。一方面悲观失望而怨怼社会和他人，不思进取，得过且过；另一方面他们想给孩子一个富足的童年，倾其所有地养育孩子，认为“不能让孩子输在起跑线上”“别的孩子有的，我也要给你”。这种教育思想之下，把正常教育视为吃苦，认为孩子应该无忧无虑地度过童年，以此来弥补自己没有一个理想童

---

① 侯斐烨：《农村中小学生心理健康教育研讨会在京召开》，央广网，2017-01-14。

② 许琨：《揭秘富二代教育问题：贵族式留守儿童》，载《山东商报》，2012-10-23。

年的内心缺陷。家境越差的家庭，更容易弥漫着这种教育思想，甚至不惜举全家之力来给孩子打造一个虚幻的“我家里很富有，要什么有什么”的认识错觉。他们舍不得让孩子做家务，并以此为耻，认为孩子只要按时去教育机构学习就好了。

他们不知不觉地将孩子培养成了非现实的“富二代”。贫穷家庭里的家长为了自尊，使得孩子物质过度满足，孩子心理发育滞后，造成晚熟。他们不会体谅别人的感受，只知道自己不舒服了就要他人照顾；他们不会做简单的家务，个人生活自理都比较困难；他们在人群中因为不守社会规则，行为失当，显得特别突兀；他们不善于关心和顾及别人，不懂得分享，在人际关系里显得情感脆弱，社交有任何的得失都让他们情绪起伏，很难稳定。在遭遇困难和挫折时，他们过于强调外部因素的阻碍，遇事不动脑筋，不去主动地解决问题，更不愿意承受苦难和劳累。稍有一点不如意，他们就退缩了，宁可宅在家里，继续享受父母和其他长辈的庇护，缺乏承担责任的勇气。在家里他们是公主和小王子，进入了社会，就变成了经不起风浪的“草莓族”(比喻这群孩子不能承受压力，非常娇弱，稍微碰一下就坏掉了)，甚至有的孩子成年后，依然理直气壮地在家里啃老。

其实，世界的成功阶层早已意识到了过度物质养育的弊端，已经转变了教育方向，高瞻远瞩，利用自身的社会影响力、财富、资本、人脉和行业经验，开始创造优越的教育环境，既让孩子接受最好的师资培训，同时也给他们最大限度的体验和发展社会能力的机会，目的是培养更好地适应社会需求的宽口径、深切口的复合型人才。他们的后代在这种积极的教育思想下，更容易掌握社会成功的密码和能力要求，比如贝克汉姆会让他的儿子去咖啡馆打工，时薪仅合 20 元人民币。这点钱甚至不及儿子一件 T 恤价格的零头。大家都知道贝克汉姆是吸金大王，实在是不差钱，但他就舍得放儿子出去体验生活，体验劳动的价值，培养儿子闯荡社会和敢于承担的良好心理品质。他们不会再养育坐吃等死、一掷千金、花天酒地、炫富奢靡、行为张狂的颓废一代，不想用宠溺来阻碍孩子正常的心理成长。

而中国农村的许多家长却在走以往富人教育孩子的弯路，认为只要让孩子享受富足和优越的生活，他自然会为了保持过这样的生活而斗志昂扬，实现人生命运的逆袭。实际上，这样做只会让孩子看不到生活的真相，没能在人格发育的关键期，塑造出共情、尊重、体贴、责任、担当、忍耐、谦虚有礼等良好人格品质，没有学习足够的社会规范和处理人际关系的技能，他们怎么可能在好吃好喝后，没有一点压力的状况下成长为具有抗打击能力的合格社会人才？剥夺孩子吃苦的机会，“穷人家养娇子”，看上去是为了孩子好，似乎在保护他们稚嫩的心灵，但同时也剥夺了孩子体验生活，尝试自己解决问题和发展综合素质的机会。让农村孩子在成长过程中吃点小苦头，提高心理素质，实在太有必要了。

此外，留守女童的风险性也让人担忧。留守女童是“弱中之弱”，年龄大一些的内地女孩有学习焦虑和恐怖情绪，而沿海留守女孩则有情感饥渴、厌学厌世倾向，引起了全社会对她们的深层忧虑和同情，关心她们未来的成长。还有学者①发现，由于心理关爱不够，有些留守儿童不但心理发展不及同龄儿童成熟，对外部伤害的预防和躲避能力也不强，她们更容易被坏人盯上，成为缺乏家长庇护的易感儿童。比如湖南某地一名 13 岁的留守女童英英(化名)，父母均离家打工，与奶奶居住。她在家中一楼被同镇的 48 岁男子性侵后，产下一女婴。由于英英体格较同龄人更高，略胖，怀孕后竟然没被奶奶和同村人发觉，直到肚痛待产，在医院就诊时，才发现要生产了。性侵者是英英家的一个邻居，两家相距不足 100 米。他眼瞅着英英天天从自家门前经过，并无人接送，趁英英家中无人的时机，实施了令人发指的侵害行为。这种恶性事件折射出一个很严峻的现实问题，当前，留守儿童的心理健康教育(也包含性健康教育，主要是学习性生理、性心理发展的知识和做好自我保护)严重匮乏，很多留守儿童不了解自己从幼儿期，逐渐进入儿童期和青春期后的生理上的变化，他们会对自己的遗精和初潮感到恐慌，以为自己得了严重的怪病而羞于启齿，没能有效地做好生理卫生工作。在荷尔蒙分泌和性意识萌动后，对异性的好感和生理冲动感到愧疚，不能理解这是成长过程的正常心理反应。他们甚至不懂得保护自己，被人强制地言语挑逗、性骚扰或性侵后，不知所措，求助无门。一个人默默地承受伤害带来的耻辱和自卑，让坏人逍遥法外继续作恶。

---

① 陈铮：《农村留守女童遭受性侵犯罪现状及对策研究》，西南政法大学硕士学位论文，2016。

《农村留守儿童家庭教育活动调查分析报告》①显示：22.9%的家长每天会和孩子联系一次，39.8%的家长每周会同孩子联系一次，21.1%的家长每个月才和孩子联系一次，4.9%的家长每年才和孩子联系一次，1.3%的家长甚至和孩子没有联系。与孩子隔离本来就会破坏亲子关系，造成亲情失落，而疏于联系子女，则会给孩子的社会情感发展造成不可弥合的致命伤害。

曾经有一名 11 岁的男孩，经常听不到父母的只言片语，内心感受到一股巨大的被抛弃感，体会不到父母之爱的他，内心绝望又伤心。冲动之余，他给远在外地的父亲发了一条短信后自杀身亡。“爸爸妈妈，自从你们进城打工以后就好像把我给忘了。我整天一个人在家，想你们也不回来，我想也许只有我死了，你们才会回家……”短信发出后，他一直没有得到父亲的及时回复，伤心不已，小男孩用自己的方式结束了幼小的生命。或许有人感叹他太傻了，可他曾经历过无数次失望，都没有人看到和好好地劝慰。他肯定是觉得自己不值得父母疼爱，活着没有价值又很痛苦，才选择了自我解脱的极端做法。

① 全国心系好儿童系列活动组委会：《农村留守儿童家庭教育活动调查分析报告》，2010。

第五章
促进留守幼儿心理健康的对策

公益先锋导演吴亚春在接受记者采访时说出了自己拍摄留守儿童纪录片的目的："家是一把雨伞，可以为我们遮风挡雨；家是一个心灵的绿洲，可以给我们幸福的源泉。每一个人都应该拥有一个幸福快乐的家，我们希望看到更多的留守儿童可以与父母团聚。"

中华民族是一个特别强调亲情和团聚的民族，中国春运队伍里就裹挟着一支巨大的生力军——农民工。他们或许有一两年，甚至好几年才踏上返乡过年的旅途。如果回家的次数太少，而在外务工的时间又特别长，留守儿童，尤其是幼儿阶段的留守儿童，他们的心理发育缺乏足够的情感和爱的抚育，可能形成一个个心理孤岛，缺乏与他人的情感联结和互动，造成留守幼儿心理发展的不顺利，造成一代农村孩童的发展困境。

留守儿童的问题(亦同于国外移民儿童)是一个欠发达国家和地区在谋求转变中需要解决的弱势群体的生存和发展权的保障问题。对流动人口的人文关怀问题，涉及的层面和相关人员众多，要解决这一世界性的难题，从留守家庭来看，涉及亲子关系和家庭结构完整；从地方来看，涉及如何保证让农民工的后代享受平等的发展权；从国家和世界层面来看，需要考量如何让一代孩子不成为经济发展的牺牲品。

当前，各界人士纷纷献计献策，提出了许多促进留守幼儿心理健康的良策，比如有的建议成立临时的托管中心、招募有爱心的志愿者担任留守儿童的替代家长，有的觉得应该让心理社工驻校(园)持续提供专业心理服务，有的主张给予农村妇女培训和发展特色手工艺，在家工作，避免留守儿童身边没有一个家长的处境，还有的认为留守儿童不单单是留守家庭的事情，需要拓展社会服务，加大留守儿童的保护等。各方观点都有可取之处，都在努力思考和力图解决好这一时代产生的这个重大社会问题。

第一节　他山之石：国外的相关经验借鉴

外出务工或迁移在全球各国的家庭中都不同程度地存在着。然而对于因外出或迁移而引发的儿童是否留守的问题，各国的解决方法却不尽相同。有的国家倾向于举家迁移，避免出现任何留守现象；有的国家则出台积极有效的制度，为外出和迁移行为善后，避免留守带来的各种不良后果。

一、欧洲国家的自由迁徙制度和良好的社会公共福利制度

在欧洲，18世纪起，工业化和城市化的推进，使得大量的工作机会集聚在大城市，这也促使了大量农村人口涌入城市。这些进城的农民是以父母和孩子两代人组成的核心家庭的方式离开农村的，并没有将孩子交给家乡的他人喂养。这种集体流动的行为背后，存在一个欧洲人的价值观：重视家庭团聚和幸福，不放弃天伦之乐，认为这是人权的一部分。在欧洲人的思维里，仅仅因为工作变动或外出谋生，就需要骨肉分离，这对孩子是非常不人道的做法。去哪儿都得带孩子一起走。尽管城市里的居住条件较差，但有孩子的家庭都是整体流动，保障了未成年的孩子能够享受父母的照顾。

由于这种流动的特点，欧洲的农村剩余人口转移到城市，并没有出现大规模的家庭撕裂和遗留下孩子的状况。恰恰相反，这种“农转城”的流动趋势，让核心家庭的功能得以改善和强化。工业化的飞速发展，让许多家庭收入增多变成了中产阶级，妇女可以辞职，安心在家照顾孩子，也能料理更多的家务，使得在外工作的男人少了后顾之忧。一个个温暖幸福的小家，构成了和谐稳定的社会结构，这种中产阶级的家庭模式成为社会文明进步、富足安定的标志，促进其他社会阶层也在努力构建这样的家庭模式。

欧洲很多国家已经不存在留守儿童的问题，这是他们注重社会均衡发展的结果，更重要的是，他们建立了一套完善的儿童保护制度。儿童福利事业发展的典范首推英国，从1918年起，经由国会颁布的《妇女儿童福利法案》就确认了“儿童福利至上”的原则，对儿童的各项权利给予了细致的保障。

二、美国应对留守现象的举措

在众人印象中，美国人比中国人更喜欢迁徙和搬家。据美国统计数据表明，在过去两年内，大概有3600万的美国人，合将近12%全美的人口总量乔迁了新居。其中，87%离开了曾生活过的郡县，还有近40%的人没有接受过大学本科教育，相当多的人是因为经济不景气而丢了工作，不得不换地方工作和移居(比如，2009年经济危机时，4500万人因此而移居)。这个社会经济背景下的人口流动，与中国农民工为了赚钱离家有很多相似之处。

在美国，没有出现大规模的留守儿童。原因有三：一是法律充分保障儿

童的权利。美国的儿童福利与保护制度经过多年的经验累积，证实家庭对于保护处境不利的弱势儿童具有不可替代的核心价值。家庭人际关系尤其是亲幼关系对儿童的发展至关重要，比如美国法律规定，孩子在7岁以下，父母不能让孩子一个人在家或留在车内，哪怕离开5分钟去取信都不行。不要说把幼儿单独放在家里家长会坐牢，就是家长把幼儿放在购物车里，如果购物车侧翻，孩子被摔着，都有“热心的见义勇为”的顾客报警。警察也会介入，觉得家长没有足够的保护能力来履行监护职责。以前还屡屡爆出新闻，华人移民到美国后，给感冒的孩子刮痧所形成的青斑，成为被控告为虐童的证据，这种文化差异导致家长差点背上官司。

如果不足7岁的孩子被发现身边没有成人照料，一次警告，两次监控，三次就取消父母的监护资格。如果专门的儿童机构评估认为，家长对孩子的照顾不够及时和足够，对孩子的发展存在风险和身心威胁，可以不经过父母的同意，直接将孩子带走，由国家行使临时监护权，委托给其他有教养能力的家庭抚育。法律还规定，如果父母无法把孩子带在身边，要托付给他人照料(这类事情的发生概率极低)，必须通过正规法律程序，把孩子的监护权临时转移到祖父辈或其他亲属名下，政府也要仔细评估代养人的抚育资格。否则，一旦被发现，孩子将会被政府带走，送到更适合养育的家庭里。国家对弱势儿童的救助一定要注重维持家庭结构的完整和功能的良好运作，目的是最大限度地保证儿童发展的公平性。

二是良好的社会福利保障制度。美国奉行自由迁徙制度，家长搬家，会带上所有的孩子。全家都享受迁入城市的一切公共福利：如果收入不高，还可以享受一些现金补助或代金券，帮助流动家庭负担房租、食品、尿不湿等家庭支出；学龄期间的孩子可以免费在当地公立学校入学，如果孩子年幼，政府会掏钱让孩子去托儿所。“Prek for all”是奥巴马提倡的“Nobody behind”(不让一个孩子被落下)，政府委托给私立教育机构承担的一个教育项目。于是就有了纽约所有3～4岁儿童都可以入园就读的教育项目。

三是健全的救助组织。美国建立了一个健全的保护系统。上端有国家儿童与家庭局，隶属于美国公共和卫生服务部，下设各州政府的社会服务厅、县级政府的人力资源部，末端有一些维护儿童权益和福祉的儿童看护中心、儿童保护委员会等政府组织，同时社会还有超过1000家的非政府公益组织，他们成立了儿童信托基金，以部分附加税和减免个人所得税等方式来筹集资金，专门处理儿童权益保护的案子。对于没有足够教养能力的监护人，必须实现监护权转移。儿童被托管到其他更加合格的抚育者的家庭内，国家会派社工对其转移后的生活状况进行密切的跟踪调查。

美国对儿童的健康实行强制报告，比如发现一个幼儿身上有伤痕，就可以询问抚育者或教师，这个幼儿身上发生了什么，如果解释不清楚就必须要报警处理。幼儿在入园和进校后，教师要检查脸部、脖子、躯体上有无伤痕，一天结束后，如果孩子在学校出现伤痕，教师还需要填写事故报告(incident report)，说明伤痕的来源并报告给家长或抚养者。每名幼儿都需要列出 4 个紧急联系人，在有意外的情况下方便跟家长联络。为了排除任何意外伤害，教师们在园都需要随身携带急救包(First aid bag)，甚至在外出活动时也要携带出行。幼儿园还安装了监视器，发生任何小事，教师都需要第一时间向园方和家长报告。

此外，为了保障儿童和青少年避免遭遇创伤而心理发展受损，美国国家卫生部于 2001 年正式出台《儿童心理健康国家行动议程》，这一议程认为，儿童心理健康教育主要面临两大任务：一是改善青少年的心理健康状况；二是对有心理疾病的青少年进行及时有效的治疗。

三、日本、韩国的经验

日本在中央一级设立“儿童家庭局”，在市、县、郡、乡、村设立儿童福利理事会，确保儿童福利保障落实。除了官方从上至下的行政机构，社会组织也在发挥着积极的作用。日本的村落里都有专门的“儿童咨询所”，当地的困难儿童可以向其求助。儿童咨询所有一套救助体系，包括所长、社工、儿童专家等帮扶人员，对于发展有风险的儿童，他们能够随时掌握情况，并根据儿童的问题拿出相应的救助措施。那些缺乏监护的儿童，能够得到当地爱心机构的替代性照料。

为了促进儿童的健康成长，1949 年日本政府专门设置“中央青少年问题协会”，20 世纪 90 年代，日本开始大规模地在学校里设置心理咨询室或心理辅导室，2000 年开始在学校里设置心理健康教育课程。

韩国是亚洲四小龙之一。韩国的成功经验就是提高劳动者素质，从学前教育的源头上重视培养儿童健康成长。2004 年 1 月 25 日韩国颁布了《幼儿教育法案》，明确规定，幼儿在入小学前可免费享受一切的学前教育，否则将

视为违法。低收入家庭(主要分布在偏僻的农村地区)，可以获得政府的幼儿教育补贴。其中，未满 5 岁幼儿的城市家庭或双胞胎子女家庭(一家四口人)，每月平均收入低于 38 万韩元以及农渔村家庭(一家四口人)，都能获得 5.8 万韩元的教育补贴，从而保障了低收入家庭不会因为经济匮乏的问题需要家长外出务工，而把孩子留在家里缺乏照料，影响家中幼儿的教育成长，以此减轻韩国贫困儿童缺乏养育的困境。

第二节　源头之举：国家政策扶持与政府干预

联合国教科文组织和国际心理学会，为了保护儿童的心理健康发表了《儿童权利公约》和《儿童基本心理权益宣言》等文件，把维护儿童的心理健康置于极其重要的地位，各个国家政府也积极倡导这一理念。比如，俄罗斯教育部规定，幼儿园、中小学、少年宫、高等院校可在教育部的领导下，自发设立心理辅导室、心理援助中心等。这类机构可与校方协商，根据各自的实际情况确定服务方案。

《儿童权利公约》提出"儿童应该在家庭环境里，在幸福、爱抚和理解的气氛中成长，应确保不违背儿童父母的意愿使儿童与父母分离，要保障儿童的身心健康"。《儿童基本心理权益宣言》也提到，"儿童具备各种基本的心理权益，比如心理安全权益，儿童从父母或其他成人获取生理和心理上照顾与维护的权益，特别是在幼弱的婴儿期及儿童期。免除身体受伤害的恐惧心理权益：有权利被保护，不至于害怕被疏忽、虐待、伤害、剥削，以及暴动或战争所造成的危险。再如培育愉快人际关系的权益，儿童有机会发展及培育与同龄玩伴及成人建立积极及愉快的人际关系的权益"。

对学前留守儿童的生存和发展状况，中国社会各界都非常关注，纷纷出台了各种政策给予扶持，这些措施模式可分为中央政策法规、地方政策法规和典型关爱模式。留守儿童需要一些制度建设来为他们"织网托底"，虽然对特殊儿童群体的立法和措施都在不断完善中，但当前的尴尬状况是保护的法律原则性大于操作性，政策性超过了实用性，还缺乏与经济水平相当的儿童保护体系和儿童福利制度的落实。

中国公益研究院的专家提出：为了改变当前弱势儿童保护不力、儿童各方面权益频频受侵的现状，应尽快通过全国人大常委会主持制定《儿童福利法》，要重点解决体制、机构、基础设施和资金来源等儿童福利体系中的漏洞，积极推进全面普惠性的儿童福利政策体系，让儿童福利发展成为未来国家发展计划的一部分。应尽快将这个暖心的民生工作做起来，我国当前已经具备解决留守儿童福利的条件：一是我国各级政府和社会都非常牵挂留守儿童的成长问题；二是我国的国力也较为强盛，2012 年的人均 GDP 已经超过 6000 美元，养老保险和医疗保险制度基本确立。

一、各级政府和部门的相关政策

我国政府非常关注留守儿童的身心发展，颁布了《妇女儿童权益保障法》《未成年人保护法》《预防未成年人犯罪法》《义务教育法》等多部法律来加以制度性地保障。教育部的多项文件提出要对幼儿(包括留守幼童)的心理健康状况进行监测和促进。从 2001 年《幼儿园教育指导纲要(试行)》颁布，就明确指出“要关注幼儿的心理健康”①，《3－6 岁儿童学习与发展指南》②(2012)着重指出，“幼儿阶段是儿童形成安全感和乐观态度的重要阶段，要创设温馨的人际环境，让幼儿充分感受到亲情和关爱，形成积极稳定的情绪情感。在社会关系上，要建立良好的亲子关系、师生关系和同伴关系，让幼儿在积极健康的人际关系中获得安全感和信任感，发展自信和自尊，在良好的社会环境及文化的熏陶中学会遵守规则，形成基本的认同感和归属感。成人要注重促进幼儿身心健康发展”。

《学前教育国十条》③(2012)给出了较为详细的指导规范，“必须坚持科学育儿，遵循幼儿身心发展规律，促进幼儿身心健康发展。要把幼儿园教育和家庭教育紧密结合，共同为幼儿的健康成长创造良好环境”。《关于实施第二期学前教育三年行动计划》④(2014)则进一步督促，“健全幼儿园动态监管机制，进一步规范办园行为。深入贯彻落实《3－6 岁儿童学习与发展指南》，促进幼儿身心健康和谐成长”。

---

① 中华人民共和国教育部：《幼儿园教育指导纲要(试行)》，2001。

② 中华人民共和国教育部：《3－6 岁儿童学习与发展指南》，2012。

③ 中华人民共和国教育部：《学前教育国十条》，2012。

④ 中华人民共和国教育部：《关于实施第二期学前教育三年行动计划》，2014。

2016年3月1日起实施的《幼儿园工作规程》①也强调，“促进幼儿心理健康，培养良好的品德行为和习惯，以及活泼开朗的性格，幼儿园必须切实做好幼儿心理卫生保健工作。幼儿园应当关注幼儿心理健康，注重满足幼儿的发展需要，保持幼儿积极的情绪状态，让幼儿感受到尊重和接纳。幼儿园对幼儿健康发展状况定期进行分析、评价，及时向家长反馈结果”。基于众多的相关研究已经达成的基本共识，对学前留守儿童的心理健康状况进行测查和干预，降低亲子过早分离的损害，促进他们的心理健康发展具有至关重要的意义。

为了解决留守儿童低龄化趋势的问题，让学前留守儿童有同等的机会获得优质的早期教育，2014年11月23日召开了学前教育质量发展(北京)大会，第十届全国人大常委会副委员长、中国关心下一代工作委员会主任顾秀莲出席并致辞：“要重视农村特别是留守儿童的学前教育，充分开发和利用农村自然资源和社会资源，开设本土课程，扩展幼儿学习空间。”②她提出了三点建议：一是要把贫困地区留守儿童教育问题纳入研究课题，全社会付出爱心予以关注。二是要造就一支师德高尚、业务精湛、结构合理、充满活力的幼儿教师队伍。通过幼师队伍质量的提升，在全国范围内形成积极向上的园风、教风、学风和办园特色。三是要加强幼儿园与社区的联系、沟通及合作，重视家庭教育的启蒙和纽带作用。通过多途径提高家庭教育的水平，增强家长科学育儿的能力。

2015年11月24日上午，教育部召开新闻发布会，向社会介绍《国家中长期教育改革和发展规划纲要(2010—2020年)》实施5周年来，学前教育的发展状况。面对记者的提问，教育部有关领导表示，未来我国会对留守儿童和流动儿童入园的问题进行专题研究，实施专门的政策来改善学前留守儿童的教育处境。

笔者主要以国务院、教育部、全国妇联以及部分省级政府发布的与留守儿童相关的政策为例，分析当前我国政策层面对农村留守儿童问题的关注与支持情况。

---

① 中华人民共和国教育部：《幼儿园工作规程》，2016。

② 张葳、谭琳：《顾秀莲出席学前教育质量发展大会呼吁重视农村留守儿童教育》，人民网，2014-11-24。

(一)从国家层面来看

从2006年12月国务院办公厅发布的《关于印发人口发展“十一五”和2020年规划的通知》(国办发〔2006〕107号)中最早提到“加大对弱势儿童群体的社会保障力度，使孤残儿童、流浪儿童、单亲家庭和特困家庭儿童、留守儿童得到更多的社会关怀和救助”，到2016年2月国务院发布《关于加强农村留守儿童关爱保护工作的意见》，我国发布的国家级文件中，涉及留守儿童问题的文件共计24个，其中教育主题方面关注留守儿童问题的文件共5个，卫生主题方面关注留守儿童问题的文件共4个，从人口与计划生育主题方面关注留守儿童问题的文件共3个，其他文件还从医药、综合政务、农业发展、救灾、公共安全、宏观经济等多个主题关注到留守儿童这一特殊群体。在这些文件中，“留守儿童”这个词被提及次数累计125次，具体内容涉及对留守儿童的生活、心理、教育、安全等多方面的关爱、支持与保护。其中针对留守儿童的问题进行了详细规定的文件有4个，最近的一个是2016年2月国务院出台的《关于加强农村留守儿童关爱保护工作的意见》，作为迄今为止国家层面最有力度的留守儿童保护政策，该文件85次提到“留守儿童”，主要从完善农村留守儿童关爱服务体系、建立健全农村留守儿童救助保护机制、从源头上逐步减少儿童留守问题，为农民工家庭提供更多的帮扶支持、强化农村留守儿童关爱保护工作保障措施等方面详细提出关爱与保护留守儿童的具体措施。2015年1月15日国务院办公厅发布的《关于印发国家贫困地区儿童发展规划(2014—2020年)的通知》(国办发〔2014〕67号)，这一文件中10次提到“留守儿童”，主要从建立健全心理健康教育制度，健全关爱服务体系、满足留守儿童就学、生活和安全需要、加强家庭教育指导服务等方面，详细提出关爱与保护留守儿童的具体措施。2014年9月30日国务院发布的《关于进一步做好为农民工服务工作的意见》(国发〔2014〕40号)5次提到“留守儿童”，提出通过建立健全关爱服务体系、实施“共享蓝天”行动等方式解决留守儿童问题，要求着力解决留守儿童入园需求，满足留守儿童寄宿需求，保障留守儿童安全等。2011年8月5日国务院发布的《国务院关于印发中国妇女发展纲要和中国儿童发展纲要的通知》(国发〔2011〕24号)6次提到“留守儿童”，从学校住宿、公共服务、心理指导以及家庭监护等多个方面提出对解决留守儿童问题的要求。

值得注意的是，这些文件中对留守儿童的关注绝大多数都是泛指，仅3个文件中共计3处专门提到学龄前留守儿童的问题，即2016年2月《关于加强农村留守儿童关爱保护工作的意见》中提到幼儿园要建立强制报告机制。2010年11月24日国务院发布的《关于当前发展学前教育的若干意见》(国发〔2010〕41号)和2014年9月30日国务院发布的《关于进一步做好为农民工服务工作的意见》(国发〔2014〕40号)，这两个文件都提出了要着力保障留守儿童入园。

(二)从各相关部委来看(以教育部和全国妇联为例)

我国教育部的政策文件论及留守儿童最早始于2005年发布的《关于进一步推进义务教育均衡发展的若干意见》(教基〔2005〕9号)，从这一文件要求"及时解决进城务工农民托留在农村的留守儿童在思想、学习、生活等方面存在的问题和困难"开始，到2015年8月教育部办公厅发出《关于开展农村留守儿童教育关爱情况自查工作的通知》(教基一〔2015〕38号)，我国教育部发布的涉及留守儿童问题的政策文件共计36个，这些文件累计提及"留守儿童"201次。包含的问题主要有对留守儿童生活的关爱与帮扶、公平教育条件的保障、心理健康的疏导等。其中2013年1月，教育部连同中华全国妇女联合会、中央社会管理综合治理委员会办公室、共青团中央、中国关心下一代工作委员会5个部门发布的《关于加强义务教育阶段农村留守儿童关爱和教育工作的意见》(教基一〔2013〕1号)，是我国应对留守儿童问题的最具里程碑意义的国家政策，这是我国第一部专门针对留守儿童而制定的国家级政策，该政策提及"留守儿童"101次，从要求高度重视留守儿童工作、明确留守儿童工作的基本原则、切实改善留守儿童教育条件、提高留守儿童教育水平并逐步构建留守儿童的社会关爱服务机制五个方面，详细而系统地提出应对留守儿童问题的策略。教育部专门论及学前留守儿童问题的只有两个文件，其中2010年7月的《国家中长期教育改革和发展规划纲要(2010—2020年)》中的学前教育部分，提到"着力保证留守儿童入园"，2014年11月5日教育部、国家发改委、财政部发布的《关于实施第二期学前教育三年行动计划的意见》(教基二〔2014〕9号)中提到着力扩大农村学前教育资源，重点解决好连片特困地区、少数民族地区、留守儿童集中地区学前教育资源短缺问题。

全国妇联自2007年到2012年发布多个文件直接指向留守儿童的问题，并带动各省市级妇联及其他相关部门开展、推进关爱留守儿童的行动。例如2007年开始推进的“共享蓝天”大行动、2011年开始的留守儿童关爱服务体系试点建设行动等。尤其是在2014年，全国各地的妇联工作都开始立足于留守家庭的脱贫脱困工作，取得了卓著的成果。① 全国妇联和中国儿童少年基金会在留守儿童数量多的村镇社区，开展了“儿童快乐家园”公益项目，已经在31个省市区建成了670多个快乐家园，给留守儿童提供了一个可以学习、娱乐和社交于一体的新的活动场所。当地志愿者也可以将其作为关爱服务的阵地，开展一些心理咨询、课程学习与辅导、安全教育和保护公益讲座等活动，让留守儿童有一个心灵的栖息之地。

(三)从省级人民政府层面来看

省级层面对留守儿童问题的政策干预各有差异，继2016年《国务院关于加强农村留守儿童关爱保护工作的意见》发布之后，已有山东、福建、浙江、云南、吉林、宁夏、安徽等26个省份出台实施意见，结合当地实际情况提出了具体措施。以河南省为例，自2007年以来河南省共有14个省级文件中提及“留守儿童”，这些政策包括基础教育主题、卫生、安全、保险以及综合发展的主题，内容基本是贯彻实施国家相关方针、教育部相关文件。2007年1月，河南省政府发布的《关于推进义务教育均衡发展的意见》指出：落实各项政策，切实保障困难群体学生接受义务教育；认真做好农民工子女接受义务教育工作，采取有效措施，进一步加强农村留守儿童的教育工作。这是河南省政府第一次在留守儿童基础教育方面作出要求。而在2009年4月，河南省民政厅再次发布《关于印发河南省贯彻实施中国反对拐卖妇女儿童行动计划(2008—2012年)工作方案的通知》，该文件重点关注留守儿童安全问题，指出应加大针对农村留守儿童犯罪活动的打击力度，积极做好相关的善后工作。次年2月，河南省民政厅在《关于明确政府工作报告提出的2015年重点工作责任单位的通知》中又进一步指出，完善社会保障体系，健全农村留守儿童关爱服务体系。2016年5月，河南省政府《关于进一步完善城乡义务教

① 黄小希：《全国妇联开展农村留守儿童关爱保护工作综述》，载《中国妇女报》，2016-05-31。

育经费保障机制的通知》中对留守地区学校办学机制和管理办法提出具体要求，其中包括加强对留守儿童的教育、关爱，建设并办好寄宿制学校，慎重稳妥撤并乡村学校和教学点。

二、我国留守儿童政策的基本特点

经过十多年的政策推进，我国留守儿童政策经历了一个从无到有、从简单到逐步深化、完善的过程，体现出较为鲜明的特点。

(一)从中央到地方的纵向政策体系

目前，我国已初步建成中央—地方的纵向政策体系。就国家层面来看，国务院先后颁布的《国家中长期教育改革和发展规划纲要(2010—2020年)》等纲领性文件，在建立健全农村留守儿童关爱与保护体系方面提出了宏观要求与指导。尤其是2016年2月《国务院关于加强农村留守儿童关爱保护工作的意见》的发布，不仅明确了关于留守儿童工作的重要意义，而且从指导思想、基本原则、总体目标方面提出总体要求，对完善农村留守儿童关爱服务体系的具体措施、建立健全农村留守儿童救助保护机制的要求与方法、从源头上逐步减少儿童留守现象的举措以及强化农村留守儿童关爱保护工作的保障措施做出了详尽的指示。自此之后，全国各地方政府积极响应，结合本地实际情况制定了有针对性的实施意见。这种中央到地方的政策体系的建立，有助于加强中央对留守儿童保护工作的宏观指导与协调，使地方政府能有效获得上级部门的支持扶助，也能增强地方部门、基层组织在留守儿童保护与关爱方面的责任，形成一种上下联动机制。

(二)以法律为依据

当前，已经形成了包括法律文件、纲要性文件、执行性文件在内的留守儿童权益保护的横向三重政策结构。我国于1986年施行《中华人民共和国义务教育法》并于2006年进行修订，1991年施行《中华人民共和国未成年人保护法》并于2006年、2012年两次进行修订，以这两部法律为代表的法律文件为留守儿童权利保护提供了根本的法律依据。国务院先后颁布的《国务院关于解决农民工问题的若干意见》《国家人权行动计划(2009—2010年)》《国家中长期教育改革和发展规划纲要(2010—2020年)》《国家人权行动计划(2012—

2015 年)》等涉及留守儿童权益问题的纲领性文件，对留守儿童保护具体政策制定起着指导性作用。国家相关部委制定的留守儿童保护具体政策，包括2013 年教育部等五部委颁布的《关于加强义务教育阶段农村留守儿童关爱和教育工作的意见》等，构成了留守儿童权益保护的执行性文件，它们在留守儿童保护中发挥具体的指导、管理、调控作用。三重政策结构的构建增强了留守儿童权益保护政策的权威性、丰富性。

(三)点面结合

一方面就留守儿童权益保护形成了整体性的措施安排。“建立健全政府主导、社会共同参与的农村留守儿童关爱和服务体系”“形成学校、家庭、社区相衔接的关爱服务网络”等政策对留守儿童权益保护形成了系统化、立体化的认识，构建了综合防护、全面治理的措施格局。另一方面就留守儿童容易受侵害的相关权益问题予以高度重视并形成了专门措施。例如围绕留守儿童受教育权问题，2013 年教育部等五部委《关于加强义务教育阶段农村留守儿童关爱和教育工作的意见》中提出“优先满足留守儿童教育基础设施建设”“优先改善留守儿童营养状况”“优先保障留守儿童交通需要”等“三优先原则”以切实改善留守儿童教育条件。又如针对留守女童安全问题，2013 年教育部等四部委《关于做好预防少年儿童遭受性侵工作的意见》中提出“特别要关注留守儿童家庭”“将预防性侵犯教育纳入女童尤其是农村留守流动女童家庭教育指导服务重点内容”。

(四)内容丰富

留守儿童政策内容由单一性向丰富性转变，主要表现为：由开始对留守儿童安全的关注到心理、卫生、社会融入等多方面的关注。如 2006 年教育部有关实施意见提出要建立寄宿制学校、开设生存教育、安全与法制教育等有针对性的课程，后来全国妇联提出了关爱行动的要求：不仅将留守儿童教育纳入家庭教育“十一五”规划之中，而且提出发展一批示范家长学校、开展大型关爱保护活动等。有关政策实施的具体内容由开始的安全、教育服务，逐步扩大到心理、卫生、维权、医疗、救助保障、社会融入、营养改善等多个方面。这些政策内容的丰富，意味着留守儿童保护工作将会得到更为具体的指导与支持，关爱与保护活动会更深入与全面地展开。

第三节 关怀力量：社会各界关注和支持

在留守儿童关爱与保护工作中，各类社会组织充分运用各方面的力量，号召全社会为留守儿童集资献爱心，帮助他们能够在学校正常地生活和学习。其中包括社会各界的关注和支持，例如国内的公益组织、慈善机构、富有爱心的企事业单位及个人，也有国际的公益组织团体和慈善机构等；还需要农村幼儿园设置针对留守儿童心理关爱及发展的课程；同时，留守幼儿家长也需要逐渐提高责任意识、逐渐增强亲情陪伴。

一、社会组织与个人的关爱行动

(一)国内社会各界的关注和支持

1. 中国儿童少年基金会的关注与支持

成立于1981年的中国儿童少年基金会是全国妇联领导下的公益组织，30多年来，“中国儿基会”恪守为抚育、培养、教育儿童少年，辅助国家发展儿童少年教育福利事业的宗旨，汇聚社会爱心，为我国儿童公益事业做出了一定贡献。

“春蕾计划”公益项目已经实施了27年，截至2013年，累计捐建春蕾学校1402所，资助春蕾留守女童330多万人，是我国民间公益组织促进女童教育发展最成功、最有影响力的范例。①

“HELLO小孩”公益项目是中国儿童少年基金会面向广大贫困家庭儿童和留守儿童于2015年年底启动的公益项目。包括日常学生套餐和灾后应急套餐两款，根据季节不同，又分为春夏和秋冬两个搭配方案。日常套餐包括彩笔，魔方，口琴，帽子、手套，健康应急包等18种学习生活必需品，灾后应急套餐在日常套餐的基础上，又增加了香皂等灾后卫生防疫必需品，以

① 中国儿童少年基金会启动实施“春蕾计划——护蕾行动”，http://www.cctf.org.cn/article/2016/09/27/4195.html，2013-10-21。

及书包等学习用品，能够帮助孩子们顺利度过安置期。“HELLO 小孩”捐赠标准分别为 200 元和 300 元，为便于公众参与，项目开通了邮局、银行、微信、支付宝等多种捐赠参与渠道。实施一年来，已有 5 万多名贫困弱势及受灾害影响的儿童收到项目资助。

“无忧计划”。2016 年 1 月 5 日，由中国儿童少年基金会、上海保险交易所、浦发银行联合发起的“无忧计划——儿童保险礼物公益项目”在京正式启动。“无忧计划”以农村贫困儿童，特别是留守儿童为服务对象，通过设计专属的公益保险产品，在教育、健康、安全等方面为农村贫困儿童、留守儿童提供保障和帮助。

“爱心书箱·书香中国”公益项目。“爱心书箱·书香中国”公益项目于 2016 年 7 月 18 日，由民政部社会事务司、中国儿童少年基金会、中国邮政集团北京市分公司联合发起。该项目通过动员整合社会各界爱心力量募集善款，购置图书，依托中国邮政覆盖强大的运输网络，将经典好书和人文关怀送至需要的儿童手中。该项目倡导用图书温暖和慰藉留守儿童、贫困儿童的心灵，开拓他们的视野，陪伴他们走过美好的童年，呵护他们快乐成长。

2. 其他慈善机构的关注与支持

“种太阳”计划。2016 年，在全国第三个扶贫日到来之际，中华少年儿童慈善救助基金、友成企业家扶贫基金等单位联合发起“种太阳”强儿童好妈妈公益援助计划①，该计划的提出者注意到了既往的留守儿童帮扶计划很难覆盖到学前儿童。“种太阳”精准定位，帮扶 500 个贫困县以及老少边穷地区的留守妈妈和 0～6 岁儿童。他们意识到了母—幼关系质量的重要性，决定从留守妈妈和留守幼儿两条线来开展辅助活动：一方面，组织留守妈妈利用在线教育平台，掌握正确的家庭教养知识，开阔她们的视野，提高留守母亲的素养，并为她们寻觅工作、增加收入。另一方面，建立阳光早教中心为留守幼儿提供一个学前教育和情感抚慰的外部环境，弥补家庭教育中的不足，促进留守幼儿的健康成长。帮扶项目的内容分为四个部分：一是提升早教中心计划，为乡村的留守儿童搭建一个身心成长的快乐园地。二是开展好妈妈提升与发展计划，通过“妈妈慕课”的开设，建立贫困农村的教育自循环生态系统，从教育源头上增强妈妈的教育素质，并且能将养育孩子与未来就业相联

① 高辰：《精准救助留守儿童，阻止贫困代际传递》，新华网，2016-10-20。

系，还能从事育婴师等领域的工作，让农村妇女回归到留守儿童教育的教育主体身份。三是特困家庭儿童的助学金计划。通过摸排建档，低保家庭的幼儿可以获得每学期费用的85%作为助学金，而贫困家庭的幼儿可以享受每学期费用全免的资助。这种减免费用可以让每一户的幼童都有机会接受入园教育。四是留守儿童精神家园建设，建立乡村书院，开展包括传统文化、艺术教育、情感教育在内的各种课堂，为留守儿童修筑一个修复心灵创伤的心理庇护所。

“留守儿童心成长”项目。北京公益服务队考虑到偏僻的农村地区心理辅导力量匮乏的现实，在北京工艺服务发展促进会推出的“留守儿童心成长”项目的依托下，2014年起设置了心理健康与心理干预专业委员会，专门负责招募和培训专业团队和志愿者团队来实施留守儿童的心理辅导和干预内容，可以为基层农村的学校和儿童机构的相关教师提供引领式进阶培训，旨在为当地的学校机构和公益组织提供可以开展心理咨询服务的专业队伍，构建一支志愿者服务队—专业心理咨询师—(远程)督导师的专业队伍，可以指导基层的教师投入对留守儿童的心理照护和支持的工作中去，最终将心理教育和心理咨询的工作落实在基层，让心理服务能够在农村地区生根发芽，长盛不衰。显然，这种模式区别于以往的送温暖方法，与先前给学前留守儿童送慰问金、书包、文具盒等学习用品和生活用品，以及慰问队和乡村幼儿园的师生互相表演节目的常规慰问方式相比，这是更为深度的教育扶贫，如同习近平同志所指出的“扶贫先扶志”，对留守家庭“要精准扶贫”。当前，对留守幼儿的关爱方式和程度都有很大的不同。一方面是关怀的程度更加深入，陪伴的时间增长(不是慰问当天，搞完活动就集体乘车离开了；有许多项目是长期开展，由专门的工作者集体跟进，当地的志愿者接手助力，持续跟踪帮扶的效果)；二是提供了留守幼儿更需要的心理营养，各种公益项目都切合了他们的深度心理需要。

“为了明天——关爱儿童”项目。中华慈善总会成立于1994年，作为一个全国性非营利公益社会团体，中华慈善总会自成立至今，始终坚持恪守总会宗旨，广泛动员社会力量，多方筹措慈善资金，配合政府有关部门在紧急救援、扶贫济困、安老助孤、医疗救助、助学支教等方面做了大量工作，取得了显著成绩。“为了明天——关爱儿童”项目，就是一项专门针对留守儿童学业及心理健康的关爱行动。

3. 企事业单位的关注与支持

作为社会运转的主力军，企事业单位积极践行社会责任，对留守儿童健康成长的关注，同样不容忽视。营业额居台湾橡胶轮胎业首位的正新轮胎，自 2008 年开始连续九年开展“五月鲜花”关爱留守儿童项目，通过丰富多彩的形式，寓教于乐，为乡村学生带去美术、音乐和梦想等教育，累计帮助超过 300 名乡村学生；“百所图书馆计划”，坚持 9 年为圆农村儿童阅读梦，所行之处打动了千万大众共同参与；有的企业积极响应中国儿童教育志愿者公益联盟的号召，先后在乡村为贫困留守儿童累计捐建“乡村幼儿班”200 所，力求让所有乡村的留守孩子都能上幼儿园，并组织开展爱心支教、家庭教育专家讲座和捐赠图书等一系列公益活动，为留守儿童关爱工作贡献一份力量；还有的企业，20 年来积极投身关爱儿童、环保等公益事业，其参与组织的“春苗营养计划”，大力改善了农村留守儿童在学校“吃得饱”“吃得好”的问题，使留守儿童感受到关怀。

4. 社会爱心人士的行动

为积极响应国家号召、进一步推动关爱留守儿童事业的发展，让留守儿童感受到社会大家庭对他们的关爱，社会各界人士纷纷奉献爱心，踊跃参与。全国三八红旗手邱丙霞，作为 9 名失学贫困孩子的“代理妈妈”，她参与成立的“留守儿童快乐成长站”，影响了她工作所在的供电公司 400 多人成为“代理妈妈”，成功帮助了 500 多名留守儿童，也让“留守儿童快乐成长站”成为她们所在地区的最大的爱心团体之一；汪艳，曾被评为贵州省“十佳慈母”。她是一位有 3000 多个孩子的“园长妈妈”，在 6 年时间里，她成功建立起 11 所幼儿园，外加一所寄宿制小学，保障了当地留守儿童享受到良好的教育；等等。

(二)国际社会机构的援助

针对中国留守儿童的现状，联合国儿童基金会联手中国教育部、海尔集团，共同组织开展了第二期 2016—2020 年的爱生学校联合的“社会情感学习”项目①(Social Emotional Learning，SEL)。项目以留守儿童的实际发展

① 毛亚庆：《中国社会情感学习项目总体介绍》，见《“社会情感学习与基础教育质量提升”国际学术研讨会会议手册》，北京，2014。

需要为出发点，以培养校长(或园长)的项目管理意识和能力作为抓手，通过提升教育机构法人的领导能力，围绕着办学机构的制度建设、促进教师转变教学理念、实施校本课程和家校社区合作伙伴关系建设等方面，促进学校的管理，旨在让校园内外环境形成一种良好的心理氛围，营造“儿童为本、相互尊重、理解和支持”的心理空间，帮助儿童在教育机构和更广阔的社会生活环境里获得发展所必需的心理机能和积极心理品质，了解和掌握对自己、对他人、对集体的认识与管理的意识、技能和方法，培养起自我效能感、社会责任心和尊重的意识，发展积极而有效的人际关系，塑造出适应社会的积极情感和良好的道德品质，能够适应留守生活，可以独立而有效地解决成长过程中的小困难和小挫折，善于求助和建立良好的社会支持系统，促进个体的身心全面协调发展。

社会情感学习项目特别适合解决基础教育中出现的新挑战，比如社会转型导致的学校布局的调整、人口流动导致的弱势儿童等教育问题，尤其适合解决农村留守儿童的心理健康问题。这个项目将探索社会情感学习在中国的应用模式，为广西三江县、贵州纳雍县和重庆忠县的农村儿童，尤其是留守儿童创造一个温馨的教育环境，促进其心理健康的发展。

该项目从成立之初就设计了一整套培训资源，包括培训者手册和指南、校长(园长)和教师 SEL 项目实施手册、社会情感学习教学材料；并建立了从国家到省、市、县三级管理体系，而社会情感课也列入了项目学校的课程表，非常正式地进入了教学课程体系里，是一门必修课。所有的项目学校和校长及 SEL 授课教师都接受了系统而正规的培训，了解 SEL 的课程内容和教授方法，保证教学的内容和教学流程是一致的。

社会情感学习项目对教师的影响能力逐渐彰显。原先教师对留守儿童的关心多停留在口头上，内容表现为对孩子身体和学习的叮嘱，但现在，教师们普遍反映，该项目不仅拉近了师生关系，更重要的是摆脱了说教的关心模式。教师们不再以单纯促进学习成绩的观念和方法，而是逐渐转变用友善的语言和鼓励的眼神，给留守儿童鼓励，使得他们发展出更多的积极情绪，提升了他们的情商。一位基层幼儿园的教师深有感触地说：“通过 SEL 项目，我不仅自己学会控制情绪，不再对幼儿发脾气，而是用商量和尊重的口吻来和幼儿交谈。对于留守幼儿的处境和心理状况，我的理解也变得更为深刻，他们调皮多动、喜欢吵闹或围绕在我的身边，都是渴望被关注、被理解和被呵护，他们想得到我的爱护。我的职责就是好好地陪伴和照顾他们、教育他们，让他们把心里的烦恼讲出来，我再积极地与幼儿园园长和家长们沟通协调，做好他们的心理保护，培养他们健康的心理，能够顺利地成长。”

同时，社会情感学习项目对留守幼儿的改变作用也非常突出。某幼儿原本父母双双外出，和爷爷生活在一起(奶奶前几年已经病逝)，性格非常胆怯，不爱说话。由于表现不活泼，在幼儿园里没有交到朋友，经常孤零零一个人玩耍，非常内向。当班幼师学习了 SEL 课程，了解到该儿童的身世后，通过绘本阅读和各种心理游戏，让这名幼儿学会了基本的社交技能，拉进了人际距离，现在他在幼儿园已经有两个好朋友了。幼儿园成了他最愿意待的地方，也愿意与人主动说话了，笑容也增多了。这种变化让他的家人非常欣喜，因为他不仅在幼儿园里爱说爱笑，回到家也能和其他长辈打招呼，爱说爱闹，透着一股子孩童的机灵劲儿。项目中其他儿童也获得了各自的发展，这种成长变化是显而易见的。

二、农村幼儿园增强留守幼儿教育的针对性

生态心理学家布朗芬布伦纳(Bronferbrenner)曾说，儿童发展的生态环境包括大环境、外环境、中环境和小环境在内的四个成分。① 小环境是最为重要的一个结构，这是儿童可以直接参与，承担社会角色和发展各种人际关系的教育生态圈。家庭和幼儿园为幼儿社会化提供了不可或缺的心理成长空间，让幼儿能够形成和发展亲子关系、同伴关系和师幼关系三种最为重要的早期人际关系。对学前留守儿童而言，最基础、最核心的亲子关系没有办法长久维持，留守家庭功能不全，无法为他们提供最坚实的心理保障。那么幼儿园作为一种次重要的、社会化的教育环境，构建的师幼关系和同伴关系，就能作为一种替代性情感，为幼儿的心理健康和社会适应发展，形成一种保护性的心理救助因素，代偿性地抵消一部分亲子关系缺失带来的心理损害。幼儿园是留守幼儿的第二个家，当留守幼儿得不到一个完整的家时，他们渴望在幼儿园得到老师和同伴的爱护。因此，关注留守幼儿的教育，是补偿其

① 李丽：《布朗芬布伦纳的人类发展生态学理论对幼儿教育的影响》，载《新校园(中旬刊)》，2014(6)。

家庭教育缺失的有力措施，可以弥补留守幼儿缺失的爱。①

农村幼儿园所承载的社会职能，早已不仅仅是为给在外打工的父母提供一个临时照看孩子的地方，履行父母无暇亲自教养下的“保姆”职能，更重要的社会功能是在留守儿童的幼年阶段，给农村幼儿“扣上人生的第一粒扣子”，打下构建未来人生宽度、广度和深度的基础，为他们的身心成长提供一个健全的成长框架。通过交流、互动、游戏、心理卷入等，使留守儿童、留守家庭与社会保持必要而紧密的联系，使得社会力量可以渗透进家庭功能残缺的留守家庭，让留守儿童获得同等的发展机会，这会正面影响留守儿童的成长过程，最终形成社会共育、个人发展与国家未来紧密联结的过程。

(一)农村幼儿园应为留守幼儿提供安全、温暖的外部环境

朱家雄认为，幼儿通过在幼儿园环境中了解客观世界，在师生间、同学间的交往中树立规范的行为习惯，从而由外向内转化，促进幼儿的身心和谐发展。环境的力量是不可小觑的，具有启发儿童智力的潜能。很多幼儿园不仅教学设施简陋，而且环境布置还缺乏安全性。农村许多幼儿园没有幼儿专用桌椅，而是直接用中小学生的桌椅，极不利于幼儿的学习和身体发育；大多数农村幼儿园教室内缺少活动区角墙饰布置；农村幼儿园室外活动场地虽大，但不能被充分利用。②

有研究者从幼儿园的环境规划、建筑设计、室内布置等方面探讨外部环境与幼儿身心发展的关系以及影响。如，张碚贝等人从色彩对幼儿心理的影响出发，提出幼儿园建筑的色彩设计应遵循健康性、特殊性、趣味性等原则，并对幼儿园建筑的墙面、家具、玩具和标志物及外立面的色彩设计提出了适宜幼儿心理特点的具体方法。③ 王元泽以情境理念为途径，以现代幼儿园中室内环境为切入点，分析了目前中国幼儿园室内环境的现状，并基于儿童生理学、儿童心理学，指出幼儿园室内空间环境对于儿童塑造优秀的品

---

① 张亭亭、赵洁：《农村留守幼儿教育问题及解决路径》，载《基础教育研究》，2012(20)。

② 田雅嘉、辛琦媛、陈慧君：《农村留守幼儿的教育困境与解决对策》，载《福建教育学院学报》，2017(9)。

③ 张碚贝、黄静：《基于儿童心理学的幼儿园建筑色彩设计研究》，载《四川建筑》，2009(6)。

质、提高审美创新能力有着重要的意义，并总结出适应新时代幼儿园室内环境设计的优化设计方法。① 庄端对幼儿动线与环境的关系进行分析，认为好的幼儿园设计应当是能够激发儿童创造力的场所，其本身就应当暗示着运动。开放的空间是使幼儿严格、有规律的生活更加丰富、活泼的手段之一，同时建筑的布局也应当考虑整体与部分的关系，让幼儿意识到自己处于幼儿园这个大的环境中。②

也有少量研究涉及留守儿童教育与活动环境设计的范畴。肖季瑜对"留守儿童中心"的设计进行了研究。他指出，农村留守儿童活动中心的存在能够在一定程度上弥补农村留守儿童因为父母外出务工造成的亲情缺失和监护不力，同时能够采取主动的手段帮助农村留守儿童克服在生活、学习中的困难，也能够更积极地对心理出现问题的留守儿童采取一些干预措施，帮助他们健康成长。因此，他从环境艺术设计学科出发对农村留守儿童以及活动中心室内空间环境做深入细致的调查和研究，并提出留守儿童活动中心设计的原则与方法。③ 李晓鸥基于对河南安阳市三所留守幼儿园的室内设计现状分析，总结出农村幼儿园设计的缺陷、功能缺失等问题；进一步以儿童心理学为基础，提出了在设计和建造留守儿童幼儿园的过程中必须根据儿童的行为习惯、心理特点和留守儿童需求，构建符合儿童身心发展的室内生活学习环境；并提出农村留守儿童幼儿园室内空间设计的具体策略。④

1. 当前农村幼儿园环境设计存在的问题

当前对留守儿童的关注度虽然高涨，但是在生活空间环境氛围上并没有体现出关怀。一些留守儿童的成长学习需求在幼儿园提供的环境中得不到满足。大多数室内空间环境没有任何设计，留守幼儿园的室内环境堪忧，存在诸多问题。

李晓鸥发现某留守幼儿园的环境设计在功能上基本满足儿童的基础需

① 王元泽：《基于情景理念下的幼儿园室内环境设计研究》，沈阳航空航天大学硕士学位论文，2015。

② 庄端：《幼儿园的动线设计与儿童成长》，载《新建筑》，2000(1)。

③ 肖季瑜：《农村留守儿童活动中心设计研究》，西南交通大学硕士学位论文，2015。

④ 李晓鸥：《基于心理学的农村留守儿童幼儿园室内设计研究》，西安理工大学硕士学位论文，2017。

求，但整体室内空间缺乏设计和细部设计。某留守幼儿园室内界面处理简单且瓷砖墙裙过于坚硬，1.2m 以下墙面可以用软体做墙裙，保护儿童在室内活动中的意外碰撞，尤其对一些极端的出现自残的留守儿童，可以起到保护的作用。教室涵盖太多内容，混杂却都没有分区，没有集体活动室、音体室和心理治疗教室，有些教室虽有功能性名字但没有发挥其应有的作用，只是方便上级检查。园方也疏忽了将近半数的留守儿童在生活上渴望亲情，没有设计亲子空间和学校的寄宿功能，对于留守儿童的照顾还有所欠缺。肖季瑜发现农村留守儿童活动中心存在功能区分不明显、功能有欠缺、选址不佳、全年龄段适应不足、空间封闭等问题。

2. 留守幼儿园室内空间设计因素与原则

为留守儿童设计的活动场所考虑其特定的情感需求、从功能出发，应满足各个年龄段服务对象的需求；将建筑融入原生的自然环境中去，让环境来改善服务对象的情绪状态；让艺术发挥促进健康的作用；减少浮华的装饰，让材质本身传达质朴、健康的理念。①

由于父母长期在外务工，家庭温暖的缺失使得不少留守儿童表现出了感情比较脆弱敏感，焦虑自闭、孤僻，产生逆反情绪，容易激动走极端等心理异常的情况。这些情况仅仅依靠留守儿童的现有监护人，或者是学校教育是无法起到良好的引导调节效果的。建立农村留守幼儿园也需要从留守儿童的情感需求出发，在功能设施和装饰风格上关爱他们，使他们在家庭中缺失的情感能在活动中得到一定的弥补。

留守幼儿园室内空间设计从身体尺度方面考虑时，应该遵循符合各个年龄阶段的人体尺度的需求，尤其是细节处，如窗台的高度，儿童所看到的视角，窗户的作用是通风还是也有让儿童观看的作用；踏步的楼梯尺寸、家具尺寸等，不能让使用者对设计的环境和设施有阻碍的感受，要考虑到留守儿童的心理感受，要将儿童的行为特点和心理感受作为设计出发点，设计出符合儿童的精神和身体尺度的空间。

功能区域主要考虑以下几个方面：一是社交功能。因为留守儿童和家人长久分离，在感情上有所缺失，那么儿童会从身边的人身上来填补情感。那

① 肖季瑜：《农村留守儿童活动中心设计研究》，西南交通大学硕士学位论文，2015。

么社交功能显得尤为重要，和同龄人的交流、师生的沟通在一定程度上可以缓解亲情的空缺所带来的失落。二是游戏功能。对于幼儿园的儿童来讲，在游戏中学习到知识更为有趣和深刻，能够在娱乐活动中放松心情，沉浸在欢乐的气氛中。三是引导功能。对于年龄阶段在 3～6 岁的儿童来说，行为、认知、道德感等方面还处于启蒙阶段，需要成年人对儿童进行一些引导和指导。农村留守儿童的生活上有许多陋习，在室内设计上可以通过家具摆放的位置来帮助儿童规范行为。四是住宿功能。幼儿园的设施所能带给留守儿童的关怀除了精神上的还有生活上的住宿需求。比如对幼小且自理能力差的儿童，在与父母分离后，隔代人的抚养可能会有力不从心的现象，这就需要幼儿园有住宿的功能，满足部分儿童的寄宿需求。心理因素主要考虑安全感、负面心理、渴望亲情等方面。

在设计者用心的设计和布置下，室内环境的氛围和格调都可以让幼儿在不知不觉中就已经深受教育，在无形中学习到了生活上和课本中的知识。在设计时将儿童的感受作为第一视角，也照顾到留守儿童敏感的心理活动。应遵循安全保障、促进留守幼儿心理发展以及社会互动、艺术审美等原则。①

3. 留守幼儿园室内空间设计的策略

构造具有安全感的空间环境、塑造极具吸引力和实用性的空间环境、打造具有影响力的空间环境、创造空间中独特的文化氛围，应当是设计规划留守儿童生活与教育环境的总体要求。针对留守幼儿的特殊性，幼儿园室内空间设计可以从空间色彩、交通流线、功能区域划分、室内物理环境设计、安全无障碍设计几个方面进行全面的设计。②

色彩搭配、冷暖等因素都能影响儿童的心理感受，因此留守儿童幼儿园在色彩设计上须符合儿童的喜好，科学合理地搭配色彩。农村留守儿童较为特殊，除了需要考虑儿童的色彩偏好以外，还需要考虑到他们的特殊家庭下的心理状态。农村留守儿童长期无法见到父母，产生的自卑心理和内向的性格，在留守幼儿园空间可以选用温暖且具有治愈性的颜色进行合理的搭配，

---

① 李晓鸥：《基于心理学的农村留守儿童幼儿园室内设计研究》，西安理工大学硕士学位论文，2017。

② 肖季瑜：《农村留守儿童活动中心设计研究》，西南交通大学硕士学位论文，2015。

可以起到缓解留守儿童特殊心理的作用。

幼儿园的交通流线则是为了使各个功能区所需的交通流线能够互不干扰又可方便使用和疏散。幼儿园的交通流线设计应以最快捷的方式，方便儿童能够抵达目的地，以各方面因素加深儿童空间记忆力。

对留守儿童最大的关怀就是在功能上有所倾斜，李晓鸥通过收集留守儿童心理和幼儿园设施服务功能划分的资料，进行分析归纳总结后，认为农村留守儿童幼儿园主要功能区域分为以下几类：医护类、学习类、亲情互动类、社交类、住宿类等。室内设计划分功能区需要将动静态区域进行划分，并对过渡区域合理设计，避免相互影响。

物理环境是留守儿童在心理生理上一个必须考虑的方面，留守儿童一般多为内向，提高他们的参与性、调动他们的积极性，使他们能够更快地融入“大家庭”。留守儿童的住宿空间、心理辅导室需要偏暖的较弱光源，能够使儿童放松情绪并且还带来安全感。

安全无障碍设计也是非常重要的策略。对于危险一般留守儿童的家人很少对其叮嘱和警告，所以缺乏预见性，一些事物对于成年人来讲并不构成危险，但是对于幼儿园的儿童来说有可能形成伤害。所以在幼儿园的设计中，需要做出合理的安全无障碍设计，营造一个充满爱与关怀、切实保障儿童安全、方便、舒适的幼儿园环境。肖季瑜指出农村留守儿童活动中心的通道应进行无障碍化设计，空间内设施及导视系统都应进行安全设计。

(二)农村幼儿园应为留守幼儿提供针对性的课程与教育活动

农村幼儿园是留守幼儿接受教育的主要场所，然而农村幼儿园的一日生活安排大都不合理，有的幼儿园甚至采用与小学一样的作息时间，未考虑幼儿注意力集中时间短、活泼好动等年龄特点。农村幼儿园的课程设置大都偏向小学化，只注重幼儿的识字能力和算术能力，缺少培养幼儿审美能力、社会人际交往能力、身体协调健康等的活动安排，不能遵循 2012 年颁布的《3—6 岁儿童学习与发展指南》中对五大领域课程活动安排的要求。① 据秦慧君对河南省两所留守幼儿园的调查显示，这两所幼儿园的教科书都是幼儿园自

---

① 田雅嘉、辛琦媛、陈慧君：《农村留守幼儿的教育困境与解决对策》，载《福建教育学院学报》，2017(9)。

选教材，进行学科分科教学，一般分为语文、数学、体育、音乐和画画。其中两所幼儿园大班所选的教材是小学学段的教材，这超越了大班儿童的智力接受水平。教学方式以固定的课表安排为准，采用“上课，起立……”大家一二一齐步走的小学化教学模式。在教学课程上过分强调语文、数学的传授，而不重视儿童音乐、美术、手工、舞蹈、品德等方面的全面发展；过分强调教学，忽略儿童情感、态度、社会性等方面的培养。总的说是课程内容不合理，重学习，轻生活、运动及游戏，过于片面化。这种以教识字、算术为主的教学模式不可能让儿童得到全面发展，更违背了儿童身心发展的规律。①

针对以上问题，农村幼儿园应从课程与教学方面加大对留守幼儿的重视程度，根据留守幼儿的需要选择教学和游戏材料，为留守幼儿建立成长记录档案，定期举行教学讨论会，就各班留守幼儿在园的学习、生活情况进行交流，共同解决留守幼儿教育中令人困惑的问题，并制订适宜的方案，力求通过这些措施，为留守幼儿提供一个优质的早期教育环境。②

1. 针对留守幼儿的心理特征，提供针对性的课程方案

刘占兰基于对全国六省市农村 5～6 岁 3460 名留守与非留守幼儿生活和心理健康状况的调查研究和对比分析，指出了农村幼儿的留守生活特别是母子分离对幼儿心理发展可能带来的不利影响，发现了农村留守幼儿亲子关系疏离已经导致的心理问题倾向。基于此研究结果，刘占兰项目组设计了针对留守幼儿各种发展问题的专题教育活动，并与六省市中的部分幼儿园合作实施，以增进留守幼儿的亲情与积极情绪。③

该项目根据留守幼儿的情绪与社会性发展的状况，为小中大班每个年龄段的幼儿设计具有渐进性的五个单元的教育活动，活动设计巧妙生动、温馨感人，充满对留守幼儿情感的关爱与心灵的呵护，让幼儿在参与生动有趣的教育活动中体验到浓浓的亲情和满满的关爱。

---

① 秦慧君：《农村留守儿童学前教育现状研究》，天津理工大学硕士学位论文，2017。

② 张亭亭、赵洁：《农村留守幼儿教育问题及解决路径》，载《基础教育研究》，2012(20)。

③ 刘占兰：《农村幼儿留守生活的潜在心理危机与应对》，载《中国特殊教育》，2017(3)。

第一单元“爸爸和妈妈”旨在让孩子们懂得妈妈和爸爸是最爱我们的人，无论他们在不在我们身边，他们永远爱我们。第二单元“亲情与表达”的重点是鼓励孩子们用多种方式表达对亲人的爱；学习用各种词汇表达想法、心情和感受。第三单元“爷爷和奶奶”重点是让孩子们懂得爷爷和奶奶非常爱我们，付出很多；我们要尊重、关心和爱爷爷、奶奶。第四单元“安全与自我保护”旨在让孩子们具有安全意识和自我保护的能力，获得快乐、丰富、安全的童年生活。第五单元“惊喜与发现”重点是让孩子们懂得生活中有很多新奇与惊喜等待我们发现，乐于想象、富有创造会让我们更加快乐。通过这些活动，有效提升留守幼儿的情绪调节能力和社会性发展水平。

2. 积极创建公办幼儿园

让留守儿童接受正规的学前教育，并与当地小学保持联系和沟通，在留守儿童的教育方向上达成一致，将留守儿童数量和名单一同交给小学，实现无缝对接，形成教育合力。也可根据当地小学教育情况，对学前教育相关方面进行适度调整。幼儿园还可以组织留守儿童参观小学，让他们提前了解和熟悉小学的教学模式与教学环境，做好心理准备，促进幼小衔接，顺利过渡。农村小学应考虑当地学前教育情况，采取有效措施，帮助留守儿童顺利完成幼小衔接过程。①②

(三)农村幼儿园应改善教师观念，加强教师专业能力

我国农村和城乡接合部的幼教机构条件一般都比较差，且有大量非学前教育专业的师资在从事学前教育，在教育观念、教学手段及专业技能方面都与幼教工作的要求存在明显差距，违反幼儿身心发展和学习规律的“小学化”倾向严重，没有起到保教结合、促进幼儿身心发展的作用，更缺乏对留守幼儿这一特殊群体因材施教的理念。同时，由于待遇偏低使幼儿园教师缺乏上进心、责任心，以及再进修、再学习的动力，职业意识淡薄，教师队伍不稳

---

① 吴昊东：《农村学前留守儿童教育现实困境与提升策略研究》，载《长春教育学院学报》，2016(7)。

② 刘妍：《农村留守儿童学前教育的现状与思考》，载《继续教育研究》，2012(10)。

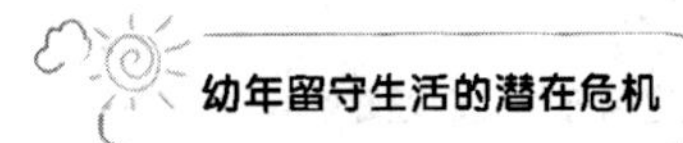

定，流动频繁，教育教学质量难以保证。①

农村幼儿教师要对留守幼儿实施适宜有效的教育，首先需要对留守幼儿有正确的价值观。韩威对农村教师关于包括留守儿童在内的处境不利儿童的教育价值观念进行了研究。他的研究发现，半数的教师对处境不利儿童教育价值持有否定态度，且主要处于两种情况：第一，农村幼儿园学前教育的总体质量有待提升，幼儿园教师认为，在小学化的、房舍不达标的、室友比不合理的班级中，处境不利儿童并没有得到基本的发展；第二，处境不利儿童的发展与农村幼儿园教师对其教育预期之间存在差异，处境不利儿童没有达到教师在教育中的"标准"。②

当前我国农村幼儿园教师对于包含留守儿童在内的处境不利儿童的教育观念，存在的主要问题有三个方面：一是对处境不利儿童及其教育的刻板印象明显，认识不够具体深入，如：忽视儿童及其发展现实处境，将儿童表现出的问题视为儿童本身的问题；容易以偏概全，对处境不利儿童及其发展的认识较为狭隘和局限。二是强调幼儿外显行为问题及其指导矫正，忽视对其内在需求的关注和支持。三是教育处置的认识上主观随意性和偏向性明显。

导致教师教育观念存在问题的主要影响因素有：教师的专门知识和实践经验不足；无意识教育观念对教师的影响；教师教育缺乏专门的内容学习和能力训练；农村学前教育管理存在较明显的偏差；农村幼儿园教师专业发展的支持系统较弱等。

在矫正幼儿教师对待留守幼儿的教育观念的基础上，还需进一步提升教师的专业能力，才能给留守幼儿以积极、适宜、有效的教育。刘占兰等在2015年对全国5个国家级贫困县476名幼儿教师专业技能的观察评定显示，这些贫困县的幼儿教师，在基本学历和资质等结构性条件方面，均低于全国平均水平，也就是说基础起点比较薄弱。综合分析教师的7个方面22项教育能力状况发现，教师各方面的能力大都处于"很差"和"较差"的低端水平，一些应知应会的基本能力还没有达到。相对来说，幼儿教师在沟通能力维度

---

① 张亭亭、赵洁：《农村留守幼儿教育问题及解决路径》，载《基础教育研究》，2012(20)。

② 韩威：《农村幼儿园教师关于处境不利儿童的教育观念研究》，西南大学硕士学位论文，2016。

上的题均得分最高(1.73分，满分为5分)，说明幼儿教师与孩子和家长的沟通相对较好。幼儿教师在反思能力、游戏支持与引导两个维度上的题均得分最低，说明这两个方面能力最弱，而游戏支持与引导能力恰恰是幼儿园教师有别于中小学教师最重要的能力，也是目前最需要加强的方面。①那么，如何提高农村幼儿教师的专业能力以应对留守幼儿的特殊教育情境呢?

钟芳芳等人认为，应当以园本教研为基本手段提升农村幼儿教师的专业水平。② 刘占兰也认为，一方面，幼儿园内部需要健全并完善日常教研制度，成立园内教研组，制订教研计划，按照计划定期开展教学研究活动，定期组织半日观摩活动、环境布置等，有计划地开展相互听课、评课、游戏观察与研讨等活动，积极开展教育教学研究，加强学前教育基本理论的业务学习，定期组织教师进行学习培训，提升教师教育理念，提高教育教学质量；另一方面，需要建立健全县乡村三级教研网络，以县中心园骨干教师团队为核心力量，以乡镇中心园教师为主体，在县域内组建幼儿园教师巡回指导团队，建立巡回指导制度，对农村地区的乡镇中心园、村小附设幼儿园、教学点附设幼儿班、村集体办园、普惠性民办园、巡回支教点等，进行巡回指导，通过县乡两级的教研员或以县乡两级的公办园为扶持园，对村级园进行对口帮扶，不断提高农村贫困地区幼儿教师的教学、评价、沟通与反思等方面的能力，促进幼儿教师素质的整体提高。③

韩威指出，提升教师自身的专业水平，首先要求教师阅读学前教育专业的书籍。通过专业理论的学习转变教师儿童观、教育观，教师通过对理论内容的选择、内化与运用的过程，不断将理论层面的教育观念内化为自身的个人教育观念，并最终实现自身的专业发展。其次，定时进行有效教学反思与总结，教师通过对自己某一行为、某一活动进行重新审视，更容易让教师认识自身的优势与问题，能更有针对性地提升自我。④

---

① 刘占兰：《农村幼师看家本领急需长高》，载《中国教育报》，2015-03-01。

② 钟芳芳、范琮瑜：《基于园本教研的农村幼师专业化成长的实践探索》，载《学周刊》，2014(18)。

③ 刘占兰：《农村幼师看家本领急需长高》，载《中国教育报》，2015-03-01。

④ 韩威：《农村幼儿园教师关于处境不利儿童的教育观念研究》，西南大学硕士学位论文，2016。

(四)农村幼儿园应组织有效的留守幼儿家园合作

家园的有效沟通有助于为幼儿营造一个良好的成长环境，而幼儿园为幼儿社会教育的主要载体，肩负着构建和谐家园关系的主要责任。为此，幼儿园应积极主动与家庭进行有效沟通与合作，协调一致，共同努力形成良好的教育合力，以有利于促进幼儿身心健康和谐发展。

幼儿园作为留守幼儿接受教育的主要场所，应主动承担教育责任，举办各类家长或监护人培训活动以提升监护人教育观念，如定期组织监护人观看有关教育的视频、电影，幼儿园可鼓励他们交流教育经验，潜移默化地提升他们的教育理念，提高其幼教认知水平和教育行为能力；① 有针对性地聘请专业人士举办幼教知识讲座，特别是针对家庭教育方面存在的突出问题，提出可行的方法和建议，通过这些措施提升留守幼儿监护人的教育观念，改善其教育行为。② 此外，祖父母有丰富的人生阅历，几十年的生活积累了丰富的经验，自身就是一座教育宝库，幼儿园可以聘请一些监护人开展教学活动。

幼儿园方面应尽可能地给学前留守儿童主要抚养者提供更多的机会和便利条件，让学前留守儿童主要抚养者能够进入幼儿园分享幼儿的活动，并为学前留守儿童主要抚养者提供相关的指导和帮助。一方面，幼儿园应充分利用父母回家的时间进行家访，帮助父母了解幼儿的近况，鼓励父母尽可能地留在家中照顾幼儿，以补偿幼儿缺失的家庭教育，同时也可以更好地配合幼儿园的活动开展；另一方面，幼儿园可以开设亲情电话，让幼儿和远方的爸爸妈妈说悄悄话，把自己在园和在家的表现，如学会了自己穿衣服、获得了老师的表扬等报告给爸爸妈妈，抚慰幼儿对父母的思念之情，拉近幼儿和父母的距离，满足其亲子依恋之情。

随着科技的进步和电子终端的普及，为家园沟通提供技术条件的便利，幼儿园可以根据自身特点，以及学前留守儿童主要抚养者的特点，选择适合

---

① 吴昊东：《农村学前留守儿童教育现实困境与提升策略研究》，载《长春教育学院学报》，2016(7)。

② 张亭亭、赵洁：《农村留守幼儿教育问题及解决路径》，载《基础教育研究》，2012(20)。

的沟通方式，除常见的沟通方式，如家长会、家访、宣传栏或者交流手册等，还可以采用新的社交软件进行有效沟通，如微信、短视频等，这些新的途径和方式为家园互通信息提供了新型的、更为便捷的沟通渠道，有力地促进了幼儿园和学前留守儿童主要抚养者之间的有效沟通，为家园教育合力的形成和幼儿良好成长环境的营造起到了重要的支撑作用。每周父母至少要与孩子沟通一次，而且在与孩子对话时一定要注意方法和技巧，最好是以朋友的身份与孩子进行平等的对话，多关注孩子精神上的需要，多听听他们的心里话，满足他们情感上的需要。① 通过网络系统的支持在农村幼儿园开展亲子互动、亲子助学、家园共育项目，通过教师精心采集来自幼儿家长的教育资源，营造班集体的同伴间互助的温暖，给予幼儿心灵的呵护与关爱，寓情于“教”的情感教育，以此来弥补幼儿亲子关系的缺失对其人格发展的消极影响。

三、留守幼儿家长增强责任意识与亲情陪伴

（一）家长回家有助于子女教育

真正让留守儿童不再留守，就要提高家长的养育责任，提升家长的经济能力。最根本的还是要让家长改变生活方式，找寻更多的生活资源养家糊口，愿意与自己的孩子一起生活。否则，无论是城市开放更多的教育资源，建立打工子弟学校给流动儿童，还是取消户口落户限制，打破异地高考的禁锢等，这些措施都不能彻底地解决留守儿童的问题。国家要实施精准扶贫、精准脱贫，提高扶贫实效。通过创造更多就业岗位，让更多农民工在家门口就业，才是更好的解决之道。

自 2014 年起，贵州铜仁市碧江区大力实施“雁归工程”，目的是动员打工者返乡就业创业。在良好的创业园区环境吸引下，许多经营能力强的企业纷纷入驻，提供了大批工作岗位。仅用两年时间，就为农民工提供了 1.5 万个岗位，使得 2100 余户留守儿童家庭再次团聚。

农村妈妈返乡后重新成为留守妇女，她们发现，孩子的学习成绩、人际

---

① 田雅嘉、辛琦媛、陈慧君：《农村留守幼儿的教育困境与解决对策》，载《福建教育学院学报》，2017(9)。

关系、情绪表现和心理稳定性都有很大的积极改变。与此同时，她们也感到减少一人打工，经济收入仅由丈夫一人承担，一是家庭整体收入减少了一大块，二是增大了家庭的风险。文化不高的留守妇女，在承担了养孩子的责任之余，剩余的空闲时间如果不好好利用，有可能使得部分妇女陷入赌博、串门子说闲话的是非之中。

广西壮族自治区妇联深刻地意识到，让孩子能够长久地得到亲情，让父母能够无牵挂地回到孩子身边，这才是解决留守儿童问题的关键，她们发起了“产业到家，牵手妈妈”的巾帼脱贫活动，支持当地农村妇女发展特色优势产业、家庭服务业、农村电商产业，鼓励农村妇女积极拓展思路，寻求在家发展的机遇，灵活就业。为此，妇联积极建设“巾帼科技示范基地”，积极吸纳农村女性多渠道就业，增收脱贫，提高在家的经济水准，把农村妇女留在家里，留在自己的幼儿和老人的身边，并积极地增加就业机会，努力把在外务工的男性也吸引回乡就业，从源头上减少留守儿童出现的概率。

湖南省、江苏省和其他地区的妇联意识到留守妇女的尴尬境况，组织了家政服务、特色手工技术等公益讲座和培训课堂。① 妇联邀请了当地企业参与留守妇女就业的帮扶项目，让这些留守妇女接受培训后，在家灵活地开展就业工作，一边照顾孩子和操持家务，一边在自由支配时间内做些力所能及的工作来增加收入。这种积极举措深得留守妇女欢迎，在家就能赚钱，何必舍近求远地远离孩子。留守妇女积极自强的行为，身体力行地给孩子树立了一个坚韧不拔的精神榜样，加深了留守儿童对父母的认同，提高了他们顺利度过留守期的心理韧性。

当然，留守儿童的家长也要考虑一下打工养家和抚育孩子的平衡，不能一味地以挣钱为头等大事，毕竟如同宋庆龄女士所言“孩子的发展是不能等待的”，不可能等到家长赚够了让他们满意的金钱，再回乡来陪伴和教养孩子长大。孩子特别依赖父母的时间就那么长，如果家长没能及时参与，所造成的心理遗憾是难以弥补的。

一些有教育眼光的农村父母，他们能够立足于孩子未来，牺牲一些眼前的利益。当然，做这个决策并不容易，毕竟经济问题也是影响到整个家庭的

① 中华人民共和国教育部：《教育部召开农村留守儿童教育关爱集中调研工作座谈会》，http://www.gov.cn/xinwen/2016-5/30/content-5078172.html，2016-06-30。

生活质量的。但从长远来看，孩子的教育是刻不容缓的，如果能够忍受一些眼前的经济窘迫，孩子的发展更能让家庭受益。比如，哈佛大学博士后何江在回忆起父母的家庭教育时，非常感谢父母的高瞻远瞩，因为当时同村的劳动力大多前往广东和江苏打工，何江的父母虽然也曾动心，但最终选择都留在家里，因为他们认识到："不能为了打工赚钱，而让儿子成为留守儿童。""我们就多喂点猪，多种点田，舍不得他们(编者注，指的是他们的孩子)。"何江的父母非常注重家庭团聚和情感交流对子女的影响，即使后来何江去美国读书，他的父母也会叮嘱他，不要因为吝惜电话费就不和家人联络，要多打电话回家。这样的教育理念，使得何江成为一名优秀的哈佛学子。

(二)避免"替代抚育"

如果家长能够看到近距离养育孩子的优势，可能就愿意在家乡附近的地方赚钱，再苦再难也不放弃孩子，使得家庭团聚的机会增多，孩子能够有更多时间见到自己的父母。毕竟，父母是幼儿的第一任老师。教养不足 7 岁的幼儿，抚育第一责任者应该是孩子的父母，而不是祖父辈或其他亲友，家长要切实履行自己的家庭职责，不能借口挣不到钱或没经验来推托。因为很多动物实验已经证实，替代抚育的效果总是差于父母的亲自抚育。

首先是哈洛的跟踪实验。做了毛巾妈妈和铁丝妈妈试验后，哈洛对自己的实验进行进一步的修改，他只做了一个可以摇摆的代替母亲。哈洛的学生伦纳德·罗辛布林也是著名的猴类研究专家，他说，摇摆的代母抚育下的幼猴，成年后显得正常多了，它们与其他猴子每天玩耍的时间约为 1.5 小时，说明这些猴子的社会性发展较为正常，愿意参与和融入猴族的集体活动。对此现象，纳德·罗辛布林评价说："这证明爱存在三个变量：触摸、运动和玩耍。如果你能提供这三个变量，你就能满足一个灵长类动物的全部需要。真是令人惊讶，我们的神经系统仅仅需要这三样就能保持正常。"母亲对孩子的抚触，在动物界是一种非常普遍的照顾行为。比如哺乳动物的母兽，会用舌头给自己的孩子舔毛、抓虱子、挠痒等，其重要的心理意义不言而喻。

哈洛的研究具有时代意义，对育儿理念和操作模式产生巨大的变革作用。受最新研究结果的积极影响，那些为幼儿服务的社会机构和商业组织，如孤儿院、托儿所、幼儿园、爱婴产业等或多或少地调整了养育的做法。比如，医生为了增加婴儿的存活率和发育质量，会将新生儿贴着妈妈的肚皮放置。孤儿院的工作人员不仅仅给孩子喂牛奶和穿暖，还必须抱着孩子来回走动，增加微笑、目光注视、语言交流和温柔抚摸。这些人性化的做法，摒弃了先前不科学的养育观念，比如在20世纪30年代到50年代，儿科专家本杰明·斯帕克认为，喂奶必须定时，其他时间不要抱孩子。另一名哺育专家约翰·沃森则宣称："不要溺爱宝宝，不要在睡觉前亲吻他们，正确的做法是，弯下腰握握他们的手，然后关灯离开。"先前的养育经验是倡导养育者克制亲附需要，不对孩子流露出过多的情感，来避免孩子过度依赖抚育者。哈洛对此的驳斥是：千万不要和宝宝握手，而应该毫不迟疑地拥抱他，用爱来包围孩子。

其次，曼彻斯特大学也有一个著名的静止脸实验。实验者埃德·特洛尼克的实验设计是这样的，先让一名幼儿与母亲玩耍，积极互动，母子都很开心。随后，实验者要求妈妈收起微笑，表现出一张冷漠的面孔，无论孩子做什么行为，母亲都不要改变面部表情。看到妈妈突然变得面无表情，孩子努力通过各种动作和尝试来引起妈妈的注意和反应，可妈妈仍然一脸冷漠和麻木的表情，孩子努力无效后，情绪崩溃而大哭不已。在实验过程中，可以测查到，当妈妈对孩子没有温暖的回应时，幼儿的生理指标变差了，心跳加速，体内的皮质醇增多。如果实验持续下去，可能会导致脑部重要区域的脑细胞提前凋亡。

家庭是教育的发源地，相当于泥土之于植物，水之于鱼儿，天空之于小鸟。爱可以滋养爱，同理，长久隔离也可能孕育出冷漠和问题。短暂的社会情感沟通途径切断，对幼童的杀伤力就很明显。可以想象，留守幼儿如果长时间无法见到双亲，他们得忍受巨大的心理空缺和精神孤独的考验。《心理科学》上的研究论文指出，情感交流缺失，除了带给儿童情感损害外，儿童的智力和言语能力发展都可能受到巨大阻碍，使得他们罹患抑郁症、应激障碍，心理变态的概率更大，情绪变得更为易激怒、偏执和古怪，外部攻击增多，逐渐变成一个施暴者。

近年来，科学家从生物化学的视角来研究依恋关系，发现母子情深的关系下，有着一定的化学物质存在，也就是说，母爱也会让人成瘾。灵长类动物会分泌一些化学黏合剂来巩固母子关系，这种化学物质被称作β-内啡肽，这种类似于吗啡的物质会让大脑的犒赏机制激活，让个体觉得从这种母子关

系中得到一种幸福感的回报。① 并且，母子关系越融洽，β-内啡肽的分泌量就越多。

美国精神分析学家温尼科特②非常强调父亲对抚育幼儿的作用。他认为，如果给孩子一个促进性环境，那么孩子能够逐渐成熟并获得良好发展，母亲是最早的环境，够好的母亲(Good Enough Mother，也译为 60 分的妈妈，差不多好的妈妈)就可以称作促进性环境。促进性环境的形成，背后就靠父亲为母亲提供一种心理依托。也就是说，父亲对养育孩子来说是不可以缺席的。

丧偶式的育儿模式，留守家庭中父亲角色缺位会导致父爱的缺乏，等于让母亲一人肩挑双职，“又当爹又当妈”，母亲的养育职责过重，使得她们会非常焦虑、担心或不够专心去养育，这种不良的心理状态会直接影响抚育质量。

父亲能为孩子提供一个和母亲完全不同的抚育效果。当母亲不在场时，婴幼儿会通过想象游戏来与母亲互动，弥补母亲不在的情感缺失，这是孩子创造性产生的心理动因。但如果父亲参与，孩子会获得更加完善的人格品质，比如增加男性气质的敢于冒险、果敢、坚韧、理性、行动力强等。对女孩来说，父亲的养育参与，会让她们从传统女性角色的身份禁锢中挣脱出来，她们在选择职业时，不再受限于传统的护士、家政服务员等服务型工种，而会更有勇气和胆量去尝试更多的职业选择。

父亲加入养育孩子的过程中，会帮助孩子实现爱的流动与平衡，不仅仅局限于与母亲的互动和情感卷入，他们会形成更健康和稳定的三人关系，孩子也会发展更多的人际交往，可以非常有效地与母亲建立分离和独立的新型关系，婴幼儿也有机会去体会更为丰富和多样化的人际关系，可以让孩子的社会性发展得更为充分。

---

① 宋璐、苏雅雯、黄庆军：《母爱剥夺对青春期雄性大鼠星形胶质细胞及炎症反应的影响》，见《中国生理学会内分泌代谢、比较生理与应激生理学术会议论文摘要汇编》，北京，中国生理学会，2017。

② [美]温尼科特：《妈妈的心灵课——孩子、家庭和大千世界》，魏晨曦译，65 页，北京，中国轻工业出版社，2016。

(三)幼儿园教育无法替代家庭教育

家庭教育是最重要的，尤其在幼儿阶段。幼儿园只能提供基本的保育、初步的认知能力发展和社会化，但儿童的心理安全、温暖的家庭氛围只能通过家长来创设。优质的幼儿园能形成积极的人际关系、良好的行为习惯、优良的思维方式，但是影响成功的最根本的非智力因素——信心、坚持、抗挫折的能力、持续不断的努力，往往只能通过家庭赋予儿童。

所以，幼儿绝对不是交给幼儿园就可以了，做家长的就可以高枕无忧、万事大吉了，就可以放心地在外务工，不用操心孩子的教养问题。一名儿童的成长需要从多方面加以培养和塑造，父母是孩子的第一任教师，在其中的重要作用是不言而喻的。对于留守家长，如何增加自己陪伴子女的机会和时间，如何与孩子保持情感联结和有效互动，如何尽到优质抚育孩子的责任和义务，如何帮助孩子尽快地适应幼儿园，如何与其他家庭成员、老师和同伴更好地沟通和相处，这是摆在留守家长面前的一张必答的考卷。

家长或替代监护人要积极地参与到包括学校在内的社区内，并对学校有强烈的归属感和较为密切的联系。家长或替代监护人对学校要持有一种友好态度，知道幼儿园关心自己孩子的健康和福祉，而自己也能够得到幼儿园的欢迎和支持，他们可以被邀请来幼儿园在更广阔的社区范围内增强对学校的认识，他们热心地支持家园合作，积极参与课外活动。幼儿园也应与家长和替代监护人保持着友好的联络，并认为家长是负责任的，园方会与家长和替代监护人建立平等的伙伴关系，他们被看作是自己孩子的教育专家。园方会将幼儿园的信息和变化定期反馈给家长和替代监护人(无论正面或负面)，这是一个双向沟通的过程，父母的意见也能被重视和听取，家长和替代监护人知道何时及如何得知幼儿园的外部压力，可能会影响到他们的孩子。学者熊丙奇甚至还建议，为了增强“家园互信”，应建立家长委员会，在确定了家委会工作职责后，可以让家长真正参与幼儿园办园监督，推进幼儿园民主管理，加大幼儿园办园的透明度，建立良性的家校关系。教育部已经要求幼儿园、中小学成立家长委员会，来帮助儿童和家长维权。农村幼儿园可能还没有这个意识，鼓励家长们建立起一个代表家长和幼儿利益的监督机构，可以讨论监控的安装、家长和幼儿园的合作等具体事宜。

此外，由于孩子的心理发展稚嫩，不够强大，家长要做孩子的情绪教练

(emotion coach)。[①] 比如孩子说："妈妈，晚上我一个人睡觉害怕，你快回家来陪陪我吧!"打工的妈妈说："我知道，你想我了，我搂着你，你就会安心。我小时候也是这样的，胆子小。我真想马上就长出翅膀，飞过去陪你。要不，我叫你的奶奶先陪陪你，好不好?"如果妈妈感觉"这孩子真够烦的，这么黏人"，再联想到自己在外百般辛劳，孩子在家还不省心，情绪就更加郁闷和沉重，语气就不自觉地烦躁起来了，"你都 6 岁了，怎么还缠着妈妈不放? 快闭上眼睛，一会儿就睡着了"，这就是家长的情绪发泄(emotion dismissing)。我们经常看到家长的情绪被激发起来了，比如在外工作生活不顺、住房条件差、交通拥挤等现实问题，让农民工家长心情很压抑，很容易因为孩子的淘气和幼稚，就把怒火勾起来了，随即对孩子大声指责、数落、唠叨，甚至诉苦。

第四节　内力提升：培养留守儿童的积极心理品质

在当前热衷于拼爹和盛行各种鄙视链的社会思潮下，人们对留守幼儿持有一种怜悯心理。从婴幼儿期起，留守儿童的生活环境不佳，成长的条件严重落后于普通儿童，的确给他们的成长和发展带来了巨大的风险和挑战，有些儿童表现平平，有些儿童因为心理问题过重而变成精神病患，还有部分儿童因为行为失当成为问题儿童，做出一些违法乱纪的事情。

然而，对于整个群体而言，留守儿童不等于贫困儿童，更不是问题儿童。外部因素的匮乏，有时反而会激发人的潜能、磨炼个体的意志，对人格塑造和完善起着积极作用。"艰难困苦，玉汝于成。"巴尔扎克说过："苦难对于天才是一块垫脚石，对能干的人是一笔财富，对弱者是一个万丈深渊。"诚哉斯言，多项研究证实，如果给予必要的教育干预和心理辅导，解决他们的"心病"，对他们上心、关心、用心和尽心，他们就可以化不利为挑战，实现人生的逆转。

---

① 黄维仁：《亲在人生路上：原生家庭三堂课》，194 页，北京，中国轻工业出版社，2017。

比如上海久牵志愿者服务社创始人张铁超老师，根据他援助留守儿童的经验，认为"烧钱式教育"是中产父母的"思维固化"的表现，因为投入金钱并不必然导致儿童的教育成功，影响个体成功的重要因素很多，金钱和物质只是其中的一项。久牵志愿者服务社通过为来沪与父母团聚的留守儿童提供课外教育，帮助他们认识世界、认识努力学习的重要性，已经顺利地让8个农村孩子考入了世界名校。这些留守儿童出身贫寒，却比城里许多"烧钱"培养出来的孩子思维更为开阔，外表更加乐观和自信。他们衣着简朴，性格活泼开朗，目标远大，学习能力和上进心很强，有一种令人振奋和欣慰的努力劲儿。

这些在逆境里坚韧不拔、积极上进的优质儿童，虽然承受了生活、学习和心理上的巨大压力，但并没有被击垮，反而超越了挫折和逆境，变成了让社会大众欣赏，让心理学家想要探索的高心理弹性的优质儿童。

一、心理弹性理论及其启示

(一)关于心理弹性的概念

美国心理学家安东尼提出了心理弹性这个概念，心理弹性是指个体在面临严重压力或逆境时，心理功能没有受到损害，反而表现出良好发展的现象，简称弹性。马思坦等人(Masten et al.，1990)①认为这是个体为了适应和发展，即使遭遇了严重威胁，依然发展良好的一种心理表现。美国心理学会(APA)则将其定义为个人在遭遇了逆境、创伤、悲剧、威胁或其他重大压力的良好适应过程，即超越困难经历的反弹能力。

在20世纪80年代以前，人们相信环境影响论，认为幼儿如果生活在处境不利的环境下，未来的成就表现、心理发展和社会适应性一定低于正常儿童，因为他们的发展是遵循一条"处境不利(高危)—压力—适应不良"的直线模型。后来，学者发现，既往研究并没有关注到处境不利群体下的群体差异和个体差异。有些儿童，从婴幼儿期起就在条件差的环境下生存，却依然走

① Masten，A. S.，Best，K. M. & Garmezy，N.，"Resilience and Development: Contributions From The Study of Children Who Overcome Adversity"，*Development and Psychopathology*，1990，(2)，pp. 424-444.

出了一条“处境不利(高危)—压力—适应良好”的发展轨迹，这引起了学界的好奇，对这一现象进行了深入的探索，他们关注了高危儿童、处境不利儿童、残疾儿童和处于应激状态下的儿童群体，学者提出各种解释和理论，儿童心理弹性发展逐渐成为一个热门的研究领域。

后来，心理学家研究后发现，心理弹性并不神秘，而是一种普遍存在的心理能力，是人类具备的一种自我保护能力。只不过这种能力表现因人而异。心理弹性是一种对环境的适应和应付困难的能力，是个体的积极特质在帮助他应对现实困难，在克服障碍和解决问题中保护当事人，使得他免于受到巨大的心理冲击而出现心理崩解，让个体在遭遇各种打击后，依然能够顺利地发展，呈现出良好的心理状态。

一般认为，心理弹性与适应环境是一种正性相关的关系，心理弹性越高，个体适应外部恶劣环境的能力更强，也更不容易表现出异常的心理状态；反之，心理弹性越低，个体越容易被不良的环境所损害，无法调节自己和表现出发展顺利的趋势，适应能力就越弱。

心理弹性高的个体，在遭遇压力和挫折后，倾向于向积极方向去发展，这样做不但不被困难压垮，反而激发了斗志和勇气，发展得更好了。比如安徽省六安市裕安区固镇镇佛庵村的留守儿童梁力五①，他的家境比较差，在他很小的时候，父母就常年在外打工，无暇回家照顾自己的生活，家里剩下的成年人就是年迈的爷爷奶奶。他没机会在父母的怀里撒娇，反而用弱小的身子承担起了沉重的家庭责任，照顾不得不常年躺在床上的脑瘫哥哥。家里没有像样的家具，衣食都非常简单。在特别糟糕的成长环境面前，“鸡窝男孩”没有退缩和抱怨，更没有用哭泣来抗议。目睹生活如此窘迫，他不仅要操持家务，还琢磨着要喂点小鸡来增加家里的收入，让父母、爷爷奶奶、哥哥和自己能在过年的时候，吃上一口鲜美的鸡肉。为了这个美好的愿景，他下决心要养好小鸡，自己就在鸡窝旁搭一个铺位，不嫌臭不嫌脏，像模像样地养起了家禽。虽然家境贫寒，梁力五却并不抱怨，反而激起了蓬勃的上进心。他学习刻苦，热心助人，是一名优等生。

现实的不利条件并没有让他自卑和一蹶不振，反倒是让他看到了生活的

---

① 朱琪君、陈欣格、方荣刚：《父母常年外出务工，“鸡窝男孩”10 岁扛起一个家》，中安在线转载自《安徽商报》，2016-12-15。

新目标。为了实现这个目标，他舍得动脑筋，比如该怎么喂食、该怎么给鸡垫窝、该怎么防止其他动物来偷鸡、该怎么避免鸡生病，这些他都跟着别人一点一点学起来、做起来。他没有顾及自己会遇到什么挫折，也没有心思去怜惜自己，为什么是个孩子也需要做这些家务事？更不会为自己受累了就觉得想要放弃。

心理弹性是一个动态的过程，个体面对不利情境时，调动各种心理能力去和环境问题交互作用，使得个体能够在受伤后复原，并且能够适应良好的过程。在这个过程中，个体的认知、情绪控制、意志调动、动机激发、释放压力、人际求助、性格特点等方面所形成的综合素质，能够覆盖外部的环境问题，较好地解决环境中的困难和障碍，使得个体的社会适应水平日趋提高和完善。比如云南西双版纳的 13 岁男孩盘江龙，小小年纪就成了家里的顶梁柱。他的爸爸和姨夫犯罪入狱，妈妈和姨妈在外务工。他只能咬牙承担起家庭责任，喂猪、操持家务，一个人抚育剩下来的 5 个弟弟妹妹，给他们做饭、送他们翻过两座山穿过一条河去上学。原本应该躺在爸爸妈妈怀里撒娇的孩子，却在严酷的现实面前，迅速地成长起来。他变得坚强和有主见，安排伙食，承担家务和农活，还要操心一家大小的生活起居。生活担子很重，他挑得很吃力，可他还是咬牙坚持，免得让这个家散了。

(二)心理弹性的影响因素

很多学者总结了对儿童发展不利的家庭危险因素，认为这些因素包括：主要抚养者的心理健康状况差、家庭社会经济地位低、单亲家庭状况、家庭规模过大、家庭生活压力事件、亲子沟通问题、父母健康质量低、家庭亲密度低和适应性差、不良的抚养行为以及累积危险因素。有些家庭危险因素属于较为远端的因素，一些家庭危险因素则属于相对近侧的因素，远侧的家庭危险因素会通过近侧危险因素对儿童心理社会适应性产生消极影响，阻碍儿童的健康发展；相对近侧的家庭危险因素，成为远端危险因素和儿童心理社会适应性之间的中介因素，起着中介作用(也就是说，远端的危险因素不直接影响到儿童的社会性发展，但可以通过近端的危险因素间接地去妨碍儿童的社会性)。比如，家庭收入低下，贫困所导致的心理压力(这是一种远端的危险因素)，不会直接影响幼儿的亲社会行为，但如果贫困所形成的经济压力和心理压力被父母所感知到，进而影响父母的婚姻质量、对幼儿的教养方

式和互动方式，不利的抚养模式会影响幼儿的人际关系和亲社会行为，幼儿可能不愿意去帮助别人，也不太愿意与陌生人交流。①

琼斯等人(Jones et al.，2002)②的研究中，277 名非裔美籍移民儿童，单亲家庭母亲报告了社会危险、经济窘迫、母亲抑郁状况与儿童内外倾行为问题的关系。社会危险和经济窘迫是远端因素，母亲的抑郁症是近端因素，社会危险和经济窘迫可以通过母亲的抑郁症的中介作用，形成一种不利抚养的家庭教养氛围，进而影响到儿童的内外倾行为。表面上，社会危险和经济窘迫两个消极的环境因素，并没有直接作用于儿童的内外倾行为，似乎关联性不大，但只不过把这个消极性拐了一个弯，通过较近一侧的家庭危险变量(母亲的不当抚育行为)，最终影响到儿童的社会性。这说明，不良的环境因素会对儿童的社会性和适应环境产生直接或间接的作用，不可以等闲视之。

较为远端的家庭危险因素之所以会影响儿童的健康发展，原因在于不良的环境因素会持续影响到成长中的个体，这可以从许多追踪研究中得到证实。比如昆森和同事(Kuntson et al.，2005)③追踪了 310 名一年级儿童和 361 名五年级儿童，考察了社会处境不利、不良抚养行为对小学儿童攻击行为和反社会行为的直接效应和中介效应。在两个儿童样本里，都发现关爱忽视在社会处境不利与惩罚约束之间、社会处境不利与反社会行为之间都有着中介作用。而且，监控忽视对五年级儿童的反社会行为的中介效应非常显著。这和香港的研究结果类似，畅等人(Chang et al.，2004)④的青少年抽样群体研究，也注意到了严厉抚养方式在母亲抑郁症和儿童外部行为之间，有

---

① Conger, R.D., Conger, K.J. & Elder, G.H. et al, "A Family Process Model of Economic Hardship and Adjustment of Early Adolescent Boys", *Child Development*, 1992, 63, pp. 526-541.

② Jones, D.J., Forehand, R., Brody, G. et al, "Psychosocial Adjustment of African American Children in Single Mother Families: A Test of Three Risk Models", *Journal of Marriage and the Family*, 2002, 64(1), pp. 105-115.

③ Kuntson, J.F., De-Garmo, D.S. & Reid, J.B., "Socail Disadvantage and Neglectful Parenting as Precursors to the Development of Antisocial and Aggressive Child Behavior: Testing a Theoretical Model", *Aggressive Behavior*, 2005, 30, pp. 187-205.

④ Chang, E.C. & Sanna, L.J., "Optimism, Accumulated Life Stress, and Psychological and Physical Adjustment: Is It Always Adaptive to Expect the Best?", *Journal of Social and Clinical Psychology*, 2004, 22, pp. 97-115.

着部分中介作用，而婚姻质量与青少年的外部行为之间有着完全中介作用。

心理学家斯古兹和沙翁（Schultz and Shaw，2003）①细致地研究后，阐明了为什么远端的危险因素也会影响儿童的社会适应性，那就是父母的情绪在其中起作用。各种社会人口学上的不利因素构成了不利处境，比如单亲家庭里，单亲家长要肩负两职，抚养带来的心理压力更大，但他们却没有足够的家庭支持力量，内心更加紧张和痛苦。这种抚养格局让他们的情绪张力很大，在面对同样的环境刺激时，他们对子女的抚育要求做出积极回应时，能够被提取的心理资源数量严重不足，也就没有办法耐住性子去照顾他们。经常可以看到，单亲家长的情绪易激惹，经常对着犯小错的子女高声喊叫，惩罚的行为也相对较多。这使得单亲家庭的孩子，成长的不利因素也包括家长的坏脾气和坏情绪。

环境中也有一些有利的保护性因素，比如儿童的智力、心理弹性的品质、外向人格、一般认知倾向、与监护人的关系、社会支持和积极的同伴关系。对发展中的儿童来说，锤炼内力，培养起心理弹性的品质和外向型人格，特别有助于他们在逆境中取得成功。

心理弹性的品质表现之一就是有着积极的情绪体验。如果留守幼儿性格开朗大方，对人热情，能够忍受环境中的不利因素，对新的体验和感受保持着兴趣和参与的意愿，积极情绪比较多。这样的留守儿童更容易成长为一个性格开朗、风趣乐观、富有创造性、积极正面的热情人士，他们能够对环境中的他人保持着放松、轻松、友好的态度，能够对自己的生活表现出更多的满意感。

外向的人在人群里显得亲和友好、喜欢人际社交。这种性格特点使个体不容易罹患抑郁症、情绪困扰或其他心理问题，平时还有更高水平的开心和愉快情绪，这有助于他们更好地应对压力，产生更多的健康行为，比如锻炼身体、休息、日常营养等，来缓冲他们的负性生活事件带来的消极后果。他们对积极情绪刺激非常敏感，更可能去感受好的事情的正面影响，而对坏的事件则会选择忘记。云南的 13 岁男孩盘江龙，就是把注意力主要放在需要

---

① Schultz. D. & Shaw, D. S.，"Boys' Maladaptive Social Information Processing, Family Emotional Climate, and Pathways to Early Conduct Problems"，*Socia Development*，2003，12(3)，pp. 440-460.

完成的当前任务上，他会积极地思考如何做家务，如何用简单的青菜来给弟弟妹妹做出一顿饭菜。占据他头脑的事情，都是一些积极的事件，这和他乐观、坚忍的性格相关。他没有耗费太多的时间去整理生活中的各种不顺心，而是立足于现实去照料自己的家庭，为多灾多难的不幸家庭寻找一个继续撑下去的方法，说明他的心理弹性水平特别高。

安徽六安“鸡窝男孩”和云南13岁的“小家长”盘江龙，他们并不是孤例。还有很多没有被公开报道、引起社会高度关注的留守儿童，他们可能比普通儿童经历了更多生活的磨难，必须承受得住现实世界带给他们的“受伤和流血”，才会增加心理抗体，把挫折变成韧性。

对于留守儿童，从幼儿期起，就要注意培养他们的心理弹性，增强他们承受生活磨难和现实不如意的能力，提高他们笑对生活的勇气和魄力，而不是被困难击倒。这不得不提到前几年新闻所报道的毕节那名留守儿童，就是在父母打工离开后，对生活感到绝望，带着弟弟妹妹一起选择了自杀。这样的现实惨剧让人唏嘘，如果他的性格能够再开朗一些，遇事能够不憋在心里，多与周围的亲友或师长们交流，获得更多实实在在的帮助，或许他那种极端的念头就能够慢慢地打消，用更有建设性的方法来解决各种现实压力和困难。

留守儿童要想度过没有父母直接照顾的生活，顺利发展成为一名优质儿童，那就需要锻炼出一颗强大的内心，才可能蹚过成长路上的各种激流险滩。来自心理弹性的各项研究发现，留守儿童在压力中或压力后，有一个具有胜任力的成年人照顾或陪伴，能够减轻他的心理负担。或者是儿童至少和一名家长建立起了支持性的亲子关系，这种依恋关系也可以抵御留守过程中的各种风险。也就是说，父母的一方或者其他成年人与留守儿童关系良好，这种人际关系可以有效地帮助留守儿童提高心理弹性，消解各种发展中的心理困难。成人的助力是一个很好提升心理弹性的积极因素。

社会支持也有利于缓冲压力对留守儿童的冲击效应。成熟的长辈、亲切的同伴、友善的师长，甚至没有任何血缘关系的陌生人，都可能变成重要的他人，给予留守儿童必要的心理支持。这些留守儿童较少地需要靠吸烟、饮酒、非暴力的违法行为来释放压力，他们对生活的态度更为积极，发展出了钝感力。钝感力这一词语是日本作家渡边淳一所创，指的是对不愉快的事情保持不敏感的态度，从容地面对生活的挫折和伤痛，坚定朝自己的目标前进，它是赢得美好生活的手段和智慧。钝感力有五条铁律：迅速忘记不快之事；认定目标，即使失败仍旧要继续挑战；坦然面对流言蜚语；对嫉妒讽刺常怀感恩之心；面对表扬，不得寸进尺，不得意忘形。拥有这种高级的人生智慧，就不会过于计较生活中的得失是非，不在小挫折上徘徊不前，而是留出精力去做更重要的事情，这才是聪明的做法。

愿每个孩子都能深刻地理解下面的一段话，这是美国最高法院首席大法官约翰·罗伯茨，在他孩子的毕业典礼上的致辞："在未来的岁月里，我希望你会遭遇不公正的对待，这样你才会明白正义的价值。我希望你会遭受背叛，那样你才会懂得忠诚的重要。很抱歉我这么说。我还希望你会时常有孤独感，如此你才不会把良朋益友视为理所当然的。我再次地祝愿你不幸，这样你才会意识到机遇在人生中的角色，并能明白你们的成功并非命中注定，别人的失败也非天经地义。当你偶尔遭遇失败时，希望你的对手会因为你的失败而幸灾乐祸，如此你才能意识到有风度的竞争精神的重要性。希望你会被别人忽视，这样你才能意识到倾听别人的重要性，同时希望你有足够的同情心去学习同情。不论我愿不愿意，这些迟早都会发生。而你是否从中受益，取决于你能否参透人生苦难所带来的价值。"

二、心理辅导手段增多及专业化水平提高

(一)社会对学前留守儿童心理辅导专业化需求的增强

由于留守儿童的心理健康问题成为社会关注的热点，大家都增强了"从幼儿期起要开展相应的心理健康教育"的意识，也就是说要对留守幼儿开展心理健康教育。所谓幼儿的心理健康教育是根据幼儿生理、心理发展特点，运用相关的心理教育手法和手段，培养幼儿良好的心理素质，促进幼儿身心全面和谐发展和素质全面提高的教育活动，是社会情感学习和素质教育的重要发展内容和培养环节。这种心理教育理念，主要是受西方心理卫生运动对我国儿童教育界的影响。20 世纪 30 年代初，我国心理学工作者开始注重心理卫生问题，倡导心理卫生运动。中国台湾的儿童心理辅导兴起于 50 年代，香港特别行政区兴起于 60 年代中后期，大陆的儿童心理辅导，正式开展是

20世纪80年代。①

这种发展性儿童心理教育，不仅在于测查农村幼儿有无异常的心理倾向，而且要着眼于让留守幼儿心理的各方面得到更为顺畅、更高层次的发展，幼儿心理健康的重点在于智力的早期开发和良好人格品质的塑造②、学龄前儿童的自我调节、自我意识的发展，形成健康的心理状态③。这种心理成长的促进和提升表现为一个系统化的过程，涉及留守幼儿的行为习惯、智力培养及未来适应的多个方面，让其心理发展水平符合实际年龄表现。农村幼儿园是心理健康培养的主要阵地，以学校机构教育作为牵头，引导家长立足于家庭教育，给予家长更为有效的养育指导，这是帮助幼儿适应留守生活、发展心理素质的教育关键。对农村留守儿童来说，家庭内外两股心理力量形成一个积极心理合力，是补充给留守儿童不可或缺的宝贵心理养分，胜过了物质上的极大满足。幼年期的心理营养的滋养，是一种最有力的心理防御盾牌，让他们在不得不遭遇留守命运悲苦前，不会自怨自艾、自卑自贱、自暴自弃。

当然，学前教育机构也注意到这一点，采取一些促进措施来提升学前教育的培养质量。在这方面，大城市里的一些国际学校或私立的幼儿园做得比较好。比如上海青浦区世界外国语学校是一所16年一贯制的民办学校：包括幼儿园(4年)，他们开设了儿童心理健康课程，学校还设置有沙盘游戏室等。上海的华美幼儿园，每个月为幼儿进行两次心理健康检查。还有些幼儿园号称是蒙台梭利幼儿园，孩子实行混龄教学，幼师蹲着跟孩子说话，视线平视孩子。孩子可以自由进出课室，每天还有两个小时的自由活动时间。学校的硬件环境很好，宽大的操场，丰富的游乐设施。幼儿园注重孩子的心理健康，也注重家长的心理健康。上学第一天，老师就会请家长填写一张“儿童心理问题初筛表”，用来了解和评估幼儿的心理健康水平。

这些优质的幼儿机构，管理者的教育眼光紧跟时代发展和需要，能够落实对幼儿的心理健康的辅导。但在基层农村，能有一所幼儿园尚属不易，要

① 姚本先、刘世清：《欧美学校心理健康教育的现状、趋势及启示》，载《课程·教材·教法》，2004(12)。

② 杨贤君：《论幼儿心理健康教育及其操作》，载《教育导刊》，2000(5)。

③ 马爱莲：《试论幼儿心理健康教育的影响》，载《新课程学习(下)》，2010(8)。

在办学思路和教育视野上与优质的城市幼儿园做到同等发展，不太现实。而在心理发展的培养上，留守儿童更需要心理健康的辅导和教育。留守儿童生活在一种“处境不利——承受压力——适应不良”的成长轨迹中。这种亲幼创伤的影响，与安娜·弗洛伊德对第二次世界大战中的6个德国犹太裔的孤儿的研究结果比较相似。双亲剥夺的孩子缺乏垂直的人际关系（亲子关系），她观察后说“这些孩子非常神经过敏，心神不安，富有攻击性，难以控制。他们表现出一种强烈的自体性欲行为，有些人甚至出现了神经症状的萌芽，但是他们既不是有先天缺陷者，也不是有违法犯罪行为者，更不是精神病患者”。从这些观察和分析中，安娜·弗洛伊德坚定地认为生命初期的环境对儿童心理发展具有至关重要的作用，她甚至认为“个性的一切特征在五岁以前就确定了”。据此，安娜·弗洛伊德①一直提倡社会应实施“父母—婴儿关系计划”(Parent-Infant Project，PIP)，认为这样可以很好地帮助儿童摆脱不利环境带来的外显和内隐的伤害，能够更好地促进发展。

我国的学前教育界也在竭力地解决这一问题，比如《幼儿园工作规程》②就提出：“幼儿园应当贯彻保育与教育相结合的原则，促进其(幼儿)身心和谐发展”“应当切实做好幼儿的心理保健工作”。实际上，我国一直重视留守儿童的健康成长问题。早在2004年，教育部就专门召开了“中国农村留守儿童问题研究”座谈会③，目的是加大研究力度，广泛听取专家意见，共同努力做好留守儿童的教育工作。此外，中国人口学会、全国妇联和中国家庭文化研究会也分别召开了相关的研讨会议。④ 作为一个迅速升温的社会问题，留守儿童的心理健康水平得到了社会的广泛关注。

(二)对学前留守儿童心理辅导手段的提升

有人建议，可以培训在职的农村教师，让他们具备相应的心理咨询的知

---

① Freud, A. & Burlingham, D., "*Infants Without Families*," *Reports on the Hampstead Nurseries 1939—1945*, International Universities Press, 1973, p. 44.

② 中华人民共和国教育部：《幼儿园工作规程》，2016。

③ 杨国才、朱金磊：《国内外留守儿童问题研究述评与展望》，载《云南师范大学学报(哲学社会科学版)》，2013(5)。

④ 中央教科所教育发展研究部：《切实重视和加强农村留守儿童教育问题研究——中国农村留守儿童教育问题研究研讨会综述》，北京，2004。

识和技能。听上去似乎不错，实际上却行不通。这是因为在短期内，用传统的方法是难以把农村教师培养成一名经验丰富、内行老到的心理辅导老师的，毕竟培养工作是一个路径长、耗费大的长期工程。农村的心理辅导老师只能从别的途径想办法，比如改进心理学本科生的实习模式，让大学和医院的心理工作人员担任心理督导，带领学生队伍，奔赴农村开展留守儿童的帮扶工作。或者政府出面，通过谈判，以适当的价格购买民营的专业心理机构的短期、中期或长期的服务。同时呼吁社会组织包括基金会、企业提供资金支持，例如一家企业拿出20万元，一个村子一年10万元，请4个心理服务的社工干上一年，持续接力，这是完全可行的。心理咨询行业也通过行业公告，呼吁并号召广大的心理咨询师会员做出更多的社会奉献，为特殊的留守家庭提供免费的心理咨询服务。

学前教育、心理学等相关行业也注意到留守儿童群体急需心理辅导的现实需要，积极探索干预模式，心理辅导的手段不断增多，各地纷纷开展一些心理健康教育。做留守幼儿的心理健康教育就要以农村幼儿生理、心理发展特点作为依据，运用相关的幼儿心理教育手法和手段，探查他们的心理发展薄弱点，予以相关的心理辅导干预，提高他们耐受环境压力和生活负性事件的能力，增强心理弹性，最终促进农村幼儿身心和谐发展和综合素质的提升，这也是国际社会提倡社会情感学习和素质教育的重要发展目标。

国内学者也做了一些有益的探索。比如，南京晓庄学院出版了基于零培训的《全纳式学前教育读本》丛书等①。该套丛书涉及健康、语言、社会、科学及艺术五大领域，包含了以儿歌、童话故事、配画等为呈现形式的36个主题，内容简单易懂、易于掌握，可作为3～6岁留守幼儿的非正规学前教育蓝本，为非正规学前教育提供了丰富的教学资源。

很多幼儿园更多采用了一些具有心理意义的绘本，这与绘本具备的强大的心理功能相关。透过阅读，幼儿可以再现真实的生活情境，还原生活经验，让幼儿可以对书中和他有相同遭遇的人物产生认同，并得到宣泄情绪的机会。它也可以帮助幼儿学习从不同角度来看事情，逐渐培养出共情和角色采择的能力。绘本甚至可以通过分享感、提供参考建议的方式来协助幼儿有效地解决怕黑、怯生、不爱吃饭、讨厌刷牙、尿床、发脾气、同伴关系紧张

① 史爱华、周惠萍：《全纳式学前教育读本》，南京，江苏教育出版社，2011。

等现实问题。

从各地对留守幼儿的心理干预模式来看，主要存在发展性教育和补偿性教育两种途径。团体发展性教育较多讨论的是通过幼儿园日常活动、游戏活动、体育和音乐等教育活动促进幼儿心理健康发展；个别发展性教育主要通过培养幼儿良好心理品质及预防不良行为倾向等，以个别化措施促进普通儿童的心理健康发展，补偿性教育采用比较多的是团体补偿和个体补偿相结合的教育方法。研究大多是针对问题儿童的具体行为问题，如阅读障碍、退缩、欺负、害羞、攻击、口吃等；针对患有自闭症、感觉统合失调等严重心理疾病的儿童大多采取较为正规的心理健康教育技术，例如沙盘游戏、游戏心理辅导、游戏疗法、游戏教学法、SCERTS模式、三元训练、应用行为分析法、整合治疗模式、行为矫正法和音乐疗法等，但这些方法使用范围有限，均没有形成较为一致的干预手段，且因为缺乏专业人员的操作，难以推广。

三、积极心理学的辅导视角

(一)学前留守儿童心理辅导的重要性

幼儿期是人格发展的起点，在留守儿童的幼儿阶段实施积极心理学，就是构建一个全方位的社会支持网络结构。首先，相信他们的大脑具有良好的神经可塑性，具备充分发展的潜力和抗挫折的心理弹性，让留守儿童直面自己的人生。其次，帮助他们的家长提高抚育的水平，可以用科学、高效和建设性的交流模式，给留守儿童创设一个温暖、稳定和接纳的家庭氛围。最后，激发社会更多的力量来关爱和帮扶，社会的各类机构和组织，可以吸纳更多专业性强、有丰富志愿者服务经验的人员参与，能够提供给儿童多角度和精准的帮扶，长期追踪和跟进，而不是既往的随便送点学习用品和生活用品，给留守儿童讲点故事和上几节课的简单模式。

2016年，国务院下达的《国务院关于加强困境儿童保障工作的意见》(国发〔2016〕36号)①里提到“为困境儿童营造安全无虞、生活无忧、充满关爱、健康发展的成长环境……提供心理疏导、精神关爱、家庭教育指导等服务”。

① 国务院：《国务院关于加强困境儿童保障工作的意见》，2016。

2017年8月，民政部、教育部、财政部、共青团中央、全国妇联五部门联合印发了《关于在农村留守儿童关爱保护中发挥社会工作专业人才作用的指导意见》(民发〔2017〕126号，以下简称《意见》)①，引导专业人才关爱保护留守儿童。《意见》指出："协助做好农村留守儿童心理健康教育，及早发现并纠正心理问题，提供心理援助、成长陪伴和危机干预服务，疏导心理压力和负面情绪，促进农村留守儿童心理、人格健康发展。提供社会融入服务，增强农村留守儿童社会交往和社会适应能力。协助做好农村留守儿童不良行为临界预防，对有不良行为的留守儿童实施早期介入和行为干预，帮助其纠正偏差行为。"

2017年11月9日，国家卫生计生委在安徽省合肥市召开农村留守儿童健康关爱工作推进会。从会议中可知，自从2016年起，卫生计生系统积极参与民政部等八部委联合开展的农村留守儿童"合力监护、相伴成长"关爱保护专项行动，以健康教育为突破口推进农村留守儿童健康关爱工作。与会代表还特别指出，农村留守儿童的心理关爱工作，应该与健康扶贫、全民健康素养的促进等工作结合起来。要充分利用自媒体和其他媒体渠道，宣传儿童心理健康的核心信息和科学知识，要用家庭访视、小组活动等渠道，加强与留守家庭的亲子联络，加大对典型经验的宣传推广力度，积极构建关爱留守儿童健康成长的农村社会氛围。

刘占兰研究员所在的研究团队②，分为8个子项目组，从2014年起，开展了"农村学前留守儿童心理健康的现状与促进研究"，第一期持续到2018年，历时5年，研究的内容分为"早期留守生活对幼儿发展的影响""农村留守儿童心理健康状况调查"和"农村留守儿童心理健康的促进策略"三个方面，在心理健康水平的促进方面，实施的促进策略分为"综合主题活动""亲情图书角""集体生日会"和"家书传递活动"四个部分。"综合主题活动"是用心理绘本作为干预媒介材料，着力训练发展幼儿的语言和社会领域的能力，以音乐、舞蹈、美术、表演、绘画、游戏等适合幼儿身心发展的表达性艺术辅导

① 民政部、教育部、财政部、共青团中央、全国妇联：《关于在农村留守儿童关爱保护中发挥社会工作专业人才作用的指导意见》，2016。

② 刘占兰：《农村学前留守儿童心理健康的现状与促进研究》，载《幼儿教育：教育教学》，2017(1)。

的方式，将学习融入具体的幼儿活动之中，通过多种表达途径让幼儿减少心理压力，宣泄对父母复杂的情绪情感，协助幼儿和家长建立起亲密的亲子关系，并学会自我保护，促进个体的优良的积极心理品质。

从国家上层建筑到各类非政府公益组织、研究团队，乃至于对留守儿童心理健康问题高度关注的热心的个人，都想方设法让留守儿童能够在逆境中逆袭、将不利的成长环境作为发展中的考验，“梅花香自苦寒来”“鸡窝里也能飞出金凤凰”，这种教育理念与积极心理学的核心理念不谋而合，西林格曼(Seligman)①指出：“积极心理学目标就是从关注修复生活中最糟糕的事物向同时挖掘积极品质的方向转化。”

(二)积极心理取向的心理辅导

对留守幼儿的心理实施积极心理取向的干预，不单纯是从病理诊治的角度减轻他们的心理问题和症状，更重要的是提高留守幼儿的积极情绪，增强他们的满足感和幸福感等积极心理品质，产生更多的积极行为表现。这种积极心理能力可以帮助留守幼儿缓冲留守生活带来的心理损害，预防心理疾病，甚至自愈一些心理问题。从心理咨询的临床意义上说，积极心理取向的心理干预充分反映了以人为中心的疗法特点，强调以人为本，推崇积极的人性论，让心理研究恢复最初的功能和使命——为人类社会自身服务。

积极心理学取向的人性论②重视个体内在的心理品质和积极力量，认为每个人都是自己最好的医生。心理干预者的作用不过是协助留守幼儿和照顾者，挖掘自身的积极品质的潜力，引导他们看到未来希望和曙光，促使他们可以向健康积极的方向转化。

积极心理学取向的第一个特点是强调共情。共情的目的是理解双方的感受和需要，促使彼此设身处地地体察不同的角度、观点和内在需求，这是促进个体社会情感能力的重要内容，让个体能够充分进行观点采择，发展出更为接纳、灵活的情绪反馈机制。在这个干预历程里，干预者的共情引导留守幼儿及其照顾者说出他们的感受和情感经历，倾听他们的内心情感与需求，

---

① 曹新美、刘翔平：《从习得无助、习得乐观到积极心理学——Seligman对心理学发展的贡献》，载《心理科学进展》，2008(4)。

② 周嵌、石国兴：《积极心理学介绍》，载《中国心理卫生杂志》，2006(6)。

疏导他们的消极情绪。这个共情包含“情感体验”和“情感认知”两部分，可以激发和教会他们用更为巧妙的方法来调节从脑部到情绪行为的过程，鼓励他们能够顺畅地表达内心想法来增强机体的免疫力，缓冲负性事件带来的心理压力，保持情绪情感表现为积极而稳定。

积极心理学取向的第二个特点是促使留守幼儿更加社会化，更多地参与人际交往。如果留守幼儿过早地表现出退缩的反应模式，那么留守的社会化程度就不高，很难习得社会交际规则和技能，难以掌握纷繁复杂的社会规范。干预者需要激发留守幼儿体验到人际交往的乐趣，比如可以增加游戏和娱乐的快感，打发时间和忘记生活的种种不如意，在交往中展现个人的优势和特长，获得更丰富的信息交流等，用不同类型的人际交往中的收益，来对抗留守生活中的困难和痛苦，并激发出自身的潜能和生活的智慧。留守幼儿如果能嵌入各种积极的人际关系构成的社会网络中，即使父母不在身边，丰富的人际关系的积极作用，可以让他们得到补偿性的人际呵护，降低留守处境带来的社会化不足的消极影响，这和安娜·弗洛伊德的研究结论是高度吻合的。

积极心理学取向的第三个特点是发展留守幼儿的积极人格。积极人格包括正向利己的人格特征和与他人保持积极关系两个独立维度。正向利己的人格特点包括感恩、宽恕、坚韧、欣赏、奋进、乐观、洒脱等，这些社会性强的人格特点可以让留守幼儿获得更多的社会帮助，协助他们从困境中摆脱出来，更好地发展自我。这是让个体采取更为有效的应对策略，可以更好地适应各种压力情境。与他人保持积极的人际关系，这是善于利用环境中的有利因素，谋取更多的社会支持。

在积极人格特征中，乐观是积极个性特征的重要构成因素。乐观让个体着眼于未来和后续发展，让留守幼儿透过当前复杂的社会背景，看到生活中光明而正面的部分，更多地接受“正能量”的积极影响。这种乐观并不是闭目塞听的自我催眠和麻醉，而是施耐德(Schneider)提出的“现实乐观”的概念，是认清现实和保持理智基础上的怀有希望，他们并不会对留守生活和留守家庭给予非现实的虚幻空想，而是积极生活状态下，相信可以凭着努力而改变处境的强烈意志和坚定信念。

对留守幼儿给予积极心理学取向的心理干预，表现出一种“正心正举”的理念倾向，积极探索人类的美德和亲社会的各种善思、善行和善念，强调人性转向积极一面，但这并不是完全否定他们可能会出现的消极意念、消极情绪、消极态度、消极行为和消极人格特征，而是让他们在不利生活处境下进步，是消极和积极的整合。如同太极图那样，白鱼的存在依赖黑鱼的存在，黑鱼可以向白鱼转化，二者相生相辅。从这个意义上说，积极心理学是一种现实主义的心理学，它是在清醒认识事物消极方面的同时关注人的积极力量，并强调幸福、发展、快乐、满意才是人类成就的主要动机。

受苦并不是目的，对苦难的反思和改变处境后获得更优质的发展才是积极心理学的终极目标。实施积极心理学干预，对干预者的专业性要求较高，有严格的准入门槛。《关于在农村留守儿童关爱保护中发挥社会工作专业人才作用的指导意见》①里也特别强调，需要社会工作专业人才，他们是开展农村留守儿童关爱保护的新兴力量。他们实施关爱保护的工作有三类：第一，协助做好救助保护工作。开展农村留守儿童的家庭随访，对身心健康进行评估。及时报告遭受(或疑似遭受)家庭暴力或其他受虐行为的处置，做好无人监护或遭遇监护暴力的留守儿童的心理疏导、精神关爱和临时照护。第二，配合开展家庭教育指导。宣传儿童监护的权益和预防家庭暴力，配合调节农村留守家庭的矛盾，促进家庭关系和谐，为隔代照顾提供代际沟通、关系调适和能力建设服务。引导打工家长要注意保持与孩子的交流，增进亲情关爱，用电话、视频等方式加强与孩子的心理互动和感情联络。第三，积极开展社会关爱服务。协助做好当地儿童心理健康知识教育，及时发现并纠正心理问题，提供心理援助、成长陪伴和危机干预服务。让留守儿童有机会宣泄负面情绪和心理压力，加强他们的社会交往和社会适应性，促进其人格健全发展，融入社会。对那些有不良行为的儿童，则给予个别辅导、早期介入和行为矫正，促进其心理发展正常化。

从国家的政策引导、地方政府和慈善机构购买专业服务的实践两方面来看，做留守幼儿的心理干预者不仅要有助人的热情，愿意奉献时间和精力的担当，更重要的是要有过硬的心理素养、心理专业知识和技能，因为这是一个门槛很高的专业技术类工作，不是单靠一腔热血就可以办好的。这需要干预者最好是学前教育或心理学专业的科班出身，接受过心理咨询系统培训，

---

① 民政部、教育部、财政部、共青团中央、全国妇联：《关于在农村留守儿童关爱保护中发挥社会工作专业人才作用的指导意见》，2017。

并做过留守儿童心理健康的专题学习。他们在上一级心理督导的帮助下，已经处理好了个人的创伤经历、痛苦往事所形成的情结，没有大量的心理垃圾；又具备了良好的咨询技能和经验，善于尊重、共情和倾听，才能对儿童做好心理健康辅导，更多地将信任、乐观、幸福感和希望等积极心理信念传递给留守儿童，实施正面影响，把留守儿童从心理问题的泥潭里解救出来。

四、社会情感学习

(一)儿童社会情感学习的理论与方法

幼儿阶段要注意开始培养留守儿童的良好个性心理品质这些软实力，需要发展其社会情感。“社会情感”是指社会成员在参与社会活动、建立社会关系网络过程中，所形成的个性化的心理体验和感受，是个体适应社会、履行社会职能、从事社会任务所必须具备的情感形态和情感技能。社会情感主要是通过家庭教育实现的，学校教育也是一个重要的补充途径，环境适应和社会交往也有助于个体得到必要的反馈和回应，发展非智力因素，促进其习得更多的社会规范和行为技巧。

当前，关注个体自我觉察与管理、人际关系及社会知觉与管理的社会情感学习(Social Emotional Learning，SEL)①的教育实践，在全球范围内得到了广泛的关注。美国率先实施了社会情感学习项目，该项目所定义的社会情感能力是基于情绪智力理论而提出的。20 世纪 90 年代，美国心理学家萨洛维和梅耶②认为情绪智力包括四种能力：识别情绪、合理地表达情绪、理解他人的情绪、管理情绪的能力。基于此，耶鲁大学情感智能中心将其细分为五种能力，目的是帮助儿童和青少年“觉察自己和他人的情绪情感”“理解情绪的产生和结果”“对情绪做标记”“适度地做情感表达”和“有效地做自我情绪调节”。社会情感学习项目在英国、澳大利亚、新西兰，以及我国的香港、

① 全景月、姚计海：《社会情感学习 SEL 项目的实施背景与价值探析》，载《基础教育参考》，2014(17)。

② Mayer，J. D.，Salovey，P. & Caruso，D. R.，“Measuring Emotional Intelligence with the Test V2. 0”，*Emotion*，2003，3，pp. 97-105.

台湾地区得到推广。[①] 依托耶鲁大学 20 多年的研究基础，其设计和实施过程具备了高度的科学性、实用性和可操作性，比如，控制情绪的情感调整方法的六个步骤技术，将情绪控制的方法整合进情绪训练活动中去。[②] 社会情感学习(SEL)得到了全世界多个国家的赞赏和认同，值得我国加以借鉴。

社会情感学习的内容包括四个情绪智力的锚定系统和实施各类情绪情感课程。情绪智力的锚定系统是使幼儿园的管理者、幼师、家长和幼儿形成一个情绪情感发展联盟。锚定系统主要包括以下四个重要的工具，这些工具如果可以尝试融入幼儿园环境中，融入幼儿园的教学活动中去，就能提高幼师和儿童的情绪情感的体察能力，改善幼儿的人际关系，使得留守儿童多一个心理保护空间。如果应用在留守家庭里，可以促进亲子交流，提高家庭的情感气氛，消除孩子对打工家长的心理隔膜。

1. 共同宣言(Charter)

共同宣言是建立一个集体讨论的程序，团体内人员以讨论的形式，制订情感学习的目标、宣言及共同愿景。大家在群体内通过多种途径消除负面情绪，创设积极情绪，避免坏情绪的感染和传递。让成员能够关注自己的情绪和感受，并对自己的情绪进行识别和管理。可以根据需要，设置在幼儿园、班级和家庭内的不同的情绪情感发展团体。

2. 情绪刻度表(Mood Meter)

这是用来帮助个体觉察和表达自己及他人情绪的一个评估问卷，分为愉悦度和精力充沛度两个维度。横坐标代表愉悦度，纵坐标代表精力充沛度。通过两维度的协作度量，可以让填表人量化自己的情感状态的具体水平，使他们能够对自己的情绪进行命名、归纳原因、标识和监控。

3. 情感调整方法(Meta-Moment)

情感调整方法主要是协助幼师和幼儿，能够在情境中快速地调整自己的情绪感受，转换情绪的一套操作工具：遭遇复杂的情绪刺激(Something

---

① 林丽珍、姚计海：《国外社会情感学习(SEL)的模式与借鉴》，载《基础教育参考》，2014(11)。

② 曹慧、毛亚庆：《美国"RULER社会情感学习实践"的实施及其启示》，载《比较教育研究》，2016(12)。

happens)—感知到情绪引起了个人的内心感受、生理反应和行为表现(Sense)—停止(Stop)负面情绪引起的念头和不做消极行为—建构个人的积极自我概念(See your best self)—策略制定(Strategize)，根据心理训练和实际状况做出理性反应—成功地解决情绪问题(Succeed)。由于这套方法的六个步骤都以 S 开头，对情绪的管理从情绪的激发、感知、调节到监控的全过程，都有相应的操作技术，所以这套情感调整法又称为 6S 情绪调整技术。

4. 问题解决策略(Blueprint)

这是处理情绪情感问题的一种标准化做法，要求个人去认识情绪刺激环境下，个人和他人的心理活动、情绪反应和行为表现等，目的是对一个情绪样本进行剖析，找出自己的情绪情感的应对模式，逐渐去除不恰当的应对方式，发展出更多、更为积极的应对方式，以便能够快速地迁移到其他相似的情绪情感的场景中，增强个人的情绪情感的社会适应性。

社会情感学习的课程类型也比较丰富，比如情感词汇课程是社会情感学习的重要内容，利用幼儿学习词汇的机会，将描述、识别和控制情绪的词汇与自身的情绪状况结合起来，让幼儿学习对自己的情绪进行理解、标记和调节，增强幼儿认识不同情感的词汇表达，提高他们的情感智能水平，比如能够区分喜欢、喜爱、爱的细微区别。可以根据幼儿的认知能力，将课程分为初级和进阶不同学段的课程，每个学段都有不同的学习单元和活动。

这些活动涉及五个环节的教学模式：(1)个人体验(Personal association)。学习一个新词语，要求幼儿根据这个情绪情感词语，讲一两句与自己相关的话。比如学习“生气”，就要求幼儿说出，在什么情况下我会生气。(2)建立联系(Academic link)。通过阅读心理绘本、看动画片或听故事的方式，提供一些情绪反应的场景，让幼儿通过发言来认识主人公的情绪情感，并且讨论该如何恰当地表达自己的情绪，以及如何控制自己的消极情绪。(3)家校合作(School-Home partnership)。幼儿园可以给幼儿布置家庭任务，让幼儿采访家里的一位长辈，让他说说，自己遇到了不开心的事情，他是如何想的、如何做的？他是怎么解决这些情绪问题和情感烦恼的？(4)创造性联系(Creative connection)。让幼儿说出一件不愉快的事情，然后用跳舞、表演、绘画或做手工的方式，直观地表现出来，表达自己对某种情绪的理解和感受，以及如何摆脱烦恼的过程。(5)决策(Strategy session)。幼师可以再列出几种最常见的情绪及情绪情境，引导孩子体验不同情绪下的身心变化，认识到情绪带给自己和他人的不同感受。然后，让幼儿通过头脑风暴的方法，集体讨论各种解决方法，幼师记录幼儿的内心想法和各种解决策略。通过这个过程，也促进了幼儿的社交能力和言语表达能力，提高了幼儿的社会适应性。

此外，还有四个重要的情绪课程，分别是“强壮幼儿”(Strong Start)、“促进选择性思维策略”(Paths)、“第二步”(Second Step)和“关爱学校团体”(Caring School Community)。

“强壮幼儿”属于“强壮儿童计划”的系列课程的第一阶段，这些课程非常贴近幼儿实际、简短好学，又易于操作，不需要儿童进行阅读或遵循结构工作表，减少了幼儿的认知负担，学习的主题集中于人的基本情绪：高兴、难过、愤怒、惊讶和讨厌，每次课程都有一些建议性的课外读物，可以延伸幼儿对基本情绪的认识。后续还可以进修强壮儿童和强壮少年的主题课程，课程的内容保持一致，但在学习深度和难度上有递增性，并重视多种社会文化的渗透，强调文化敏感性方面的社会情感干预。

“强壮儿童计划”的系列课程有非常明确的目标，课程格式相似，每个主题课程都有可选择的学习脚本，提供了丰富的心理案例，帮助教师更好地理解各种概念。通过连续几年的课程学习，可以让儿童从幼儿期起就能逐步学习觉察自己的情绪情感、认知重组、人际问题解决、社会技能训练、统感训练、问题解决、压力释放和行为改变等方面。通过体验式学习，重视情绪问题情境的模拟和训练，产生了积极的干预效应，可以帮助儿童更好地掌握情感知识与管理策略、问题解决能力、应付策略、自我管理能力、对积极与消极的认知转化技巧、达到目标的能力和对转化积极行为的计划能力。

2011 年，教育部与联合国儿童基金会，邀请了国内教育专家和英国北安普顿大学学习行为研究中心的专家，组成了一个专家顾问团队，启动了为期 5 年的中国西部(贵州、云南、重庆、广西和新疆 5 个试点省份)农村地区学校社会情感学习项目①，目的是为留守儿童构建一个更为优质的成长空间，体验到安全、愉快、接纳并可以获得支持的积极感受，培养他们对自我、对

① 毛亚庆：《中国社会情感学习项目总体介绍》，见《“社会情感学习与基础教育质量提升”国际学术研讨会会议手册》，北京，2014。

他人、对集体正确地认知与管理，形成良好的沟通交往、情绪情感和道德品质，有效地处理和面对成长过程中遇到的困惑与挑战，促进学生身心的全面健康发展。

通过该项目，留守儿童可以形成更为积极的自我概念，学习富有建设性的沟通技巧，能够面对生活的挫折和失败，知道如何求助并且善于求助，能够体谅他人并给予力所能及的帮助，发展出稳定而友好的人际关系。通过该项目，他们能与在外打工的家长保持融洽的亲子关系，能够适应单亲抚育或替代抚育等生活状态，性格活泼而开朗，没有积压大量的负性情绪，在与幼师或同伴互动中能够遵守一定的行为规范，没有明显的行为问题，符合一个幼儿发展的正常表现。

2012 年 12 月 10—14 日，社会情感学习与学校管理国际研讨会在京召开，会议代表研讨了项目的实施方案，着手开发了项目的培训材料。培训材料在专家顾问团队的指导下，将试点老师和学校管理者的培训内容分为九个章节，分别是社会情感学习与项目介绍、社会情感学习视角下的学生、SEL 如何在学校实施、SEL 中的校长素质与能力、SEL 中的老师、培训和支持家长/监护人、SEL 中的监测评估、特殊需要儿童的社会情感学习和组织管理技巧。

2013 年 7 月 17—22 日，在广西师范学院(现南宁师范大学)举行了中国首届“社会情感学习 SEL”项目的培训者的培训，标志着社会情感学习在中国开始落地生根，将通过集中授课、参与互动、情境游戏、研讨交流、示范教学、现场反馈等形式在我国上千所小学和幼儿园陆续实施。2015 年，社会情感学习项目的试点对实施效果进行汇报总结，总结经验和交流各自的心得体会，将成果汇编成书面形式。

2016 年 5 月 7—8 日，由教育部和联合国儿童基金会主办的“社会情感学习(SEL)”项目 2011—2015 周期总结暨 2016—2020 周期工作启动会在重庆顺利召开，这次会议强调发展西部贫困地区的留守儿童的社会情感能力，要求以“重心下移、注重过程、本土生成、交流平台、强化责任、完美收官”为思路。随后的 6 月 13—14 日，教育部—联合国儿童基金会 2016—2020 周期“社会情感学习(SEL)”项目，也在广西等地隆重拉开序幕。

实施“社会情感学习(SEL)”项目的目的在于通过学校管理、教育教学、家校合作等方面的支持性环境建设，在校内外形成积极友善的、相互尊重理解和支持的人际关系，为孩子们营造一个安全、快乐、包容并具有参与性的学习和生活氛围，培养他们对自我、对他人、对集体正确的认知与管理，形成良好的沟通交往、情绪情感和道德品质，有效地处理和面对成长过程中遇到的困惑与挑战，促进学生身心的全面健康发展。归纳为一点，社会各界就是要采取各种激励和关爱措施，彻底提高学前留守儿童的心理资本，培养能够抗压力和抗挫折的优质儿童。

(二)心理资本理论与积极品质培养

心理资本(Psychological Capital Appreciation，PCA)，是由美国组织心理学家卢珊斯(Luthans)等人①在 2004 年于积极心理学和积极组织行为学的基础上提出的。积极心理资本是个人积极心理力量在成长过程中表现出来的一种积极心理状态，它主要由自我效能、希望、乐观和韧性四个部分构成。积极心理资本的四个维度中，自我效能感是指个体有信心呈现和投入必要的努力以完成挑战性的工作；希望是指个体为了成功照着预定的目标坚韧不拔地前进；乐观是指个体把积极的事件归因于内部、持久、普遍深入的原因；坚韧力则是指当面临困难和危机时，个体能持续保持韧劲从而迅速恢复，甚至摆脱困难走向成功。

大量研究表明②③④，心理资本不仅能够影响个体的态度、行为、绩效，而且与个体的心理健康、幸福感存在密切关系，提升个体的心理资本水平，不仅对个体诸多方面存在积极影响，同时也对整个集体和组织存在积极作用，因此研究和开发心理资本具有重要的理论意义和现实意义。然而，虽然已有大量研究证实心理资本有如此重大的价值，但对心理资本的开发和干预的研究却仍然很少，尤其是以留守幼儿的心理资本作为研究对象的项目更是

---

① Luthans, F., Youssef, C. M. & Avolio, B. J., *Psychological Capital: Developing the Human Competitive Edge*, Oxford University Press, 2007.

② Luthans, F., Avolio, B. J., Walumbwa, F. O. & Li, W. X., "The Psychological Capital of Chinese Workers: Exploring the Relationship with Performance", *Management and Organization Review*, 2005, pp. 249-271.

③ Luthans, F., Avolio, B. J., Avey, J. B. & Norman, S. M., "Positive Psychological Capital: Measurement and Relationship with Performance and Satisfaction", *Personnel Psychology*, 2007, 60, pp. 541-572.

④ 李力、廖晓明：《积极心理资本：测量及其与工作投入的关系——基于高校积极组织管理的视角》，载《江西社会科学》，2011 (12)。

稀缺。

压力模型①显示，留守生活虽然是一种外部压力，可以直接影响幼儿的情绪，也可以通过减损一些心理资源(如自尊心、控制感)等，间接地作用于情绪。压力缓冲假说就认为，如果个体具备积极因素就可以抵消压力制造的消极作用，使得拥有积极品质(比如积极思维、积极情绪、积极行为)的个体在低压力抑或高压力的环境中，都能应对良好，不产生心理问题。这说明，积极品质使得个体可以对压力情境产生一种心理抗体，避免生病或遭遇各种不适应，这是因为他们拥有的心理资源形成了一种保护网，使得外部的危险因素和压力不能直接产生损害影响。

心理资本就是一种重要的心理资源。从概念的内涵的四个维度，从大量的心理弹性高、适应留守生活的儿童身上，可以提取到自强(韧性)、希望、乐观和自我效能感这些优质的品质。比如“鸡窝男孩”面对困苦的生活依然坚持学习，积极探索喂鸡方法来改善家庭生活水平的自我效能感、要让返乡父母吃上自己亲手喂养的土鸡的希望，并不气馁、觉得未来日子会越过越红火的期待所形成的希望，这些闪闪发光的积极品质，在他身上体现得淋漓尽致。不仅如此，心理资本可以缓冲生活压力对留守幼儿的幸福感的不利影响，提高他们对当前生活的积极感受。

心理资本并不是一种遗传的天赋，是可以通过后天训练加以培养的②。先前对心理资本的训练项目多停留在职场范围，对留守幼儿领域的应用研究是一个新的开拓点。留守幼儿正处在性格形成的重要时期，开展群体性的心理资本的训练，有助于培养亲社会的宜人性格。而有相关研究发现，留守幼儿在明理感恩、宽容友善、乐观开朗、自信进取上的表现，弱于非留守幼儿，这是由于他们群体性的生活特点“生活缺助、学习缺辅、教育缺导”使得留守幼儿没有办法像其他幼儿一样，得到足够的家庭养育和关心，他们缺乏以家庭为首的社会情感的正面影响，无法锻炼正常的人际社交，也就难以在复杂而多样的社会生活中，通过人际间的积极互动养成积极处世的生活态度，培养起乐于交往及正面思考和行为的良好模式。如果外部的社会支持力

① 范兴华：《家庭处境不利对农村留守儿童心理适应的影响》，124页，长沙，湖南师范大学出版社，2012。

② 杜丽萍：《高校学生心理资本研究述评》，载《中国特殊教育》，2013(7)。

量不充分，留守幼儿又缺乏积极向外寻求帮助的意识和技能，他们对现实更可能表现出一种听天由命的消极退缩，进而对以后的生活缺乏信心和希望，不愿意相信可以改变自己的生活状态。

反之，如果给留守幼儿的心理辅导方案里，紧紧扣住“留守生活”这一特定情境，结合积极心理学的理论，是可以加以及时干预和训练的；并且，心理资本是一种无形资本，对个人来说，也是一种无法替代和复制的核心资源，具备投资和收益性特点，可以通过挖掘个人的潜能，转换为竞争优势，加速个人成长，克服不利环境带来的发展阻碍。在幼儿期就施加心理资本的提升项目，比成年后再进行补救性的心理治疗来费时费力地修正性格缺陷，更容易收到奇效，事半功倍。

对留守幼儿来说，开展心理资本的提升项目①的培养内容包括：

1. 促进幼儿自我效能感

自我效能感概念是心理学家班杜拉所提出的，指的是面对任务时，相信自己有能力和方法去获得特定成就的信念。班杜拉认为，在动因下的各种机制中，个人效能信念是处在核心地位的动因，效能信念是行动的重要基础。自我效能感高的个体，更愿意去寻找方法来解决问题，而不是逃避问题和自我否定。

自我效能感是通过一次次的挑战，赢得成功积累起的对自己能力的肯定，不畏惧任务形成的压力和各种困难及阻碍。训练留守幼儿的具体策略有自我肯定、积累成功体验，发展一两种让自己喜欢的技能，如搭积木或画画；模仿或替代学习其他幼儿的敢闯、冒险和积极争取的行为(观察学习和自我激励)；对消极事件做出一些积极反馈；体会小成功(如单脚交叉跳绳连续完成10个以上)后的生理和心理感受，并用语言给自己积极暗示，强化积极情绪和对完成任务的正面意义。

2. 培养希望的积极品质

希望的内涵是一种认知或“思考”状态，个体可以设定现实而具有挑战性的目标，希望可以发展为一种内部动机，对个体的行为具有积极的导向和维

① 师晓原：《农村留守初中生心理弹性与心理健康的关系研究》，内蒙古师范大学硕士学位论文，2012。

持作用，使得个体可以调动内在的心理能量，积极调节和监控个人的意志，来不断强化目标的重要性和可行性。具体的策略包括：让留守幼儿学习给自己设置一个弹性目标(比如，学会自己系鞋带、自己洗澡等)；了解实现目标的步骤和方法(比如，了解洗澡过程中，自己该如何洗头、洗干净身体和穿内外衣物等)；明白完成任务可能会有一些困难，需要有一个心理准备(比如，鞋带系得太紧，可能下一次不好解开)；学会自我激励(比如排除困难后，可以口头表扬自己)。

3. 培养乐观的积极品质

乐观是面临较多、较大困难时，或者遭遇各种挫折、阶段性的失利后，仍然相信未来会有转机，产生积极的结局。乐观并不是被动等待事情自然出现逆转，而是想方设法地利用各种机会和资源，让事情朝着积极解决的方向转变，逐渐把坏事变成好事。培养乐观品质可采用的策略包括：

学会认识和分析每一件事，无论好坏，都有正面和负面的意义(坏事的发生，也会有正面积极的意义。比如幼儿搭积木失败，但知道了许多不同形状的名字和特点。知道有些积木块搭不稳当，会掉下来的原因)；寻找未来的机会，善于找到可以帮助和发展的机会，使得个体发展得更充分；建立有效的人际关系，让留守幼儿发展出更多的友好关系，能够得到更多的互动和互助。

4. 培养坚韧的积极品质

发展出高水平的韧性，对留守幼儿来说尤为必要。心理韧性，又叫心理弹性或坚强性。美国心理学会将韧性的内涵总结为个体面对生活创伤、负性事件、困境、威胁和重大压力时，利用各种方法来适应环境和良好应对的状态和特质。心理韧性又可以细分为三种具体的心理能力：(1)克服逆境、化解危机的能力；(2)耐受各种应激的影响、表现出良好适应的能力；(3)从创伤中逐渐恢复，满血复活的自我痊愈能力。增强心理韧性的策略包括：(1)学会自我减压，区分真实压力和自我加压，了解让自己好受起来的自我调节方法；(2)面临内心或他人批评时，能够倾听不同意见，虚心接受事实，善于改进自己，比如做错事了要接受长辈的批评；(3)耐受挫折，能够承受一些小挫折(比如，得不到想要的昂贵玩具或玩游戏失败)；能够做一些需要费力和躯体疲劳的活动(比如，坚持跑步、慢慢做幼儿拼图直到拼完最后一块)。

参考文献

1.[古希腊]柏拉图:《理想国》,郭斌和、张竹明译,北京,商务印书馆,1997。

2.[英]约翰·鲍尔比:《安全基地:依恋关系的起源》,余萍、刘若楠译,北京,世界图书出版公司,2017。

3. 曹慧、毛亚庆:《美国“RULER社会情感学习实践”的实施及其启示》,载《比较教育研究》,2016(12)。

4. 曹新美、刘翔平:《从习得无助、习得乐观到积极心理学——Seligman对心理学发展的贡献》,载《心理科学进展》,2008(4)。

5. 曹中平、黄月胜、杨元花:《马斯洛安全感—不安全感问卷在初中生中的修订》,载《中国临床心理学杂志》,2010(2)。

6. 陈帼眉:《学前儿童发展与教育评价手册》,北京,北京师范大学出版社,1994。

7. 陈惠君、刘品梅:《湛江市幼儿园儿童心理健康问题的调查与分析》,载《广东医学院学报》,2014(1)。

8. 陈琴:《关注中班幼儿社会性发展》,载《中国德育》,2010(6)。

9. 陈英和、崔艳丽、王雨晴:《幼儿心理理论与情绪理解发展及关系的研究》,载《心理科学》,2005(3)。

10. 程灶火、杨碧秀、袁国桢:《〈儿少心理问题筛查表〉的编制和信效度分析》,载《中国临床心理学杂志》,2005(4)。

11. 程灶火、袁国桢、杨碧秀等:《儿童青少年心理健康量表的编制和信效度检验》,载《中国心理卫生杂志》,2006(1)。

12. 邓赐平、桑标、缪小春：《幼儿心理理论发展的一般认知基础——不同心理理论任务表现的特异性与一致性》，载《心理科学》，2002(5)。

13. 都丽萍：《高校学生心理资本研究述评》，载《中国特殊教育》，2013(7)。

14. 段成荣、周福林：《我国留守儿童状况研究》，载《人口研究》，2005(1)。

15. 段成荣、吕利丹、王宗萍：《城市化背景下农村留守儿童的家庭教育与学校教育》，载《北京大学教育评论》，2014(3)。

16. [意]恩里科·菲利：《犯罪社会学》，郭建安译，北京，中国人民公安大学出版社，1990。

17. 范方、桑标：《亲子教育缺失与留守儿童人格、成绩与行为问题》，载《心理科学》，2005(4)。

18. 范兴华：《家庭处境不利对农村留守儿童心理适应的影响》，长沙，湖南师范大学出版社，2012。

19. 方丰娟、陈国鹏、戚炜颖：《幼儿心理健康评估现状和思考》，载《心理科学》，2006(2)。

20. 高桦：《被攻击者的性别差异研究》，载《社会心理科学》，1997(4)。

21. 高灵：《幼儿心理健康教育的思考与实践》，载《时代教育(教育教学版)》，2012(14)。

22. 公丕祥：《犯罪社会学》，北京，中国广播电视出版社，1990。

23. 龚建华：《学龄前儿童攻击行为有关危险因素的配比研究》，载《中国妇幼健康研究》，2007(4)。

24. 郭晗：《探索“爱”的真谛——哈利·哈洛》，载《大众心理学》，2011(7)。

25. 韩艳萍：《农村留守儿童犯罪的原因与预防》，载《法制与社会》，2012(36)。

26. [德]汉斯·约阿西姆·施耐德：《犯罪学》，吴鑫涛、马君玉译，北京，中国人民公安大学出版社，1990。

27. 郝振、崔丽娟：《自尊和心理控制源对留守儿童社会适应的影响研究》，载《心理科学》，2007(5)。

28. 胡江辉、李潜、赵健等：《有“留守”经历大学生的心理健康状况分析及对策思考》，载《医学教育探索》，2008(4)。

29.[意]贝卡利亚：《论犯罪与刑罚》，黄风译，北京，中国大百科全书出版社，1993。

30. 黄维仁：《亲在人生路上：原生家庭三堂课》，北京，中国轻工业出版社，2017。

31. 黄小希：《让爱留守——全国妇联开展农村留守儿童关爱保护工作综述》，载《中国妇女报》，2016-05-31。

32. 黄艳苹、李玲：《不同留守类型儿童心理健康状况比较》，载《中国心理卫生杂志》，2007(10)。

33. 黄英、刘云艳：《幼儿教师幼儿心理健康观访谈研究》，载《学前教育研究》，2007(Z1)。

34. 纪林芹、张文新：《儿童攻击发展研究的新进展》，载《心理发展与教育》，2007(2)。

35. 贾海艳、方平：《青少年情绪调节策略和父母教养方式的关系》，载《心理科学》，2004(5)。

36. 李刚、杨艳红、张倩等：《城乡儿童情绪问题与心理弹性的关系》，载《中国健康心理学杂志》，2013(3)。

37. 李佳、苏彦捷：《儿童心理理论能力中的情绪理解》，载《心埋科学进展》，2004(1)。

38. 李俊：《3—9 岁儿童的攻击性行为调查》，载《心理发展与教育》，1994(4)。

39. 李丽：《布朗芬布伦纳的人类发展生态学理论对幼儿教育的影响》，载《新校园(中旬刊)》，2014(6)。

40. 李灵、刘伟伟：《幼儿心理健康问题研究进展与发展趋势》，载《幼儿教育(教育科学版)》，2007(11)。

41. 李婷婷：《农村“留守儿童”违法犯罪成因及对策研究》，载《吉林公安高等专科学校学报》，2007(6)。

42. 李晓敏、罗静等：《有留守经历大学生的负性情绪、应对方式、自尊水平及人际关系研究》，载《中国临床心理学杂志》，2009(5)。

43. 梁春莲、万素华、吕亚华等：《夫妻关系对孩子行为影响的初步研究》，载《健康心理学杂志》. 2002(3)。

44. 廖堂兰、成云：《农村留守幼儿亲子关系发展研究》，载《哈尔滨学院学报》，2014(9)。

45. 林丽珍、姚计海：《国外社会情感学习(SEL)的模式与借鉴》，载《基础教育参考》，2014(11)。

46. 刘爱芳、王美芳、张杰等：《家庭情绪表露与幼儿焦虑的关系》，载《中国临床心理学杂志》，2009(4)。

47. 刘桂华：《我国农村留守儿童隔代教育问题的现状与反思》，载《华章》，2012(19)。

48. 刘国华、张桂英：《在园幼儿问题行为调查》，载《邵阳学院学报》，2003(1)。

49. 刘珺：《谈谈幼儿的健康教育》，载《贵州教育》，2009(1)。

50. 刘文：《幼儿心理健康教育》，北京，中国轻工业出版社，2008。

51. 刘霞、赵景欣、申继亮：《农村留守儿童的情绪与行为适应特点》，载《中国教育学刊》，2007(6)。

52. 刘晓茜：《从绘画中解读农村留守幼儿的自我概念》，四川师范大学硕士学位论文，2014。

53. 刘妍：《农村留守儿童学前教育的现状与思考》，载《继续教育研究》，2012(10)。

54. 刘占兰：《农村学前留守儿童心理健康的现状与促进研究》，载《幼儿教育：教育教学》，2017(1)。

55. 刘占兰：《农村幼儿留守生活的潜在心理危机与应对》，载《中国特殊教育》，2017(3)。

56. 马爱莲：《试论幼儿心理健康教育的影响》，载《新课程学习》，2010(8)。

57. 莫新竹、黄秋平、张倩倩等：《城乡儿童心理理论发展比较》，载《中国临床心理学杂志》，2013(4)。

58. 牟丽霞、陈永胜：《任务、年龄和性别对幼儿情绪理解成绩的影响》，载《心理学探新》，2006(2)。

59. 欧新明：《学前儿童健康教育》，北京，教育科学出版社，2014。

60. 潘红红：《减轻教师负担提高幼儿园保教质量》，载《当代幼教》，2014(10)。

61. 潘文军：《英国儿童移民血泪史》，载《现代快报》，2015-11-01。

62. 瞿鸿雁、许远理、黄玲玲：《父母元情绪理念对5～7岁儿童情绪调节的影响》，载《学前教育研究》，2011(5)。

63. 全景月、姚计海：《社会情感学习SEL项目的实施背景与价值探析》，载《基础教育参考》，2014(17)。

64. 任强、唐启明：《我国留守儿童的情感健康研究》，载《北京大学教育评论》，2014(3)。

65. 荣芳、薛菁华：《幼儿园健康教育》，北京，人民教育出版社，2004。

66. 申继亮、刘霞、赵景欣：《城镇化进程中农民工子女心理发展研究》，载《心理发展与教育》，2015(1)。

67. 申继亮：《流动和留守儿童的发展与环境作用》，载《当代青年研究》，2008(10)。

68. 师晓原：《农村留守初中生心理弹性与心理健康的关系研究》，内蒙古师范大学硕士学位论文，2012。

69. 史爱华、周惠萍：《全纳式学前教育读本》，南京，江苏教育出版社，2011。

70. 苏杰：《3～5岁幼儿自我控制能力与情绪调节发展状况间的关系研究》，载《教育实践与研究》，2014(7)。

71. 隋晓爽、苏彦捷：《心理理论社会知觉成分与语言的关系》，载《心理科学》，2003(5)。

72. 孙彦臻：《我国留守儿童犯罪原因及对策》，载《南昌教育学院学报》，2013(1)。

73. 谭杰华：《曾为留守儿童的在校大学生与普通在校大学生人格特征比较》，载《菏泽医学专科学校学报》，2008(4)。

74. 谭雪晴：《关注幼儿的关系攻击行为》，载《幼儿教育(教育科学)》，2008(12)。

75. 檀学文：《家庭迁移理论综述》，载《中国劳动经济学》，2010(1)。

76. 汪建华：《浅谈幼儿心理健康教育》，载《老区建设》，2010(1)。

77. 王道春：《农村“留守儿童”犯罪原因及预防对策刍议》，载《北京青年政治学院学报》，2006(3)。

78. 王芳芳、叶广俊、王燕：《幼儿园儿童心理健康状况及其影响因素分析》，载《中国公共卫生》，2000(1)。

79. 王广聪：《对留守儿童犯罪原因的一个比较解读——以社会解组理论为视角》，载《河北公安警察职业学院学报》，2008(4)。

80. 王谦：《寄宿制幼儿情绪发展存在的问题及应对措施》，载《科学导报》，2015(13)。

81. 王泉、徐微、贺红芬等：《城乡5—6岁学前儿童心理行为问题的比较研究——以襄阳市为例》，载《无线音乐·教育前沿》，2015(5)。

82. 王星：《内蒙古学前儿童心理健康的现状调查与分析》，载《内蒙古师范大学学报（教育科学版)》，2002(4)。

83. 王玉花：《儿童期留守经历、社会支持、应对方式与大学生主观幸福感的关系》，载《中国健康心理学杂志》，2008(4)。

84. 王振宇：《幼儿心理健康标准》，载《课程教材教学研究(幼教研究)》，2012(2)。

85. 王振宇：《幼儿心理学》，北京，人民教育出版社，2009。

86. [美]温尼科特：《妈妈的心灵课——孩子、家庭和大千世界》，魏晨曦译，北京，中国轻工业出版社，2016。

87. 温义媛、曾建国：《留守经历对大学生人格及心理健康影响》，载《中国公共卫生》，2010(2)。

88. 巫蓉：《关注“超常儿童”的不良心理状况》，载《幼儿教育》，2010(27)。

89. 吴霓：《农村留守儿童问题调研报告》，载《教育研究》，2004(10)。

90. 吴宁：《对农村留守儿童犯罪原因的探析——以社会控制理论为视角》，载《盐城工学院学报(社会科学版)》，2014(4)。

91. 吴文春、陈洵、温桂生等：《潮汕地区农村留守儿童孤独感与社会支持的关系研究》，载《中国健康心理学杂志》，2010(10)。

92. 吴燕：《浅谈幼儿心理健康教育》，载《新课程(小学版)》，2010(11)。

93.［奥地利］西格蒙德·弗洛伊德：《自我与本我》，林尘等译，上海，上海译文出版社，2011。

94. 夏玉珍：《犯罪社会学》，武汉，华中科技大学出版社，2014。

95. 肖尧：《“21 世纪的儿童心理健康展望研讨会”召开》，载《早教教育(教师版)》，1999(12)。

96. 徐建财、邓远平：《农村留守儿童生活经历对大学生人格发展的影响》，载《长春理工大学学报(社会科学版)》，2008(6)。

97. 徐礼平、王平：《有“留守经历”的大学生自我和谐状况分析》，载《新余高专学报》，2009(1)。

98. 徐珊珊：《论幼儿心理健康与音乐教育》，载《课程教育研究》，2012(24)。

99. 许琨：《揭秘富二代教育问题：贵族式留守儿童》，载《山东商报》，2012-10-23。

100.［古希腊］亚里士多德：《政治学》，吴寿彭译，北京，商务印书馆，1965。

101. 严仲连、陈时见：《中大班幼儿亚健康状况的调查报告》，载《健康心理学杂志》，2003(6)。

102. 杨惠芝：《浅谈幼儿情感的培养》，载《教育教学论坛》，2014(4)。

103. 杨丽珠、吴文菊：《幼儿社会性发展与教育》，大连，辽宁师范大学出版社，2001。

104. 杨曙民、李素敏等：《某高校留守大学生抑郁症患病率调查》，载《中国卫生统计》，2008(4)。

105. 杨雯雯：《4—6 岁幼儿社会自我概念的发展特点及影响因素研究》，东北师范大学硕士学位论文，2012。

106. 杨贤君：《论幼儿心理健康教育及其操作》，载《教育导刊》，2000(5)。

107. 姚本先、刘世清：《欧美学校心理健康教育的现状、趋势及启示》，载《课程·教材·教法》，2004(12)。

108. 姚端维：《3～5 岁幼儿情绪能力的年龄特征、发展趋势和性别差异的研究》，载《心理发展与教育》，2004(2)。

109. 姚计海、毛亚庆：《西部农村留守儿童学业心理特点及其学校管理对策研究》，载《教育研究》，2008(2)。

110. 叶敬忠、王伊欢、张克云：《对留守儿童问题的研究综述》，载《农业经济问题》，2005(10)。

111. 展宁宁：《农村留守幼儿的情绪理解能力与侵犯性和同伴关系的关系》，载《社会心理科学》，2014(10)。

112. 张凤：《关注父爱缺失现象促进学前儿童健康成长》，载《临沧师范高等专科学校学报》，2014(1)。

113. 张惠娟、李春梅、黄大元等：《吉首市城乡儿童生存质量及其影响因素》，载《中国妇幼保健》，2011(9)。

114. 张莉、申继亮：《农村留守儿童主观幸福感与公正世界信念的关系研究》，载《中国特殊教育》，2011(6)。

115. 张莉华：《具有"留守经历"大学生的心理分析》，载《当代青年研究》，2006(12)。

116. 张亭亭、赵洁：《农村留守幼儿教育问题及解决路径》，载《基础教育研究》，2012(20)。

117. 张文新、张福建：《学前儿童在园攻击性行为的观察研究》，载《心理发展与教育》，1996(4)。

118. 张旭东、赵霞、孙宏燕：《农村留守儿童存在的突出问题及对策建议》，载《云南教育(世界综合版)》，2015(3)。

119. 张英琴：《浅谈幼儿心理健康》，载《科教文汇》，2008(7)。

120. 赵景欣、申继亮、张文新：《幼儿情绪理解、亲社会行为与同伴接纳之间的关系》，载《心理发展与教育》，2006(1)。

121. 赵景欣、申继亮：《农村留守儿童发展的生态模型与教育启示》，载《中国特殊教育》，2010(7)。

122. 赵军海：《影响幼儿心理健康的家庭因素及其存在的问题研究》，载《中国妇幼保健》，2015(25)。

123. 赵迎春、张劲松：《7～14岁儿童情绪识别特点初步分析》，载《上海交通大学学报(医学版)》，2009(7)。

124. 智银利、刘丽：《儿童攻击性行为研究综述》，载《教育理论与实践》，2003(7)。

125. 钟群英：《心理门诊 358 例儿童心理卫生调查》，载《中华现代儿科杂志》，2009(4)。

126. 周嵌、石国兴：《积极心理学介绍》，载《中国心理卫生杂志》，2006(2)。

127. 周怡娟、秦晓云、王利兵：《吉安市留守儿童情绪特征分析》，载《中国学校卫生》，2010(1)。

128. 朱梅：《浅析影响幼儿心理健康的家庭因素及对策》，载《考试周刊》，2010(19)。

129. 朱琪君、陈欣格、方荣刚：《父母常年外出务工，"鸡窝男孩"10 岁扛起一个家》，中安在线转载自《安徽商报》，2016-12-15。

130. Achenbach，T. M. & Edelbrock，C. Manual for the Teacher's Report Form and Teacher Version of the Child Behavior Profile，Burlington，VT，University of Vermont，Department of Psychiatry，1986.

131. Alexandra，L.，Cutting & Dunn，J. Theory of Mind，Emotion Understanding，Language，and Family Background：Individual Differences and Interrelation. *Child Development*，2003.

132. Andrews，F. M. & McKennell，A. C. Measures of Self-reported Well-being Their Affective，Cognitive，and Other Components，*Social Indicators Research*，1980，8.

133. Anna Freud. *The Writings of Anna Freud：Normality and Pathology in Childhood：Assessments of Development*. New York，International Universities Press，1965.

134. Baron-Cohen，S. Does the Study of Autism Justify Minimalist Innate Modularity? *Learning and Individual Difference*，1998，10(3).

135. Batbaatar，M. *Children on the Move：Rural-urban Migration and Access to Education in Mongolia*. Childhood Poverty Research & Policy Centre，2006.

136. Bauer，E. & Thompson，P. *Jamaican Hands Across the Atlantic Transnational Families*，*Kingston*. Jamaica：Ian Randle Publishers，2006.

137. Bazhenova, O. V., Stroganova, T. A. & Doussard-Roosevelt, J. A. Physiological Responses of 5-month-old Infants to Smiling and Blank Faces. *International Journal of Psychophysiology*, 2007, 63.

138. Bosacki, S. L. & Moore, C. Preschoolers' Understanding of Simple and Complex Emotions: Links With Gender and Language. *Sex Roles*, 2004, 50(9/10).

139. Brown, J. R. & Dunn, J. Continuities in Emotion Understanding from Three to Six Years. *Child Development*, 1996, 63(7).

140. Bryant, J. Children of International Migrants in Indonesia, Thailand and the Philippines: A Review of Evidence and Policies. *Innocenti Working Paper*, 2005.

141. Bursik, Robert J. *Social Disorganization and Theories of Crime and Delinquency: Problems and Prospects*. Criminology, 1988, 26(4).

142. Caspi, A., McClay, J., Moffitt, T. E. et al. Role of Genotype in the Cycle of Violence in Maltreated Children. *Science*, 2002, 297(5582).

143. Chang, E. C. & Sanna, L. J. Optimism, Accumulated Life Stress, and Psychological and Physical Adjustment: Is It Always Adaptive to Expect the Best? *Journal of Social and Clinical Psychology*, 2004, 22.

144. Charbit, Y. *Children of Migrant Workers and Their Home Countries*. Ankara: Turkish and International Children's Centre, 1997.

145. Coie, J. D., Dodge, K. A. & Terry, R. The Role of Aggression in Peer Relations: An Analysis of Aggression Episodes in Boys' Play Groups. *Child Development*, 62.

146. Coronel, E. & Unterreiner, F. Increasing the Impact of Remittances on Children's Rights. *UNICEF—Philippines*, 2005.

147. Cortes, R. Children and Women Left Behind in Labor Sending Countries: An Appraisal of Social Risks. New York, UNICEF, 2007.

148. Cutting, A. L. & Dunn, J. Theory of Mind, Emotion Understanding, Language and Family Background: Individual Differences and Interrelations.

Child Development, 1999, 70.

149. De Haan, A. Migrants, Livelihoods and Rights: the Relevance of Migration in Development Policies. In *Social Development Working Paper*, 2000, (4).

150. Denham, S. A., Zollor, D. & Couchoud, E. A. Young Preschoolers' Ability to Identify Emotions in Equivocal Situations. *Child Study Journal*, 1999, 20.

151. Denham, S. A., Zoller, D. & Couchoud, E. A. Socialization of Preschoolers' Emotion Understanding. *Developmental Psychology*, 1994, 30(4).

152. Diener, E. *Subjective Well-being*. Psychological Bulletin, 1984, 95.

153. Dodge, K. A. & Coie, J. D. Social-information Processing Factors in Reactive and Proactive Aggression in Children's Peer Groups. *Journal of Personality and Social Psychology*, 1987(53).

154. Dunn, J. Children as Psychologists: The Later Correlates of Individual Differences in Understanding of Emotions and Others Minds. *Cognition and Emotion*, 1995(9).

155. Ebru Ersay. *Preschool Teachers' Emotional Experience Traits, Awareness of Their Own Emotions and Their Emotional Socialization Practices*. Pennsylvania, The Pennsylvania State University, 2007.

156. Eisenberg, N., Cumberland, A. & Spinrad, T. L. Parental Socialization of Emotion. *Psychological Inquiry*, 1998, 9(4).

157. Erikson, E. H. *Childhood and Society*. New York: Norton, 1950 .

158. Ernest, W. Burgess. The Grouth of the City, Park Burgess, Riderick D. Mekenzie, Jr., The City, Chicago. University of Chicago Press, 1928.

159. Eron, L. D. & Huesmann, L. R. The Relation of Prosocial Behavior to the Development of Aggression and Psychopathology. *Aggressive Behavior*, 1984, 10(3).

160. Pons, F., Lawson, J., Harris, P. L. & Rosnay, M. D. Individual

Differences in Children's Emotion Understanding: Effects of Age and Language, *Scandinavian Journal of Psychology*, 2003, 44(4).

161. Luthans, F., Youssef, C.M. & Avolio, B.J. *Psychological Capital: Developing the Human Competitive Edge*, Oxford University, 2007.

162. Freud, A. & Burlingham, D. *Infants Without Families and Reports on the Hampstead Nurseries 1934-1945*. International Universties Press, 1973.

163. Garner P., Jones, D. & Palmer, D. Social Cognitive Correlates of Preschool Children's Sibling Care giving Behavior, *Developmental Psychology*, 1994, 30.

164. Gottamn, J. M., Katz, L. F. & Hooven, C. *Meta-emotion: How Families Communicate Emotionally*. Mahwah NJ.: Lawrence Erlbaum Associate, 1997.

165. Goyette, C. H., Conners, C. K. & Ulrich, R. F. Normative Data on Revised Conners Parent and Teacher Rating Scales. *Journal of Abnormal Child Psychology*, 1978(46).

166. Gross, A. L. & Bailif, B. Children's Understanding of Emotion From Facial Expressions and Situation: A rewiew. *Developmental Review*, 1991.

167. Hartup, W. W. *Aggression in Childhood: Developmental Perspectives*. American Psychologiest, 1974.

168. Hoffman, M. L. Empathy and Justice Motivation. *Motivation and Emotion*, 1990(14).

169. Hugdahl, K. Classical Conditioning and Implicit Learning: The Right Hemisphere Hypothesis. In R. J. Davidson & K. Hugdahl (Eds.), *Brain asymmetry*. Cambrige, MA: MIT Press. 1995.

170. James Coleman. Socila Capital in the Creation of Human Capital. *American Journal of Sociology*, 1988(94).

171. Jones, D. J. & Abbey, B. The Development for Display Rule Knowledge: Linkage with Family Expressive Hess and Social Competence.

Child Development, 1994, 69(4).

172. Jones, D. J., Forehand, R., Brody, G. & Armistead, L. Psychosocial Adjustment of African American Children in Singe-mother Families: a Test of Three Risk Models. *Journal of Marriage and the Family*, 2002, 64(1).

173. Jones, A., Sharpe, J. & Sogren, M. Children's Experiences of Separation from Parents as a Consequence of Migration. *Caribbean Journal Social Work*, 2004(3).

174. Kandel, W. & Kao, G. The Impact of Temporary Labor Migration on Mexican Children's Educational Aspirations and Performance. *International Migration Review*, 2003(35).

175. Krystal, H. *Integration and Self-healing: Affect, Trauma, Alexithymia*. Hillsdale NJ: The Analytic Press, 1988.

176. Kuntson, J. F., De-Garmo, D. S. & Reid, J. B. Socail Disadvantage and Neglectful Parenting as Precursors to the Development of Antisocial and Aggressive Child Behavior: Testing a Theoretical Model. *Aggressive Behavior*, 2005(30).

177. Brothers, L. The Social Brain: a Project for Integrating Primate Behavior and Neurophysiology in a New Domain. Concepts in Neuroscience, 1990(1).

178. Lopez, E. E., Perez, S. M. & Ochoa, G. M. Adolescent Aggression: Effects of Gender and Family and School Environment. *Journal of Adolescence*, 2008(31).

179. Luthans, F., Avolio, B. J. & Avey, J. B. Positive Psychological Capital: Measurement and Relationship with Performance and Satisfaction. *Personnel Psychology*, 2007(60).

180. Luthans, F., Avolio, B. J., Walumbwa, F. O. & Li, W. X. The Psychological Capital of Chinese Workers: Exploring the Relationship with Performance. *Management and Organization Review*, 2005.

181. Machover, K. *Personality Projection in the Drawing of the Human Figure (A Method of Personality Investigation)*. Springfield, IL: Charles C. Thomas, 1949.

182. Wilson, M. & Daly, M. Life Expectancy, Economic Inequality, Homicide, and Reproductive Timing in Chicago Neighbourhoods. *British Journal of Medicine*, 1997(314).

183. Maria Montessori. *The Montessori Method*. Schocken Press, 1964.

184. Markowitsch, H. J., Thiel, A., Reinkemeier, M. & Kessler, J. Right Amygdalar and Temperofrontal Activation During Autobiographic, But not During Fictitious Memory Retrieval. Behavioural Neurology, 2000, 12.

185. Masten, A. S., Best Karin, M. & Garmezy, N. Resilience and Development: Contributins From the Study of Children Who Overcome Adversity. *Development and Psychopathology*, 1990(2).

186. Lee, Matthew R. & Earnest, Terri L. Perceived Community Cohesion and Perceived Risk of Victimization: a Cross-national Analysis. *Justice Quaterly*, 2003(20).

187. Mayer, J. D., Salovey, P., Caruso, D. R. & Sitarenios, G. Measuring Emotional Intelligence with the MSCEIT V2.0. Emotion, 2003, 3.

188. Menard, J. L., Champagne, D. L. & Meaney, M. J. P. Variations of Maternal Care Differentially Influence 'Fear' Reactivity and Regiona Patterns of CFOS Immunorea Ctivity in Response to the Shock-probe Burying Test. *Neuroscience*, 2004(129).

189. Nobles, J. The Contribution of Migration to Children's Family Contexts. *California Center for Population Research On-Line Working Paper Series*, 2006.

190. Olweus, D. *Bullying at School: What We Know and What We Can Do*, Osford, Blackwell, 1993.

191. Ontai, L. L. & Thompson, R. A. *Patterns of Attachment and Maternal Discourse Effects on Children's Emotion Understanding From 3 to*

5 Years of Age, Social Development, 2002, 11(4).

192. Parke, P. D. & Slaby, R. G. Development of Aggression, in P. H. Mussen(ed.), *Handbook of Child Psychology*. Wiily & Sons Publishing Company, 1983.

193. Parrenas, R. *Long Distance Intimacy: Class, Gender and Intergenerational Relations Between Mothers And Children in Filipino Transnational Families*. Global Networks, 2005, 5(4).

194. Glick, P. C. The Family Cycle. *American Sociologhical Review*, 1947, 12(2).

195. Pons, F. L., Harris, P. L. & de Rosnay, M. Individual Differences in Children's Emotion Understanding: Effects of Age and Language. *Scandinavian Journal of Psychology*, 2004, 44.

196. Porges, S. W. *Human Development and Omeostasis: A Developmental Persective*. New York, The Guilford Press, 1997.

197. Pottinger, A. M. Report on Pilot Project on Loss and Violence in Students From Inner City Communities and a School-based Intervention Programme. *Paper Presented at a Meeting of the Ministry of Education*, 2003.

198. Purwati Purwati, Muhammad Japar, The Parents'Parenting Patterns, Education, Jobs, and Assistance to Their Children in Watching Television, and Children's Aggressive Beharior, *Interhational Education Studies*, 2016, 9(3).

199. Chen, R. & Madamba, M. Migrant Labour: an Annotated Bibliography. *Geneva ILO*, *International Migration Papers*, 2000.

200. Sampson, Robert J. & Groves, Byron W. Community Structure and Crime: Testing Social-Disorganization Theory. *American Journal of Sociology*, 1988(94).

201. Robert Sampson, Jeffy Morenoff & Felton Earls. Beyond Social Capital: Spatial Dynamics of Collective Efficacy for Children. *American Sociological Review*, 1999(64).

202. Park, Robert E. Human Communities: The City and Human Ecology. Glencoe, IL: The Free Press, 1952.

203. Rodney Stark. Deniant Places: a Theory of the Ecology of Crime. *Crminology*, 1987, 25(4).

204. Rossi, P. H. *Why Families Move: a Study in the Social Psychology of Urban Residential Mobility*. The Free Press, 1955.

205. Sharwell, G. R. Social Source of Delinquency: an Appraisal of Analytic Models: Ruth Rosner Kornhauser. Chicago, University of Chicago Press, 1978.

206. Sarbu, A. Moldovan Children Struggle to Cope with Their Parents'Economic Migration. *UNICEF Moldova*, 2007.

207. Schiffer, F., Teicher, M. H. & Papanicolaou, A. C. Evoked Potential Evidence for Right Brain Activity During Recall of Traumatic Memories. *Jounal of Neuropsychiatry and Clinical Neuroscience*, 1995(7).

208. Schore, A. N. *Affect Regulation and the Origin of the Self: The Neurobiology of Emotional Development*. Mahwah, NJ: Lawrence Erlbaum Associates, Inc, 1994.

209. Schultz, D. & Shaw, D. S. Boys' Maladaptive Social Information Processing, Family Emotional Climate, and Pathways to Early Conduct Problems. *Socail Development*, 2003, 12(3).

210. Shantz, D. W. Conflict, Aggression and Peer Status: an Observation Study. *Child development*, 1986, 57.

211. Surya, H. Kiat Mengatasi Perilaku Penyimpangan Perilaku Anak (Usia 3-12 Tahun). Jakarta, PT Elexmedia Komputindo, 2004.

212. Toth, G., Toth, A., Voicu, O. & Stefanescu, M. Efectele Migratiei: Copii Ramasi Acasa. *Soros Foundation Romania*, 2007.

213. Tremblay, R. E. Understanding Development and Prevention of Chronic Physical Aggression: Towards Experimental Epigenetic Studies. *Journal: the Neurobiology of Violence: Implication for Prevention and*

Treatment, 2008.

214. UNICEF-Moldova. *Migration, Remittancesand Their Impact on Children Left Behind in Moldova*. UNICEF Moldova, 2007.

215. Miller, W. B. The Impact of a 'Total-community' Delinquency Control Project. *Social Problems*, 1962(10).

216. Wellman, H. & Woolley, J. From Simple Desires to Ordinary Beliefs: the Early Development of Everyday Psychology. *Cognition*, 1990, 35.

217. Whitehead, A. & Hashim, I. M. *Children and Migration: Background Paper for DFID Migration Team*. UK, Department for International Development, 2005.

218. Yang, D. International Migration, Remittances and Household Investment: Evidence From Philippine Migrants'Exchange Rate Shocks. *Economic Journal*, 2006, 118(528).

219. Yeo, L. S., Ang, R. P., Loh, S., Fu, K. J. & Karre, J. K. The Role of Affective and Cognitive Empathy in Physical, Verbal, and Indirect Aggression of a Singaporean Sample of Boys. *The Journal of Psychology*, 145(4).

220. Yeoh, B. S. A., Huang, S. & Theodora, L. Introduction Trans-nationalizing the "Asian" Family: Imaginaries, Intimacies and Strategic Intents. *Global Networks*, 2005, 5(4).

221. Yeoh, B. S. A. & Theodora, L. The Costs of (Im) Mobility: Children Left Behind and Children Who Migrate With a Parent. *Perspectives on Gender and Migration*, 2007.

222. Zemach, I. K., Chang, S. & Teller, D. Y. *Infant Color Vision: Infants' Spontaneous Color Preferences Are Well Behaved*. Department of Psychology, Seattle, University of Washington, 2007.